CAROLINE MYSS, que se doctoró en teología por el Mundelein College de Chicago, es autora de los best sellers *Anatomía del espíritu*, *Las siete moradas*, *La medicina de la energía*, *Arquetipos*, *Desafiar la gravedad* y *El contrato sagrado*, que han sido traducidos a numerosos idiomas. Myss imparte conferencias y seminarios por todo el mundo. Vive en Chicago, Illinois.

www.myss.com

Título original: *Anatomy of the Spirit*

Primera edición: abril de 2023

© 1996, Caroline Myss
© 1996, Crown Publishers, Inc., por el prólogo
Publicado por acuerdo con Harmony Books,
sello de Crown Publishing Group, una división de Penguin Random House LLC
© 1997, 2018, Penguin Random House Grupo Editorial, S. A. U.
Travessera de Gràcia, 47-49. 08021 Barcelona
Copyright © 2023, Penguin Random House Grupo Editorial USA, LLC
8950 SW 74th Court, Suite 2010
Miami, FL 33156
© Amelia Brito, por la traducción

Impreso en Colombia - *Printed in Colombia*

ISBN: 978-1-64473-827-6

23 24 25 26   10 9 8 7 6 5 4 3 2 1

Anatomía del espíritu

CAROLINE MYSS

Con amor y gratitud infinitos, dedico este libro a mis tres ángeles personales, sin cuya ayuda jamás habría sobrevivido a las épocas más oscuras de mi vida: mi madre, que es mi constante fuente de fortaleza, mi hermano Edward, mi fuente inagotable de humor y optimismo, y mi cuñada Amy, que se ha convertido en un tesoro familiar.

Presentación

Las ocasiones de conocer a una persona especial y única que altere nuestras percepciones del mundo y de nosotros mismos son excepcionales. Está usted a punto de conocer a una persona así de extraordinaria. Escritora e intuitiva médica, Caroline Myss va a fascinarle, estimularle y motivarle con sus opiniones sobre la espiritualidad y la responsabilidad personal de nuestra salud. Algunos aspectos de su obra van a parecerle tan de sentido común que le extrañará no haber pensado antes en ellos. Otras de sus ideas pulsarán sus cuerdas emocionales y psíquicas y lo inducirán a reevaluar su camino espiritual.

Conocí la filosofía de Caroline hace muchos años. Su mensaje, sencillo y potente, es que cada uno de nosotros nace con una tarea espiritual consustancial, con el compromiso sagrado de aprender a utilizar su poder personal de modo responsable, sabio y amoroso. Durante miles de años la sociedad ha estado dominada por la idea de que el poder corrompe, y de que el poder absoluto corrompe absolutamente. La autoridad y el dominio, el dinero y el sexo han proporcionado los ropajes artificiales del poder. No hace mucho, por ejemplo, en un artículo sobre John F. Kennedy hijo aparecido en una revista, se decía que este joven tenía dinero y seguridad sexual más que suficientes pero nada de poder; luego pasaban a vulgarizar el poder añadiendo el engaño popular de que, en cierto modo, el joven podría comprar poder publicando una revista sobre famosos. Si su idea del poder es ésa, prepárese para la tremenda conmoción que le producirá este libro, porque Caroline Myss ofrece una visión mucho más profunda del verdadero poder, el poder del espíritu humano.

A lo largo de los siglos han existido personas dotadas de intuición y misticismo que han percibido los centros de poder del cuerpo humano. Alice Baily, Charles W. Leadbetter y Rudolf Steiner han escrito sobre este tema, pero nadie ha captado tan bien como Caroline Myss la amplitud y profundidad de nuestro marco espiritual electromagnético. Jamás se nos había revelado tan magistralmente la anatomía del espíritu. Esta obra establece los fundamentos de la medicina del siglo XXI.

La pregunta más importante que se ha hecho la gente a lo largo de la historia es: «¿Cuál es mi finalidad en la vida?» Caroline responde a ella de forma sencilla y profunda. Nuestra finalidad es vivir de modo coherente con nuestros ideales espirituales, vivir la regla de oro en cada momento de la vida y vivir los pensamientos como oración sagrada. Es así de sencillo, pero dista mucho de ser fácil.

Durante un momento, imagínese que entra en una sala llena de gente y que de inmediato percibe el grado de comodidad o agrado que siente. Imagínese además que es capaz de sintonizar con la cháchara interior del inconsciente de cada persona, que «conoce» la energía y la salud de cada una de las personas presentes en la sala. Y, lo que es aún más importante, imagínese que conoce con detalle su propia energía y todos los factores que le producen una merma de poder intelectual, físico y emocional. La sabiduría básica que le transmite este libro le ofrece los instrumentos para comenzar a ver su energía y la de los demás.

La física cuántica ha confirmado la realidad de la esencia

vibratoria de la vida, que es lo que perciben estas personas intuitivas. El ADN humano vibra a una frecuencia de entre 52 y 78 gigaherzios (miles de millones de ciclos por segundo). Si bien todavía no es posible evaluar con instrumentos científicos la frecuencia concreta de una persona ni los obstáculos que impiden la circulación de esa energía, hay dos hechos básicos innegables. El primero, que la energía vital no es estática; es cinética, se mueve. Y el segundo, que las personas dotadas de esta intuición, como Caroline, son capaces de evaluarla, si bien todavía no se puede medir con exactitud ni la mente humana ni el sistema energético. La verdad es que en mis veinticinco años de trabajo con personas intuitivas de todo el mundo, no he conocido a ninguna tan clara y exacta como Caroline.

Ella capta la energía sutil del organismo de la persona y lee el lenguaje de su ser electromagnético. Una y otra vez, sus diagnósticos documentan los efectos que tiene sobre la salud la energía emocional, del pasado y del presente. Percibe las experiencias profundas y traumáticas, las creencias y actitudes que alteran la frecuencia vibratoria de las células y la integridad de nuestro sistema energético. Lee nuestros espíritus, que en último término son nuestro verdadero poder.

En este libro encontrará información detallada sobre los siete centros de poder del cuerpo. Estos centros son importantísimos reguladores de la circulación de la energía vital; representan las principales baterías biológicas de la biografía emocional. «La biografía se convierte en biología»: aunque no aprenda ninguna otra cosa de este libro, este solo hecho le será útil. También aprenderá la forma de evitar que sus afectos o apegos, o la energía negativa de otras personas, le agoten la energía; aprenderá a fortalecer su sentido de identidad y honor para que los falsos símbolos del poder, como el dinero, el sexo y la autoridad externa, no erosionen su base de poder personal, y aprenderá a desarrollar sus capacidades intuitivas.

Anatomía del espíritu nos presenta una nueva y fascinante forma ecuménica de comprender los siete centros de energía del cuerpo. Funde los conceptos de poder de las tradiciones judía, cristiana, hindú y budista en siete verdades espirituales universales, y nos explica: «La joya universal presente en las cuatro principales religiones es que lo Divino está encerrado en nuestro organismo biológico en siete fases de poder que nos acrisolan y nos hacen más trascendentes en nuestro poder personal.»

La fuerza de esta fusión del sentido metafísico de los sacramentos cristianos, la cábala y los chakras lo transformará para siempre. Conocimiento es poder, y el conocimiento que presenta este libro es la clave para el poder personal.

Este libro expone la esencia de la medicina alternativa con una claridad que lo estimulará a vivir sus ideales espirituales y lo despertará a los milagros de la autocuración. Me siento feliz de haber asistido a la larga gestación de esta obra trascendente. La riqueza que ha aportado a mi vida este conocimiento excede todos mis sueños. Deseo que la sabiduría de Caroline ilumine igualmente la suya.

DR. C. NORMAN SHEALY*

---

* El doctor Shealy es fundador del Instituto Shealy de Asistencia Sanitaria Global, presidente fundador del Colegio de Médicos Holísticos de Estados Unidos y director de proyectos de investigación y prácticas del Instituto Forest de Psicología. Es autor de *Miracles Do Happen*.

Dios esté en mi cabeza y en mi entendimiento,
Dios esté en mis ojos y en mi mirada,
Dios esté en mi boca y en mis palabras,
Dios esté en mi lengua y en mi gusto,
Dios esté en mis labios y en mi saludo.
Dios esté en mi nariz y en mi olfato y mi inspiración,
Dios esté en mis oídos y en mi audición,
Dios esté en mi cuello y en mi humildad,
Dios esté en mis hombros y en mi porte,
Dios esté en mi espalda y en mi postura.
Dios esté en mis brazos y en mi dar y recibir,
Dios esté en mis manos y en mi trabajo,
Dios esté en mis piernas y en mi caminar,
Dios esté en mis pies y en mi firme conexión,
Dios esté en mis articulaciones y en mis relaciones.
Dios esté en mis entrañas y en mis sentimientos,
Dios esté en mis intestinos y en mi perdonar,
Dios esté en mi talle y en mis movimientos,
Dios esté en mis pulmones y en mi respiración,
Dios esté en mi corazón y en mis afectos.
Dios esté en mi piel y en mi tacto y mis caricias,
Dios esté en mi carne y en mis penas y suspiros,
Dios esté en mi sangre y en mi vivir,
Dios esté en mis huesos y en mi morir,
Dios esté en mi final y en mi revivir.

Texto ampliado de la oración tradicional del reverendo JIM COTTER, que aparece en su libro *Prayer at Night*, Cairn Publications, Sheffield, Gran Bretaña, 1988.

Prólogo

Mi transformación
en intuitiva médica

En el otoño de 1982, después de abandonar mi profesión de periodista y obtener un doctorado en teología, fundé junto con otras dos personas una editorial llamada Stillpoint. Publicábamos libros sobre métodos de curación alternativos a la medicina oficial. Sin embargo, pese a mi interés empresarial en las terapias alternativas, no tenía el menor interés personal en ellas. No sentía el más mínimo deseo de conocer a ningún sanador. Me negaba a meditar, le tomé una profunda aversión a las campanillas que suenan movidas por la brisa, a la música de la New Age y a las conversaciones sobre horticultura orgánica. Fumaba y bebía café a litros, todavía en la tónica de una osada y curtida reportera. No estaba en absoluto preparada para una experiencia mística.

No obstante, durante ese mismo otoño me fui dando cuenta poco a poco de que mi capacidad perceptiva se había expandido considerablemente. Por ejemplo, un amigo comentaba que un conocido suyo no se encontraba bien, y yo intuía de inmediato la causa del problema. Mis intuiciones eran extraordinariamente exactas y se corrió la voz por la comunidad. Muy pronto comenzaron a llamar por teléfono a la editorial personas que deseaban concertar hora conmigo para que les hiciera una evaluación de su salud. En la primavera de 1983 ya hacía lecturas a personas que sufrían diversos tipos de crisis existenciales y de salud, desde depresión hasta cáncer.

Decir que estaba perpleja sería un eufemismo. Me sentía confundida y algo asustada. No lograba imaginar cómo me llegaban esas impresiones. Era y sigue siendo como tener sueños despierta, unos sueños impersonales que comienzan a ocurrir tan pronto recibo el permiso de la persona y conozco su nombre y su edad. La impersonalidad y la objetividad de estas impresiones es importantísima, porque es lo que me indica que no son invenciones ni proyecciones mías. Es como la diferencia entre mirar un álbum de fotografías de un desconocido y uno de la propia familia. En el caso del álbum del desconocido no hay ningún tipo de lazo afectivo con nadie. Así, mis impresiones son claras, pero desprovistas de todo carácter emotivo.

Puesto que tampoco sabía el grado de exactitud de mis impresiones, pasados unos dos meses comencé a sentir un intenso temor antes de cada consulta, pues me parecía que dichas experiencias entrañaban un gran riesgo. Soporté los primeros seis meses diciéndome que emplear mi intuición médica era algo así como un juego. Me entusiasmaba acertar porque un acierto significaba al menos que mi cordura estaba intacta. Pero, incluso así, siempre me preguntaba: «¿Funcionará esta vez?» «¿Y si no recibo ninguna impresión?» «¿Y si me equivoco en algo?» «¿Y si alguien me pregunta algo que no sé contestar?» «¿Y si le digo a la persona que está sana y después me entero de que le han diagnosticado una enfermedad terminal?» Y la pregunta más importante: «¿Qué hace en esta discutible ocupación una periodista y alumna de teología dedicada a editora?»

Me sentía como si de repente, sin tener ninguna preparación, se me hubiera hecho responsable de explicar la voluntad de Dios a un montón de personas tristes y asustadas.

Lo irónico era que cuantas más personas deseaban comprender mejor lo que Dios les estaba haciendo, más deseaba yo comprender lo que Dios me estaba haciendo a mí. Esa incertidumbre fue causa de años de migrañas.

Mi deseo era continuar como si mi incipiente habilidad no se diferenciara en nada de una habilidad para preparar pasteles, pero sabía que no era así. Habiendo recibido educación católica y estudiado teología, sabía muy bien que las capacidades transpersonales conducen inevitablemente al monasterio o al manicomio. En el fondo de mi alma sabía que estaba conectando con algo esencialmente sagrado, y ese conocimiento me desgarraba. Por un lado temía quedar incapacitada, como los místicos de antaño; por otro, me sentía destinada a una vida en la que sería evaluada y juzgada por creyentes y escépticos. Fuera cual fuese el futuro que imaginaba, me sentía empujada a la desgracia.

Pero de todos modos me fascinaba mi recién descubierta capacidad perceptiva, y me sentía obligada a continuar evaluando la salud de personas. Durante esa primera época, las impresiones que recibía eran principalmente sobre la salud física inmediata de la persona en cuestión y el estrés emocional o psíquico relacionado con ésta. Pero también veía la energía que rodeaba su cuerpo; la veía llena de información sobre su vida. Veía esa energía como la prolongación de su espíritu. Comencé a darme cuenta de algo que jamás me enseñaron en la escuela: que nuestro espíritu está muy, muy integrado en nuestra vida cotidiana; que encarna nuestros pensamientos y emociones y registra cada uno de ellos, desde los más mundanos hasta los más visionarios. Aunque más o menos se me había enseñado que después de la muerte el espíritu «sube» o «baja», según el grado de virtud con el que hayamos vivido, comencé a comprender que el espíritu es mucho más que eso. Participa en cada segundo de nuestra vida. Es la fuerza consciente que constituye la vida misma.

Continué realizando lecturas sobre la salud en cierta forma como si llevara puesto el piloto automático, hasta que un día me ocurrió algo que resolvió mis dudas y mi ambigüedad respecto a la habilidad que poseía. Estaba en plena sesión con una mujer que tenía cáncer. Hacía mucho calor y me sentía cansada. Estábamos sentadas frente a frente en mi pequeña oficina de Stillpoint. Acababa de terminar la evaluación y me quedé callada un momento, pensando cómo decírselo. Me asustaba decirle que el cáncer se le había extendido por todo el cuerpo. Sabía que me iba a preguntar por qué le había ocurrido esa catástrofe a ella, y me irritó la responsabilidad de tener que contestarle. Pues bien, en el instante en que abría la boca para hablar, ella estiró la mano y la colocó sobre mi pierna. «Caroline —me dijo—, sé que tengo un cáncer grave. ¿Podrías decirme por qué me ha ocurrido esto a mí?»

Mi indignación ante la odiada pregunta creció todavía más, y estaba a punto de gritarle: «¿Cómo quieres que lo sepa?», cuando de pronto me inundó una energía que jamás había experimentado antes. La sentí moverse por mi cuerpo como si quisiera desplazarme hacia un lado para poder utilizar mis cuerdas vocales. Dejé de ver a la mujer que tenía delante. Me sentí como si me hubieran reducido al tamaño de una moneda y ordenado «observar» desde el interior de mi cabeza.

Una voz habló por mi boca a la mujer: «Permíteme que te lleve a hacer un recorrido por tu vida y por cada una de las relaciones que has tenido —dijo—. Permíteme que te acompañe por todos los miedos que has sentido y que te muestre que esos miedos te han dominado durante tanto tiempo que ahora la energía vital ya no te nutre.»

Esa «presencia» acompañó a la mujer en el recorrido por todos los detalles de su vida, absolutamente por todos. Le recordó las conversaciones más insignificantes, le enumeró los momentos de inmensa soledad en que había llorado sola, le recordó todas las relaciones que habían tenido algún sentido para ella. Esa «presencia» me dejó la impresión de que todos y cada uno de los segundos de nuestra vida, y todas y cada una de las actividades mentales, emocionales, creativas, físicas e incluso de descanso con que los llenamos, son algo conocido y registrado. Cada juicio que hacemos queda registrado; cada actitud que adoptamos es una fuente de poder, positivo o negativo, del que somos responsables.

Esta experiencia me dejó pasmada. Desde mi puesto, a un lado, comencé a orar, medio por temor y medio por humildad, al verme frente al designio íntimo y último del universo. Siempre había supuesto que nuestras oraciones eran «oídas», pero jamás había sabido cómo. Ni tampoco había imaginado, con mi simple razonamiento humano, cómo algún sistema, aunque fuera divino, podía llevar la cuenta de las necesidades de todas las personas, dando prioridad a las peticiones de curación por encima, digamos, de las peticiones de ayuda económica. No estaba preparada para ese espectáculo sagrado en el que cada segundo de la vida se considera tiernamente algo de gran valor.

Mientras oraba, todavía como simple observadora, pedí que esa mujer siguiera sin percatarse de que no era yo quien le estaba hablando. Si no podía darle una razón que justificase por qué tenía cáncer, tampoco podría explicarle cómo conocía los detalles de su pasado. Tan pronto hice ese ruego, me encontré nuevamente mirándola a la cara. Mi mano estaba sobre su rodilla, imitando su gesto, aunque no recordaba haberla puesto allí, y me temblaba todo el cuerpo. Retiré la mano. Ella se limitó a decir: «Muchísimas gracias. Ahora puedo soportarlo todo.» Tras permanecer un momento en silencio, añadió: «Ni siquiera me asusta la muerte. Todo va muy bien.»

Poco después de que se marchara salí yo también, en un estado de profunda conmoción. Mientras caminaba por el hermoso prado que rodea la editorial, accedí a colaborar con esa capacidad intuitiva, fuera cual fuese el resultado.

Desde ese día de otoño de 1983, he trabajado con entusiasmo en esta actividad de intuitiva médica. Eso significa que empleo mi capacidad intuitiva para ayudar a las personas a entender la energía emocional, psíquica y espiritual que está en el origen de la enfermedad, el malestar o la crisis vital. Soy capaz de percibir el tipo de enfermedad que se ha desarrollado, muchas veces antes de que la persona sepa que tiene una enfermedad. No obstante, normalmente las personas con quienes trabajo saben que su vida no está en equilibrio y que algo va mal.

Ningún «primer acontecimiento» espectacular introdujo en mi vida esas capacidades intuitivas. Simplemente despertaron, con naturalidad, como si siempre hubieran estado allí, a la espera del momento apropiado para salir. Cuando era niña y adolescente, siempre fui intuitivamente despabilada, y al igual que les sucede a la mayoría de las personas, mis instintos viscerales me hacían reaccionar. Usted también evalúa, instintiva y a veces conscientemente, las energías de otras personas, pero por lo general conoce a la persona o al menos ha tenido algún contacto con ella antes. Lo insólito de mi intuición es que puedo evaluar a personas con las que jamás he tenido ni el más mínimo contacto. En realidad prefiero no haber tenido con ellas ningún contacto anterior, porque mirar a la cara a una persona asustada obstaculiza enormemente mi capacidad de «ver» con claridad.

Con el uso, mi intuición se ha hecho más precisa. Ahora la considero casi normal, aunque cómo funciona siempre seguirá siendo algo misterioso. Si bien puedo enseñarle hasta cierto grado la manera de ser intuitivo, la verdad es que no sé muy bien cómo lo aprendí yo. Supongo que adquirí esta enorme intuición debido a mi curiosidad por los temas espirituales, combinada con la profunda frustración que sentí al ver que mi vida no resultaba tal como la había planeado. Por otra parte, es igualmente posible que mi intuición médica fuera sencillamente la consecuencia de algo que comí.

Sabiendo cómo trabajan los dioses, no me sorprendería en absoluto.

No me ha sido fácil perfeccionar mis intuiciones, ni siquiera después de haberme comprometido a colaborar en ello. No tenía ningún modelo ni maestro, aunque finalmente conté con el apoyo y la orientación de colegas médicos. Pero ahora, después de catorce años de trabajo continuado, esta habilidad me parece un sexto sentido. Para mí eso significa que es hora de que enseñe a otras personas el lenguaje de la energía y la intuición médica.

Trabajando con mis intuiciones he identificado las causas emocionales y psíquicas de la enfermedad. Indudablemente existe una fuerte conexión entre el estrés, tanto físico como emocional, y las afecciones concretas. Esta conexión ha sido bien documentada en lo que se refiere a las enfermedades cardíacas y la hipertensión, por ejemplo, y la llamada personalidad tipo A, término utilizado para referirse a personas cuyo comportamiento es muy competitivo, agresivo e impaciente, que siempre tienen prisa, lo que las hace propensas a dolencias cardíacas. Mis percepciones concretas, sin embargo, me han enseñado que el estrés o malestar emocional y espiritual es la raíz de todas las enfermedes físicas. Además, algunas crisis emocionales y espirituales tienen una correspondencia muy específica con trastornos en determinadas partes del cuerpo. Por ejemplo, las personas que acuden a mí aquejadas de una enfermedad cardíaca han tenido experiencias que las indujeron a cerrarse a la intimidad o el amor. Las personas que sufren dolores en la parte inferior de la espalda han tenido constantes problemas económicos; las personas enfermas de cáncer tienen conexiones no resueltas con el pasado, asuntos inconclusos y problemas emocionales; las personas que padecen enfermedades sanguíneas tienen conflictos muy arraigados con su familia. Cuanto más estudiaba el sistema energético humano, más comprendía que en nuestro cuerpo o en nuestra vida muy pocas cosas se generan «al azar». La conexión entre el estrés emocional y espiritual y una enfermedad concreta se entiende mejor en el contexto de la anatomía del sistema energético humano, es decir, la anatomía de nuestro espíritu, que forma el núcleo de lo que actualmente enseño a lo largo y ancho de Estados Unidos y en muchos otros países, y que es el tema principal de este libro.

Ser médicamente intuitiva me ha servido para aprender, no sólo acerca de las causas energéticas de las enfermedades, sino también de los retos que afrontamos al curarnos a nosotros mismos. Para mí fue muy importante comprender que la «curación» no siempre significa que el cuerpo físico se recupera de una enfermedad. Curación puede significar también que el espíritu de la persona se libera de miedos y pensamientos negativos, hacia sí misma u otras personas, que ha tenido durante mucho tiempo. Este tipo de liberación y curación espiritual puede producirse aunque el cuerpo físico muera.

Aprender el lenguaje del sistema energético humano es un medio para comprendernos a nosotros mismos, un medio para salir airosos de esos retos espirituales. Al estudiar la anatomía de la energía identificará las pautas o modalidades de su vida, y la profunda interrelación que existe en el funcionamiento de mente, cuerpo y espíritu. Este conocimiento propio le proporcionará placer y paz mental, y al mismo tiempo lo conducirá a la curación emocional y psíquica.

Esta introducción a la intuición médica es el resultado de catorce años de investigación sobre la anatomía y la intuición, el cuerpo y la mente, el espíritu y el poder. En estas páginas le enseñaré el lenguaje de la energía con el que trabajo. Adquiriendo un buen conocimiento de la anatomía de la energía, se dará cuenta también de que su cuerpo es la manifestación de su espíritu. Podrá leer su cuerpo como si fuera un escrito. Entender el idioma de que la energía capacita a la persona para ver el espíritu en su cuerpo y para comprender qué genera y fortalece esa energía, a la vez que la hace resistente a ella. El idioma de la energía le dará una nueva visión, una nueva perspectiva de su poder personal. También descubrirá qué debilita su espíritu y su poder personal, a fin de evitar más fugas de energía. La aplicación de este lenguaje y esta comprensión del sistema energético humano le servirá para tener impresiones intuitivas más claras que, al ofrecerle referencias concretas basadas en el cuerpo, eliminarán esa sensación de estar mirando ciegamente al vacío en busca de información.

En este libro recurro a la sabiduría antiquísima, profunda y permanente de varias tradiciones espirituales —los chakras hindúes, los sacramentos cristianos y el árbol de la vida de la cábala—, para presentar una nueva visión de cómo funcionan unidos el cuerpo y el espíritu. Observe, por favor, que no he incluido las copiosas enseñanzas del islamismo, no porque no respete sus verdades sino porque no he vivido esta tradición como he vivido las enseñanzas judeocristianas, hindúes y budistas; por lo tanto, no me siento capaz de escribir con honradez acerca del islamismo. Aprendiendo a considerar su cuerpo y su espíritu de un modo inspirado en viejas verdades, podrá empezar a desarrollar su intuición y a comprender y manejar su espíritu.

Mi primera idea fue centrar este libro «simplemente» en torno al sistema energético humano, a la filosofía y la práctica del diagnóstico basado en la energía, y a la intuición médica, pero cuando comencé a escribirlo me di cuenta de que no podía explicar con precisión estos conceptos de energía sin el marco espiritual. Creo que estamos hechos para entender nuestros cuerpos-mentes como poderes espirituales individuales que expresan una energía divina superior. Estamos hechos para descubrir nuestro poder personal y también nuestra finalidad compartida de estar vivos dentro de un contexto espiritual.

Todos compartimos la realidad de tener un tipo de cuerpo físico que enferma o sana por los mismos motivos. Todos tenemos crisis emocionales o psíquicas comunes a la experiencia humana. Todos tememos el abandono, la pérdida de seres queridos y la traición; el sentimiento de rabia es tan tóxico en el cuerpo de un judío como en el de un cristiano o un hindú; todos nos sentimos atraídos por el amor. En lo que se refiere a la salud del espíritu y del cuerpo, no hay diferencias entre nosotros.

Así pues, el enfoque mente-cuerpo de este libro está imbuido del lenguaje espiritual de la visión simbólica. La visión simbólica es una manera de verse y comprenderse, de ver y comprender a los demás y los acontecimientos de la vida desde la perspectiva de modalidades o pautas arquetípicas universales. Desarrollar esa visión simbólica incrementará su capacidad intuitiva porque le enseñará una objetividad sana que saca a la luz el sentido simbólico de los acontecimientos, las personas y los desafíos, muy especialmente, tal vez, el doloroso desafío de la enfermedad. La visión simbólica permite percibir el propio espíritu y la ilimitada capacidad que tenemos cada uno para la curación y la salud o integridad.

Las personas que asisten a mis charlas y seminarios son muy variadas. Son profesionales de la salud, personas que buscan ayuda para sí mismas o personas que desean ser intuitivas médicas. Todas ellas comparten el deseo común de comprender el poder de su espíritu; desean desarrollar una claridad interior, su propia voz intuitiva. Los médicos que llenan mis seminarios me cuentan la frustración que sienten cuando tienen la corazonada de que bajo la enfermedad de un paciente hay una causa emocional o incluso espiritual subyacente, y carecen de libertad para hacer un diagnóstico espiritual porque las ideas espirituales no tienen ninguna autoridad en la ciencia oficial. Muchos médicos se reservan sus impresiones intuitivas porque, como dice uno, «las corazonadas y las pruebas todavía no son compatibles con los requisitos de los seguros médicos». Otro médico me comentó: «No me hace falta intuición médica; tengo bastante. Lo que me hace falta es conocer los comportamientos de la familia y los problemas espirituales más profundos de mis pacientes, porque sé que ésa es la información que necesitan para sanar. Necesitan algo más que medicamentos, ya que éstos sólo enmascaran temporalmente sus síntomas.» El deseo de un contexto y una interpretación espiritual de la vida es universal. Creo que el lenguaje de la energía y la práctica de la visión simbólica pueden salvar el abismo existente entre la perspectiva de la medicina oficial y la perspectiva espiritual de la salud y la curación.

De todos modos, como he dicho antes, el hecho de intuir la presencia de enfermedad al principio me asustó y perturbó mi falta de contexto médico y espiritual. Por eso, durante los dos primeros años me reservaba gran parte de la información que percibía. Limitaba mis servicios a ayudar a las personas a interpretar el estrés y los factores emocionales, psíquicos y espirituales subyacentes al desarrollo de sus enfermedades. No hablaba de tratamientos médicos específicos ni de intervenciones quirúrgicas, sino que aconsejaba a los clientes que consultaran un médico. Pero en 1984 conocí al doctor C. Norman Shealy y comencé con él un programa intensivo de formación en la anatomía física del cuerpo humano. Hablando con los pacientes, personalmente y a través de Norm, acerca de su vida y sus enfermedades, logré afinar mi comprensión de las impresiones que recibía. Esto me proporcionó la zona de tranquilidad que necesitaba para que madurara mi habilidad, aunque sigo sin tratar a los clientes y sólo intento ayudarlos a interpretar los problemas espirituales que están en la raíz de sus crisis emocionales o físicas.

A lo largo de los años de trabajo con Norm, que se convirtió en mi colega médico y querido amigo, me di cuenta de que mi habilidad es muy valiosa en las fases anteriores al desarrollo real de la enfermedad física. Antes de que el cuerpo produzca una enfermedad física, hay indicadores de energía que nos dicen que estamos perdiendo vitalidad, por ejemplo, un estado de letargo o de depresión prolongado. Las personas que están en esas fases suelen buscar el consejo de su médico porque saben que no se sienten bien, captan señales de pérdida de energía. No obstante, con frecuencia las pruebas y los exámenes médicos indican que no pasa nada, porque todavía no pueden identificar que ocurra algo en el plano físico. Las pruebas médicas en uso no pueden medir la pérdida de energía, y la mayoría de los médicos no dan crédito a la idea de la disfunción energética. Sin embargo, constantemente aparecen enfermedades desconcertantes que no responden a los tratamientos médicos vigentes. Algunas de ellas, el sida por ejemplo, se pueden diagnosticar con métodos médicos, mientras que otras parece ser que se generan debido al ritmo acelerado de nuestra vida y la constante exposición a la energía electromagnética de ordenadores, antenas parabólicas, teléfonos móviles y demás aparatos con los que sobrecargamos el medio ambiente. Por el momento, trastornos tales como el síndrome de cansancio crónico y otros relacionados con el medio ambiente se consideran enfermedades «no oficiales»; según los criterios de la medicina oficial carecen de una causa microbiana identificable. Pero sin duda alguna son enfermedades oficiales según la definición energética de disfunción de la salud, porque sus síntomas indican que el paciente está experimentando una pérdida de energía en el campo energético.

La intuición médica puede servir a los médicos que comprenden que el cuerpo humano es a la vez un sistema físico y un sistema energético, que sitúan la experiencia humana en un contexto espiritual, para identificar el estado energético de una enfermedad física y tratar la causa subyacente además de los síntomas. El tratamiento del campo energético admite diversas terapias, entre ellas la orientación psicológica, la acupuntura, el masaje y la homeopatía. El ingrediente esencial para la curación de la energía sigue siendo, de todos modos, la participación activa del paciente. Por apremiante que sea el aviso de un intuitivo médico sobre la probabilidad de una enfermedad, los avisos no curan. Los actos, sí.

Nada me agradaría más que transmitir inmediatamente mi habilidad intuitiva a través de libros y seminarios. Pero la verdad es que se requieren años de práctica para desarrollar plenamente las propias intuiciones. Mis años de práctica en calidad de «residente intuitiva» con Norm, neurocirujano formado en Harvard y ex presidente del Colegio de Médicos Holísticos de Estados Unidos, me dieron la preparación necesaria para trabajar como profesional. Cualquiera puede beneficiarse de las enseñanzas que presento en este libro, pero, dado que es esencial un programa de residencia para desarrollar plenamente la intuición, en un futuro próximo, Norm y yo tenemos la intención de ayudar a los alumnos con capacidad intuitiva médica a realizar sus prácticas como residentes en centros holísticos de salud de todo el país. Actualmente realizamos en su granja de Springfield (Missouri) un programa sobre la ciencia de la intuición, cuyo objetivo es enseñar a las personas a utilizar su intuición como parte normal de sus habilidades perceptivas.

La idea de un programa de residencia intuitiva médica habría parecido bastante absurda hace diez años, pero desde entonces hasta ahora ha aumentado la receptividad social hacia tratamientos médicos que aplican el antiquísimo conocimiento de la circulación de la energía por el interior y alrededor del cuerpo humano, entre otros, la acupuntura, la acupresión y el chi-kung. Como escribe el doctor Larry Dossey en *Meaning and Medicine*, necesitamos ejercer la «Medicina de la III Era», es decir, terapias que combinen métodos espirituales y físicos, holísticos y alopáticos para la curación física y emocional. No puedo dejar de pensar que las personas intuitivas médicas llegarán finalmente a ser miembros esenciales de los equipos de asistencia médica, tanto en este país como en el resto del mundo.

El sistema médico oficial está a punto de reconocer la conexión entre las disfunciones energéticas o espirituales y la enfermedad. Es inevitable que algún día salve el abismo que actualmente existe entre cuerpo y mente, pero mientras tanto podemos sanarnos a nosotros mismos construyendo nuestros propios puentes hacia el espíritu, aprendiendo el lenguaje de la energía y la habilidad de la visión simbólica. Espero que a lo largo de este libro aprenda a pensar en sí mismo utilizando el lenguaje de la energía con tanta claridad como ahora ve su cuerpo físico, y que comience a ocuparse de su espíritu con tanta conciencia como se ocupa de su cuerpo físico.

Introducción

Breve historia personal

Como les digo a las personas que asisten a mis charlas y seminarios, voy a introducir al lector en el mundo que existe «detrás de mis ojos». Sin embargo, tal vez tome más conciencia del guía interior que trabaja en su vida si primero le cuento cómo se produjeron las llamadas que me han conducido a esta perspectiva, si primero le presento a las diferentes personas y los diversos acontecimientos que a lo largo de los años me han llevado por el camino de la intuición médica.

Circunstancias decisivas

Todo lo que para mí tiene importancia profesional, personal y espiritual, lo he aprendido en mi trabajo como intuitiva médica. Pero cuando estaba estudiando iba lanzada en una dirección muy distinta. Rebosante de ambición, estudié periodismo, y en el primer año de carrera decidí que ganaría el premio Pulitzer antes de cumplir los treinta. El problema de este plan, como descubrí cuando estaba en mi primer trabajo en un periódico, era que carecía del talento necesario para hacer un reportaje de éxito.

Dejé el trabajo en el periódico, pero no me resignaba a aceptar la idea de que mi único sueño profesional, ser escritora, no se hiciera realidad. Al no tener ningún otro sueño de reserva, caí en una depresión tóxica, viscosa, una clásica «noche oscura del alma». Durante los peores meses, dormía hasta tarde y después, sentada en el suelo de mi despacho, en casa, contemplaba artículos para revistas a medio escribir.

Una mañana, cuando acababa de despertar de un profundo sueño, todavía en ese nebuloso estado entre el sueño y la vigilia, me abrumó la sensación de que había muerto y que sólo estaba recordando mi vida. Me sentí agradecida de que ésta hubiera acabado. Cuando finalmente abrí los ojos y me di cuenta de que estaba viva, sentí náuseas y me pasé el resto de la mañana vomitando mi decepción. Agotada, volví a la cama para tratar de averiguar en qué había fallado al planear mi vida. En ese momento recordé repentinamente un trabajo que nos mandaron hacer en una clase de periodismo.

La profesora había dedicado bastante tiempo a subrayar la importancia de la objetividad para hacer un buen reportaje periodístico. Ser objetivo, nos dijo, significa mantenerse emocionalmente distanciado del tema sobre el que se está haciendo el reportaje, y atenerse solamente a los «hechos» que describen o explican la situación. Nos pidió que nos imagináramos un edificio en llamas y a cuatro periodistas situados cada uno en una esquina distinta para cubrir la información sobre el suceso. Cada uno tendría una perspectiva distinta del mismo incendio. Cada uno entrevistaría a personas de la esquina donde estaba. La pregunta que nos planteó la profesora fue: ¿Qué periodista conoce los hechos reales y tiene el punto de vista correcto? Es decir, ¿cuál de ellos veía la verdad?

De pronto ese sencillo trabajo de hacía años adquirió un tremendo sentido simbólico. Tal vez la «verdad» y la «realidad» eran sólo cuestión de percepción. Tal vez había estado mirando la vida con un solo ojo, viendo el edificio desde una sola esquina y hablando con personas que también carecían de profundidad en su percepción. Comprendí que tenía que abrir el otro ojo y salir de esa esquina.

Entonces mi agotada y frustrada mente dio otro salto atrás. Al año siguiente de graduarme en el instituto, fui a Alaska a trabajar durante el verano. Un grupo de buenas amigas y yo atravesamos el país desde Chicago, mi ciudad, hasta Seattle, donde embarcamos en un transbordador que nos llevaría por el paso entre las islas hasta Hanes. El viaje duró tres días, y ninguna pegó ojo durante el trayecto, de modo que cuando llegamos a nuestro destino casi veíamos doble.

En el muelle nos esperaba un hombre que nos llevó en camioneta hasta el hotel de la localidad. Subimos a las habitaciones y nos dejamos caer en la cama. Todas se quedaron dormidas inmediatamente, pero yo no podía conciliar el sueño. Estaba tan nerviosa que salí del hotel y comencé a vagar por la ciudad. De pronto me vio el conductor de la camioneta y se detuvo para preguntarme adónde iba. Le dije que había salido a dar un paseo. Me invitó a subir, cosa que hice, y me llevó hasta una vieja casa de madera de dos plantas. «Sube a la primera planta —me dijo—. La mujer que vive allí se llama Rachel. Conversa con ella un rato, y después yo vendré a recogerte.»

Actualmente, en Chicago, hacer eso se consideraría bastante peligroso, pero en aquellos momentos mi capacidad de razonar estaba ofuscada por el agotamiento y mi fascinación por Alaska, así que hice lo que me sugería; subí la escalera y llamé a la puerta. Me abrió una mujer indígena de algo más de ochenta años, Rachel.

—Bueno, pasa. Te prepararé té.

Así es la cortesía en Alaska: una hospitalidad afable, confiada, acogedora. Rachel no pareció sorprendida al verme ni actuó como si yo fuera una molestia. Para ella era una cosa normal que alguien se presentara en su casa a tomar té y conversar.

Me senté medio dormida, y tuve la sensación de encontrarme en dos mundos distintos. La mitad del apartamento estaba decorado con objetos típicos de la cultura rusa: iconos de la Virgen Negra, un samovar en el que Rachel estaba preparando el té y cortinas de encaje ruso. La otra mitad era de un estilo atapasco puro; entre otras cosas, había un pequeño tótem y una manta india colgada de la pared.

Rachel levantó la vista del samovar y vio que yo estaba mirando el tótem.

—¿Sabes leer un tótem? —me preguntó.

—No. No sabía que se pueden leer.

—Ah, pues sí que se leen. Los tótems son afirmaciones espirituales sobre los guardianes de la tribu. Mira ése. El animal de arriba es el oso. Eso significa que el espíritu del oso es el que guía a nuestra tribu; el oso es fuerte, inteligente para acechar a su presa, pero jamás mata sólo por matar, sino para protegerse, y necesita largos períodos de sueño para recuperar su fuerza. Hemos de imitar a ese espíritu.

Al oír esas palabras desperté. Me encontraba ante una buena profesora, y una buena profesora me induce a prestar atención al instante.

Rachel me contó que era mitad rusa y mitad atapasca, y que vivía en Alaska desde mucho antes que ésta se convirtiera en estado de Estados Unidos. Contándome, aunque brevemente, cosas de su vida y de las tradiciones espirituales atapascas, aquella mujer cambió para siempre mi vida.

—¿Ves esa manta colgada de la pared? Esa manta es muy especial. En la cultura atapasca es un gran honor ser tejedor de mantas o escritor de canciones, o tener cualquier otra ocupación. Hay que tener el permiso del escritor para cantar sus canciones, porque éstas contienen su espíritu. Y si eres tejedora de mantas, te está prohibido comenzar una a no ser que sepas que vas a vivir el tiempo suficiente para terminarla. Si descubres que necesitas morir (eso dijo, «si necesitas morir»), debes celebrar una ceremonia con otra persona que esté dispuesta a terminar esa tarea en tu lugar, porque no puedes dejar una parte de tu trabajo inconcluso al morir. Si lo haces, dejas atrás una parte de tu espíritu.

»Esa manta estaba casi terminada cuando el Gran Espíritu se le apareció en sueños a la mujer que la estaba haciendo y le dijo que se preparara para dejar la Tierra. Ella le preguntó al Espíritu si podría vivir lo suficiente para terminar la manta, y el Espíritu le dijo que sí, que se le concedería ese tiempo. Murió dos días después de terminarla. Su espíritu está en esa manta y me da fuerzas.

Según Rachel, la vida es muy sencilla:

—Nacemos a la vida para querernos mutuamente y querer a la Tierra. Después recibimos el aviso de que nuestra vida llega a su fin, y debemos disponer lo necesario para partir sin dejar atrás ningún «asunto inconcluso». Hay que pedir disculpas, transmitir las responsabilidades tribales y aceptar de la tribu su gratitud y amor por el tiempo que hemos pasado con ella. Así de sencillo.

Se quedó callada un momento para servir el té y después continuó:

—Mañana por la noche iré a una ceremonia, una fiesta llamada *potlatch*. Un hombre se está preparando para dejar la Tierra y va a regalar todas sus pertenencias a la tribu. Pondrá sus ropas y herramientas en una gran bandeja y la tribu aceptará simbólicamente sus pertenencias, lo que significa que él será liberado de todas sus responsabilidades con la tribu para poder terminar el trabajo de su espíritu. Después nos dejará.

Yo estaba muda de asombro por la actitud serena y tranquila de Rachel, sobre todo por la naturalidad con que hablaba de la muerte. ¿Dónde estaba ese temor al que yo estaba tan acostumbrada en mi cultura? Rachel acababa de destrozar todo mi mundo tal como yo lo entendía, en particular mi concepto de la dimensión espiritual de la vida, o de Dios. Hablaba con la naturalidad de una lluvia de verano. Deseé desechar las verdades que me había ofrecido mientras tomábamos el té como si no fueran más que creencias primitivas, pero mi instinto me dijo que ella conocía a un Dios muchísimo más real que el mío.

—¿Cómo sabe ese hombre que se va a morir? —le pregunté—. ¿Está enfermo?

—Fue a ver al hechicero. El hechicero le miró la energía, y ésta le dijo lo que le ocurría.

—¿Cómo sabe esas cosas el hechicero?

Ella pareció impresionada por mi ignorancia. Me miró a los ojos.

—Dime, ¿cómo es que tú no sabes estas cosas? ¿Cómo puedes vivir sin saber lo que hace y lo que te dice tu espíritu? Todo el mundo va a ver al hechicero para saber lo que le dice su espíritu —añadió—. Hace unos años el hechicero me dijo: «Pronto te romperás una pierna si no caminas mejor.» Yo sabía que no se refería a mi caminar físico. Quería decir que yo no era honesta porque deseaba al hombre de otra mujer. Debía dejar de ver a ese hombre. Me resultó difícil porque yo lo amaba. Pero mi espíritu estaba enfermando por esa falta de honestidad. Me marché de aquí y estuve fuera durante un tiempo, y cuando volví caminé derecha.

Sentí unos deseos locos de quedarme una temporada con Rachel para aprender más de ella. Me ofrecí a limpiarle la casa, hacer recados, cualquier cosa. Pero cuando vino a recogerme el hombre de la camioneta ella me despidió y nunca volví a verla. Cuando subí a la camioneta el hombre me comentó: «Rachel es algo especial, ¿verdad?»

Cuando volví a casa ese otoño, llegó mi cuerpo sin mi espíritu. Tardé meses en volver a reunirlos. Antes de conocer a Rachel no había pensado nunca en el poder del espíritu tal como lo explicaba ella. Jamás había pensado que entretejemos nuestro espíritu en todo lo que hacemos y en todas las personas que conocemos. Tampoco había pensado que las elecciones que hago en la vida expresan mi espíritu o afectan a mi salud.

Ahora comprendo que la historia de la curación emocional y física de Rachel es un buen ejemplo de cómo podemos cambiar nuestra vida utilizando la visión simbólica. Aunque no lo supe entonces, la tarde que pasé con ella me abrió las puertas a lo que luego sería la intuición médica. Si bien no comenzaría mi trabajo en este campo hasta pasados ocho años, el recuerdo de ella me sacó de mi depresión postperiodística y me puso en un camino diferente. Decidí estudiar teología en un departamento de graduados, con la esperanza de que eso me daría una perspectiva más amplia, semejante a la de Rachel, y me serviría para liberarme por fin de mi visión de una esquina de la calle, mis ideas preconcebidas y mis limitaciones mentales. Tal vez el Dios que yo conocía no era el Dios que existía en realidad, ya que ciertamente no escuchaba las oraciones que le dirigía para que me convirtiese en una escritora. Tal vez el Dios que aún no conocía mostraría más interés.

Empecé a estudiar teología en un estado de crisis, sintiéndome impotente por primera vez en mi vida. De todos modos, terminé un doctorado en el estudio del misticismo y la esquizofrenia, el encuentro con la locura en el camino hacia la cordura espiritual. Después me daría cuenta de que esa misma sensación de impotencia me llevó a estudiar el poder, porque las vidas de los místicos son enseñanzas sobre la aflicción y la discapacitación espiritual, seguidas de un renacimiento a nuevas relaciones con el poder. Tras puertas cerradas, a través de la angustia y el éxtasis, los místicos logran acceder al espíritu de un modo tan profundo que les permite insuflar energía, una especie de electricidad divina, a las palabras y los actos corrientes. Se vuelven capaces de sanar a otros mediante actos de amor, perdón y fe auténticos.

De algunos de los místicos más conocidos de la cultura cristiana, san Francisco de Asís, santa Clara de Asís, Juliana de Norwich, santa Teresa de Ávila, santa Catalina de Siena y el padre Pío, más contemporáneo, se dice que están en un continuo e íntimo diálogo con Dios, que viven en una claridad que trasciende con mucho la conciencia normal. Para ellos el mundo de «detrás de los ojos» es infinitamente más real que el mundo que tienen delante de los ojos. Las percepciones de los místicos sobre la realidad y el poder difieren de las de las personas corrientes. En el lenguaje del cristianismo, los místicos «están en el mundo pero no son del mundo». En el lenguaje del budismo y el hinduismo, están desligados de las ilusiones del mundo físico; pueden ver simbólicamente, con claridad, porque están despiertos. (La palabra *buda* significa «el que está despierto».) Si bien el camino para lograr ese grado de conciencia y claridad puede resultar arduo, por mucha aflicción física que encontraran estos místicos en su camino, ninguno de ellos pidió jamás volver a la conciencia ordinaria.

Cuando recurro a la intuición y la visión simbólica para ayudar a alguien a ver por qué ha enfermado, suelo pensar en la vida de los místicos, sobre todo en la relación de la persona con el poder. Cuando era novata en la intuición, no establecía la conexión entre enfermedad, curación y poder personal, pero ahora creo que el poder es el fundamento de la salud. Mi objetividad, mi perspectiva simbólica de la vida, me sirve para evaluar la relación de la persona con el poder y el modo en que esto influye en su cuerpo y su espíritu.

Actualmente empleo el lenguaje de Rachel para decir a las personas que han entretejido su vida en cosas negativas y que, para recuperar la salud, necesitan retirarse por un tiempo, hacer que su espíritu vuelva y aprender nuevamente a caminar derechas. Ojalá pudiéramos seguir estas instrucciones tan sencillas, porque nuestro espíritu contiene realmente nuestra vida y nuestras opciones en la vida. Entretejemos realmente nuestro espíritu en los acontecimientos y las relaciones de nuestra vida. La vida es así de sencilla.

Aprendizaje intuitivo

Ahora veo, al contemplar estos catorce años pasados, que había un programa dispuesto para mi educación, un programa dirigido a enseñarme a interpretar el lenguaje de la energía para hacer diagnósticos intuitivos. De 1983 a 1989, cuando era una aprendiza de intuitiva, ciertos sincronismos extraordinarios me sirvieron para aprender lo que necesitaba saber.

En primer lugar, advertí que me encontraba con «grupos» de personas que presentaban el mismo trastorno. Una semana acudían a mí tres personas con el mismo tipo de cáncer. Pasadas unas semanas venían a verme otras tres personas que sufrían de migraña. Así fueron llegando grupos de personas afectadas de diabetes, cáncer de mama, problemas de colon, cáncer de próstata, prolapso de la válvula mitral, depresión y otros muchos problemas de salud. Antes de tomar la decisión de aceptar mis intuiciones, no se habían presentado personas con un tipo de problema particular.

Al mismo tiempo fue aumentando la calidad de la información que recibía. Ésta me mostraba cómo había contribuido el estrés emocional, psíquico y físico de la vida de esas personas a desarrollar la enfermedad. Al principio me limitaba a advertir la impresión que recibía de cada persona, sin que se me ocurriera comparar el tipo de estrés de una persona con el de otra. Finalmente, sin embargo, comencé a ver que ninguna enfermedad se desarrolla al azar, y revisé los casos anteriores en busca de las pautas emocionales o psíquicas que precedían a una enfermedad determinada. En 1988 ya lograba identificar las modalidades de estrés de casi cien enfermedades diferentes. Desde entonces, esas modalidades han resultado válidas y útiles para muchos médicos y otros profesionales de la salud a quienes se las he enseñado.

Conocer a Norm Shealy fue otro acontecimiento extraordinario. Además de ser neurocirujano, Norm es el fundador del Colegio de Médicos Holísticos de Estados Unidos y el principal especialista en el control del dolor. Desde 1972 también se ha interesado en temas metafísicos.

Durante la primavera de 1984 me invitaron a asistir a un congreso bastante exclusivo en el Medio Oeste, no por mis capacidades intuitivas sino en calidad de editora en Stillpoint, que era mi principal ocupación. Durante el congreso conocí a un psicólogo que sin ningún motivo aparente me comentó, señalando a Norm Shealy: «Mira, ¿ves a ese hombre que está allí? Es médico, y le interesan los intuitivos médicos.»

Yo me puse terriblemente nerviosa, pero decidí abordar al doctor Shealy y decirle que yo tenía intuición médica. Un día, cuando estábamos almorzando y me tocó sentarme a su lado, le dije que era capaz de diagnosticar a personas a distancia. Él no pareció impresionado en lo más mínimo. Continuó pelando una manzana y me preguntó:

—¿Hasta dónde llega su habilidad?

—No lo sé muy bien.

—¿Es capaz de identificar un tumor cerebral? ¿Es capaz de ver una enfermedad en formación en el cuerpo de una persona? No me hace ninguna falta que alguien me diga que la «energía» de una persona está baja; eso lo sé ver yo mismo. Necesito a alguien que pueda explorar a una persona como un aparato de rayos X.

Le dije que no estaba muy segura de mi exactitud, ya que era relativamente nueva en esto. Me dijo que alguna vez me llamaría, cuando tuviera a un paciente que, en su opinión, pudiera beneficiarse de mi habilidad.

Al mes siguiente, mayo de 1984, me telefoneó a Stillpoint. Me dijo que tenía a un paciente en su consulta, y a continuación me facilitó los datos de su nombre y edad y esperó mi respuesta. Recuerdo con mucha claridad la evaluación que hice porque estaba tremendamente nerviosa. Le hablé de mis impresiones en imágenes, no en términos fisiológicos. Le dije que era como si el paciente tuviera hormigón bajándole desde la garganta. Después le comenté los problemas emocionales que, desde mi punto de vista, habían precedido al desarrollo de su trastorno físico. Al paciente, que era drogadicto, le aterrorizaba hasta tal punto confesar su problema que era físicamente incapaz de decirlo. Las palabras se le congelaban en la garganta. Cuando acabé, el doctor Shealy me dio las gracias y colgó. Yo me quedé sin saber si había hecho un buen trabajo o no, pero después él me diría que el hombre tenía cáncer de esófago.

Ése fue el comienzo de mi trabajo con Norm Shealy. Su fría reacción ante mis evaluaciones me resultó enormemente beneficiosa. Si en esa época hubiera mostrado un gran entusiasmo por mi habilidad, yo me habría sentido cohibida y probablemente habría tratado de impresionarlo, lo cual sin duda habría obstaculizado mi precisión. Su actitud indiferente me sirvió para continuar siendo objetiva y clara. Así pues, como aprendí de mi profesora de periodismo y como ahora yo enseño a otras personas, la objetividad es esencial para realizar una evaluación correcta. Nada obstaculiza más la evaluación que la necesidad de «tener razón» o demostrar que se es capaz de hacer una evaluación intuitiva.

Durante el año siguiente Norm me ayudó a estudiar anatomía humana y me llamó varias veces más para que hiciera evaluaciones de sus pacientes. Mis evaluaciones fueron adquiriendo cada vez más corrección técnica. En lugar de recibir imágenes vagas de órganos corporales, pronto fui capaz de identificar y distinguir las vibraciones exactas de una enfermedad concreta y su ubicación en la fisiología de la persona. Cada enfermedad y cada órgano corporal, me enteré, tiene su propia «frecuencia» o modalidad vibratoria.

Jamás se me ocurrió pensar entonces que algún día Norm y yo formaríamos un equipo de trabajo. Si bien ya me había comprometido a comprender mi habilidad, todavía dedicaba la mayor parte de mi energía al éxito de Stillpoint. Pero en marzo de 1985 conocí a un joven cuyo valor para hacer frente a su enfermedad y sanarla me dio el valor para abrirme a mis intuiciones de otra manera.

Trabajando con Norm había adquirido más confianza en mi capacidad para identificar por su nombre las enfermedades que percibía, así como el estrés y los precursores energéticos. Sin embargo, evitaba orientar a los clientes hacia determinado tratamiento para su curación; eso se lo dejaba a Norm. Lo poco que sabía sobre curación se limitaba a los manuscritos que leía en mi trabajo editorial y a conversaciones con mis socios.

Un sábado por la mañana, en marzo de 1985, me llamó por teléfono un hombre llamado Joe, a quien había conocido por casualidad después de una charla que di en Kansas City. Me llamaba para decirme que tenía la sensación de que a su hijo Peter le ocurría algo malo, y me preguntó si podría hacerle una evaluación. Dado que Peter ya era un adulto, le pedí que hablara con él y obtuviera su permiso para que yo lo evaluara. A los diez minutos volvió a llamar para decirme que Peter aceptaba cualquier ayuda que yo pudiera darle. Le pregunté la edad de Peter, y cuando me la dijo, al instante me abrumó la sensación de que tenía leucemia. Eso no se lo dije a Joe, sino que dije que quería hablar directamente con su hijo y le pedí su teléfono.

Mientras anotaba las impresiones intuitivas que estaba recibiendo, me di cuenta de que, en realidad, las vibraciones que percibía no eran las de la leucemia. Pero no lograba identificar la frecuencia, puesto que nunca las había percibido antes. De pronto comprendí que Peter era seropositivo. Mi conversación con él la tengo grabada en la memoria, porque me imaginaba lo rara que me sentiría yo si una desconocida del otro extremo del país me llamara y me dijera: «Hola, acabo de comprobar tu sistema energético, y no sólo eres seropositiva sino que ya has comenzado a desarrollar el sida.» De hecho, el cuerpo de Peter estaba comenzando a manifestar los síntomas de neumocistosis (neumonía producida por *Pneumocystis cari-*

nii), la enfermedad pulmonar más común asociada con el virus del sida. Lo que le dije a Peter esa mañana fue:

—Peter, soy amiga de tu padre. Soy intuitiva médica. —Traté de explicarle lo que hacía y, finalmente, añadí—: He evaluado tu energía y tienes el sida.

—Dios mío, Caroline —me dijo—. Estoy asustadísimo. Me han hecho dos análisis y los dos han resultado positivos.

El tono de su voz y su inmediata confianza me produjeron una oleada de emoción. Hablamos de lo que debería hacer. Peter me dijo que su padre ni siquiera sabía que era homosexual, y mucho menos que tenía el sida. Yo le aseguré que no le diría nada a su padre, pero lo animé a sincerarse con él en lo referente a su vida y su salud. Hablamos durante casi media hora. En cuanto colgué, su padre me llamó para preguntarme sobre mis conclusiones. Le dije que Peter necesitaba hablar con él y que no me parecía correcto revelarle el contenido de nuestra conversación.

—Sé lo que le pasa a mi hijo —me dijo—. Quiere dejar la Facultad de Derecho y tiene miedo de decírmelo.

Yo no le contesté, y ahí acabó la conversación. Veinte minutos más tarde Joe volvió a llamarme:

—He estado pensando en las peores cosas que podrían pasarle a mi hijo, y he comprendido que si ahora me llamara y me dijera «Papá, tengo el sida», seguiría queriéndolo.

—Espero que lo digas en serio —contesté yo—, porque eso es exactamente lo que vas a oír.

Transcurrieron otros treinta minutos y Joe volvió a llamarme para decirme que en ese momento Peter iba de camino a su casa y que al día siguiente a mediodía estarían los dos en mi sala de estar, en New Hampshire. Me quedé atónita y llamé a Norm inmediatamente.

Entre Norm y yo elaboramos un programa de curación para Peter que incluía, entre otras cosas, una dieta sana, casi vegetariana, hacer ejercicios aeróbicos, dejar de fumar, aplicarse compresas de aceite de ricino en el abdomen durante

45 minutos cada día, y psicoterapia para que le ayudara a liberarse del miedo a revelar que era gay. Peter hizo todo lo que necesitaba hacer para sanar, sin quejarse ni pensar que era un esfuerzo. En realidad, su actitud era como si pensase: «¿Y esto es todo?»

Muchas personas, podría señalar aquí, entran en estos programas de curación como si se tratara de castigos. Después de este caso Norm y yo trabajamos con una mujer que sufría de obesidad, diabetes y dolor crónico. Le explicamos que podía mejorar inmediatamente cambiando su dieta por un programa de nutrición sana y haciendo ejercicios moderados. «De ninguna manera —fue su respuesta—. Jamás podría hacer esas cosas. No tengo ninguna fuerza de voluntad. ¿Tenéis otras sugerencias?»

Peter, en cambio, asumió con gratitud su responsabilidad personal en su curación y aceptó todas las exigencias de su tratamiento como si no representaran ningún esfuerzo. Al cabo de seis semanas el análisis de sangre para el virus del sida resultó negativo. Actualmente Peter es un abogado en ejercicio y hasta el momento continúa siendo seronegativo.

Después, Norm y yo escribimos el estudio de su caso en nuestro primer libro, *SIDA: Puerta de transformación*. A consecuencia del caso de Peter, comenzamos a dirigir talleres para personas seropositivas o que ya habían desarrollado el sida, con la profunda convicción de que, si una persona pudo sanarse, otras también podrían.

De afición a profesión

La espectacular curación de Peter de una enfermedad considerada terminal me trajo la primera de varias invitaciones para dar charlas en el extranjero acerca del sida y de la curación en general. Su caso significó un cambio decisivo para mí, y me indujo a comenzar a investigar los orígenes de la enfermedad; concretamente, cómo y cuándo se desarrolla, qué se precisa para curarla, y por qué algunas personas sanan y otras no. En particular, comencé a preguntarme qué podría predisponer a toda una cultura para ser vulnerable a una epidemia. ¿Qué tipo de estrés emocional y físico pone en marcha la química de un grupo hacia la enfermedad?

Pensando simbólicamente, casi podría considerar las manifestaciones del sida una enfermedad mundial. La neumocistosis podría simbolizar la destrucción de las selvas, de las que la Tierra extrae la mayor parte de su provisión de oxígeno. De modo similar, el sarcoma de Kaposi, esas lesiones cancerosas de la piel que se forman en muchos pacientes de sida, simbolizaría la destrucción de la superficie natural de la Tierra, más drásticamente tal vez por las pruebas de armas nucleares, pero también por los desechos tóxicos y otras formas de contaminación. Y por último, el sistema inmunitario humano podría simbolizar la capa de ozono, cuya fragilidad actual es comparable a la del sistema inmunitario de una persona muy enferma.

Algunas personas llamaron «milagroso» el caso de Peter, queriendo decir con eso que recibió una gracia especial de Dios que influyó en su curación, y que sin esa gracia no habría mejorado jamás. Si bien podría ser así, cabría preguntarse de todos modos: «¿Qué se requiere para que ocurra un milagro?» Yo creo que nuestros tejidos celulares contienen las modalidades vibratorias de nuestras actitudes y credos, así como la presencia o ausencia de una exquisita frecuencia energética o «gracia», que podemos activar llamando a nuestro espíritu para que retorne de sus aferramientos negativos.

Como se dice en *A Course in Miracles*, «los milagros son naturales; algo va mal cuando no ocurren». La curación de Peter me indujo a descubrir qué obstaculiza la energía que obra milagros. Por ejemplo, una persona puede ser vegetariana y correr nueve kilómetros todos los días, pero si mantiene una relación abusiva, o detesta su trabajo, o tiene peleas diarias con sus padres, pierde energía, o poder, en un comportamiento que puede conducirla a una enfermedad o impedir que supere una afección que ya ha contraído. En cambio, si está centrada espiritualmente y retira su energía de las creencias negativas, puede comer alimentos para gato y continuar estando sana.

Comprenda, por favor, que mi intención no es recomendar una dieta insana y que se evite el ejercicio; simplemente quiero decir que estos factores por sí solos no mantienen la salud. Tampoco interprete mis palabras como que un compromiso hacia la toma de conciencia espiritual es una garantía de salud, pero esto sí favorecerá su vida y su comprensión personal, y preparará el terreno para una curación óptima, física y espiritual, sea de forma espontánea o gradual.

Cuanto más he ido comprendiendo la relación entre nuestra dinámica interior y la calidad de nuestra salud y de nuestra vida en general, más comprometida me he sentido con mi trabajo de intuitiva. Norm y yo continuamos juntos nuestra investigación, y en 1988 publicamos nuestros hallazgos sobre los problemas emocionales y psíquicos que preceden al desarrollo de las enfermedades en *The Creation of Health*.

El último recodo del camino

Poco después de terminar ese libro tuve un accidente a raíz del cual casi morí desangrada. El golpe me produjo una hemorragia nasal que fue aumentando hasta hacerse imparable. En la ambulancia en la que me trasladaban al hospital iba sentada en la camilla con un enorme recipiente sobre el regazo, porque si me hubiera echado la sangre me habría ahogado. De repente la cabeza se me fue hacia delante y al instante me encontré fuera de la ambulancia, flotando sobre la carretera, mientras por la ventanilla veía mi cuerpo y la frenética actividad del equipo médico para salvarme la vida.

De pronto me sentí eufórica, completamente ingrávida y llena de vibraciones, de una manera que jamás había experimentado. Se me ocurrió que estaba fuera de mi cuerpo, tal vez muerta. Esperé ver el «túnel» del que tanto había oído hablar, pero no apareció ninguno. Lo que sí sentí fue que me iba alejando de la Tierra. Entré en un estado de serenidad tan intenso que incluso recordarlo ahora produce un fuerte efecto en mí. Entonces vi una imagen de Norm. Estaba de pie en un estrado, preparándose para dar una charla; tenía en la mano un ejemplar de *The Creation of Health*. Le oí decir: «Yo pensaba que éste iba a ser el comienzo de nuestro trabajo juntos, pero lamentablemente ha resultado ser el final.»

Sentí un deseo urgente de volver a mi cuerpo, de recuperar la vida física, e inmediatamente me sentí volar y entrar en mi cuerpo. Después de esa experiencia, la única pregunta que me hice fue: «¿Por qué no vi mi editorial cuando estaba en ese estado?» Entonces supe que dejaría esa empresa y dedicaría el resto de mi vida a la intuición médica.

En calidad de intuitiva médica profesional he trabajado con quince médicos de todo el país, entre ellos, la doctora Christiane Northrup, tocóloga-ginecóloga, una de las fundadoras del centro médico para mujeres llamado Women to Women, en Yarmouth (Maine), y autora del libro *Women's Bodies, Women's Wisdom*. En otoño de 1990, Chris me llamó para que le hiciera una evaluación de su salud, y después de aquella sesión me ha llamado para realizar evaluaciones intuitivas de muchas de sus pacientes. La oportunidad de trabajar con Chris y otros médicos marcó mi mayoría de edad como intuitiva médica. Me demostró que mi trabajo con el sistema energético humano podía servir a los médicos para ayudar a sanar a otros.

Desde 1990 hasta 1992, además de ampliar mi trabajo con médicos dirigí un abrumador número de seminarios, sola y con Norm, en Estados Unidos, Australia, Europa, México y Canadá. En esos primeros seminarios hablaba del sistema energético humano y después realizaba evaluaciones intuitivas a todas las personas participantes. A veces eso significaba hacer hasta 120 evaluaciones de salud en el curso de un fin de semana. Con frecuencia acababa un seminario empapada en sudor. Al final de un día de trabajo estaba agotada. Al cabo de dos años de trabajar así, estaba quemada.

Como me ha ocurrido siempre, justo cuando estaba llegando al fin de mis fuerzas se me abrió otra puerta. En febrero de 1992 estaba dando un seminario en una ciudad del interior de New Hampshire. El grupo acababa de volver de comer y decidí comenzar la sesión de la tarde con una pregunta para, por así decirlo, tener un punto de partida. Así pues, me senté junto a una mujer.

—¿Qué puedo hacer por usted hoy? —le pregunté, suponiendo que, como hacían los demás, me expondría algún problema de salud.

Pero ella se cruzó de brazos, me miró como si yo fuese una estafadora y me contestó:

—No lo sé, usted me lo dirá. Para eso he pagado.

Decir que me inundó la rabia sería como decir que en Montana el invierno es algo fresco. Sentí tal deseo de cogerla y llevarla hasta la puerta que se me aceleró la respiración hasta casi ahogarme. Hice una inspiración profunda.

—Bueno, me quedaré aquí sentada hasta que se me ocurra un motivo para agradecerle ese comentario. Y es posible que estemos aquí muchísimo tiempo.

Se creó un ambiente de tensión en la sala. Nadie se movía.

Entonces me vino la idea. Salté del asiento y anuncié:

—No volveré a hacer evaluaciones personales de salud a nadie. En lugar de eso enseñaré a que cada uno se evalúe a sí mismo. Yo no soy más que una persona, y si sigo así no viviré mucho tiempo. Si alguno de ustedes desea que le devuelvan el dinero, pídalo ahora mismo. Si no, saquen lápiz y papel porque vamos a trabajar. Van a aprender a ver sus cuerpos como yo los veo. Les haré un servicio mucho mayor si les enseño a localizar los problemas en su cuerpo en lugar de hacerlo yo por ustedes. —Miré a la mujer, que estaba muy impresionada, y le dije—: Creo que tal vez me ha salvado usted la vida. Le estoy muy agradecida.

Nadie pidió la devolución del dinero y ese día comencé a enseñar «autodiagnosis».

En otoño de 1992 Norm y yo ya estábamos hablando de elaborar un programa de formación en la ciencia de la intuición. Nos reunimos con un empresario holandés que accedió a financiar las primeras fases de nuestro programa, y en 1993 comenzamos a celebrar seminarios intensivos de enseñanza de intuición médica, lo que finalmente me llevó a escribir este libro. Enseñar este sistema en seminarios me ha otorgado el privilegio de escuchar la historia de la vida de muchos participantes, algunas de las cuales explico en este libro. Algunos pacientes se sanaron a sí mismos, en lo que a energía se refiere, evitando así el desarrollo de una enfermedad física real; otros, en lo que se refiere a lo físico, detuvieron o sanaron una enfermedad que ya había aparecido.

Para organizar este libro he seguido el orden que me ha dado buen resultado al enseñar los aspectos técnicos de la intuición médica y las evaluaciones intuitivas de la salud. El capítulo 1 de la primera parte presenta los principios de la intuición médica, tal como he llegado yo a conocerlos, y da instrucciones sobre cómo aplicarlos a uno mismo.

El capítulo 2 presenta un modelo complementario y, según creo, nuevo, del sistema energético humano, basado en la síntesis de tres tradiciones espirituales: las enseñanzas hindúes respecto a los chakras, el sentido simbólico de los siete sacramentos cristianos y la interpretación mística de las diez sefirot, o árbol de la vida, presentadas en el Zohar, el texto principal de la cábala (enseñanzas místicas del judaísmo). Los siete chakras, los siete sacramentos cristianos y el árbol de la vida simbolizan los siete planos o niveles del sistema energético humano y las siete fases del desarrollo humano, o las siete enseñanzas esenciales del camino espiritual universal, o el viaje del héroe, como lo habría definido Joseph Campbell. En muchos sentidos, el capítulo 2 es el corazón del libro, porque presenta un perfil espiritual-biológico del sistema energético humano.

El capítulo 2 acaba con una extensa interpretación de las percepciones espirituales y energéticas que utilizo ahora para guiarme en mi trabajo. Estas percepciones formarán los cimientos para su aprendizaje del lenguaje de la energía y la visión simbólica. Podrían servirle para profundizar en su comprensión de las formas de energía de su salud física y espiritual y la de sus seres queridos.

En la segunda parte, los capítulos 1 a 7 muestran la anatomía de los siete centros de poder del cuerpo humano, con información básica y estudios de casos de la vida real que ilustran el modo en que utilizamos la información energética en nuestro desarrollo espiritual.

El epílogo, «Guía para el místico contemporáneo», sugiere la forma de aplicar la visión simbólica al desarrollo y la salud personales.

Como les digo a mis alumnos al comienzo de cada seminario, quédese solamente con lo que a su corazón le parezca correcto y verdadero.

PRIMERA PARTE

NUEVO LENGUAJE
DEL ESPÍRITU

1

Medicina energética e intuición

Cuando hablo de la intuición suelo decepcionar a algunas personas, porque estoy firmemente convencida de que la visión simbólica no es un don sino una habilidad, una habilidad que tiene su base en la propia estima. Desarrollar esa habilidad, y un sano sentido de sí mismo, resulta más fácil cuando se piensa con las palabras, los conceptos y los principios de la medicina energética. Así pues, mientras lee este capítulo piense que aprender a utilizar la intuición es aprender a interpretar el lenguaje de la energía.

El campo energético humano

Todo lo que vive late de energía, y toda esa energía contiene información. Si bien no es sorprendente que quienes practican medicinas alternativas o complementarias acepten este concepto, lo cierto es que incluso algunos físicos cuánticos reconocen la existencia de un campo electromagnético generado por los procesos biológicos del cuerpo. Los científicos aceptan que el cuerpo humano genera electricidad, porque el tejido vivo genera energía.

El cuerpo físico está rodeado por un campo energético que abarca el espacio que ocupan los brazos extendidos y todo el largo del cuerpo. Este campo es a la vez un centro de información y un sistema perceptivo muy sensible. Mediante este sistema estamos en constante «comunicación» con todo lo que nos rodea, ya que es una especie de electricidad consciente que transmite y recibe mensajes hacia y desde los cuerpos de los demás. Estos mensajes que entran y salen del campo energético son los que percibimos los intuitivos.

Quienes practican la medicina energética creen que el campo energético humano contiene y refleja la energía de cada persona. Nos rodea y lleva con nosotros la energía emocional generada por nuestras experiencias interiores y exteriores, tanto las positivas como las negativas. Esta fuerza emocional influye en el tejido físico interno del cuerpo. De esta manera, la biografía de una persona, es decir, las experiencias que conforman su vida, se convierte en su biología.

Entre las experiencias que generan energía emocional en el sistema energético están las relaciones pasadas y actuales, tanto personales como profesionales, las experiencias y recuerdos profundos o traumáticos, y todas las actitudes y creencias, sean de tipo espiritual o supersticioso. Las emociones generadas por estas experiencias quedan codificadas en el organismo y los sistemas biológicos y contribuyen a la formación de tejido celular, el cual genera a su vez una calidad de energía que refleja esas emociones. Estas impresiones energéticas forman un lenguaje energético que contiene una información literal y simbólica. Una persona intuitiva médica puede leer dicha información.

He aquí un ejemplo del tipo de mensaje que podría comunicar el campo energético. Supongamos que una persona tenía dificultades para aprender matemáticas en la escuela de primera enseñanza. Normalmente, saber que doce hacen una docena no supone una carga emocional susceptible de alterar la salud del tejido celular. Pero si el profesor o la profesora humillaba a esa persona porque no sabía eso, entonces la experiencia tendría una carga emocional que generaría lesión celular, sobre todo si la persona insiste en ese recuerdo en la edad adulta, o lo utiliza a modo de piedra de toque para determinar la forma de hacer frente a las críticas, las figuras de autoridad, la educación o el fracaso. Un intuitivo podría captar la imagen literal de la relación de esa persona con su profesor o cualquier otro símbolo negativo ligado a esa experiencia.

Las imágenes positivas y la energía de las experiencias positivas también están contenidas en el campo energético. Piense en alguna ocasión en que alguien le elogiara un trabajo bien hecho, un acto de bondad o la ayuda que prestó a una persona. Sentirá una energía positiva, una oleada de poder personal dentro del cuerpo. Las experiencias positivas y negativas dejan registrado un recuerdo en el tejido celular y en el campo energético. La neurobióloga Candace Pert ha demostrado que los neuropéptidos, sustancias químicas activadas por las emociones, son pensamientos convertidos en materia. Las emociones residen físicamente en el cuerpo y se interrelacionan con las células y los tejidos. De hecho, la doctora Pert dice que ya no puede separar la mente del cuerpo, porque el mismo tipo de células que producen y reciben esas sustancias químicas emocionales en el cerebro están presentes en todo el cuerpo. A veces el cuerpo reacciona emocionalmente y fabrica sustancias químicas emocionales incluso antes de que el cerebro haya registrado un problema. Recuerde, por ejemplo, lo rápido que reacciona su cuerpo ante un ruido fuerte, antes de que haya tenido tiempo de pensar.

En su libro *Healing and the Mind*, Bill Moyers cita las palabras de la doctora Pert: «Ciertamente hay otra forma de energía que aún no hemos entendido. Por ejemplo, hay una forma de energía que parece abandonar el cuerpo cuando éste muere. [...] La mente está en todas las células del cuerpo.» «¿Quiere decir que las emociones están almacenadas en el cuerpo?», le pregunta Moyers. «Por supuesto. ¿No se había dado cuenta? [...] Hay muchos fenómenos que no podemos explicar sin referirnos a la energía.»

Además de leer experiencias concretas y conflictivas de la infancia, a veces la persona intuitiva puede incluso captar supersticiones, hábitos personales, comportamientos, creencias morales y preferencias en música y literatura. Otras veces las impresiones energéticas son más simbólicas. Por ejemplo, de un paciente que sentía una opresión en el pecho que le dificultaba la respiración, yo recibía la impresión simbólica de que estaba ante un pelotón de ejecución que le disparaba al corazón. Evidentemente eso no le había ocurrido, pero le habían hecho muchas exploraciones médicas sin conseguir localizar ninguna causa física de su trastorno. Cuando le comenté mi impresión, me dijo que su esposa lo había traicionado varias veces con otros hombres, y que él sentía esos actos exactamente como disparos en el corazón. Al reconocer esas emociones, que antes había tratado de pasar por alto, logró resolver sus problemas, tanto los de su matrimonio como los de su salud.

La energía emocional se convierte en materia biológica mediante un proceso complejísimo. Al igual que las emisoras de radio operan en longitudes de ondas energéticas específicas, cada órgano y sistema corporal está calibrado para absorber y procesar energías emocionales y psíquicas específicas. Es decir, cada zona del cuerpo transmite energía en una frecuencia específica, detallada, y cuando estamos sanos, todas están «sintonizadas armónicamente». Una zona del cuerpo que no esté transmitiendo en su frecuencia normal indica dónde se encuentra localizado un problema. Un cambio en la intensidad de frecuencia indica un cambio en la naturaleza y gravedad de la enfermedad, y revela la modalidad de estrés que ha contribuido a desarrollar la enfermedad.

Esta forma de interpretar la energía del cuerpo se llama a veces «medicina vibratoria». Se asemeja a las prácticas y creencias más antiguas, desde la medicina china y las prácticas chamánicas indígenas, hasta casi todas las terapias populares o alternativas. La verdad es que la medicina energética no es nueva; pero yo creo que mi interpretación de ella y de la forma en que podemos utilizarla para sanar espiritualmente, junto con los tratamientos médicos contemporáneos, es única. Si una persona es capaz de percibir que está perdiendo energía debido a una situación estresante, y actúa para corregir esa fuga de energía, reduce, si no elimina completamente, la probabilidad de que ese estrés se convierta en una crisis física.

Si bien puedo analizar para usted el lenguaje de la energía para que comience a ver y sentir el campo energético humano, a entender su correspondiente anatomía espiritual, a conocer las fuentes de su poder personal y a desarrollar su propia intuición, tengo cierta dificultad para explicar exactamente cómo adquiero yo esa información energética. Al parecer otras personas intuitivas tienen la misma dificultad, pero todas captamos la información que posee el impulso más fuerte, la mayor intensidad. Por lo general, esos impulsos están directamente relacionados con la parte del cuerpo que se está debilitando o enfermando. Normalmente, el sistema energético de la persona sólo transmite la información que es esencial para que la conciencia conozca el desequilibrio o la enfermedad. A veces la información simbólica resulta perturbadora, como en el caso de la imagen de «disparos en el corazón». Pero esa intensidad es necesaria para que el mensaje del cuerpo pueda pasar a través de las pautas mentales o emocionales habituales causantes del desarrollo de la enfermedad. Las intuiciones médicas colaboran con la intención del cuerpo de favorecer su salud y su vida; es decir, nuestra energía siempre va a buscar la salud, a pesar de lo que podamos hacernos a nosotros mismos físicamente. Si, por ejemplo, decimos una mentira, en la mayoría de los casos nuestro campo energético le comunicará a la otra persona la «realidad energética» de que no estamos diciendo la verdad. La energía no miente; no sabe mentir.

Quedarse con la primera impresión

Cuando reciba una impresión intuitiva acerca de sí mismo o de la persona a la que está evaluando, preste atención a cualquier imagen que surja. Muchas personas buscan las intuiciones y las percepciones sin riesgo, no las sanas, porque desean un tránsito sin riesgo hacia el futuro, hacia lo desconocido. Así, es posible tener la tentación de descartar una imagen perturbadora o que no coincide con los propios deseos o los de la persona a la que se está evaluando. La mayoría de las personas que acuden a mí para que les haga una evaluación ya han intuido que algo va mal, pero vienen con la esperanza de que yo dé otro sentido a sus sensaciones, que les diga, por ejemplo: «Simplemente se está produciendo en usted un cambio corporal natural, pero no le pasa nada físicamente.» Sin embargo, es importante decir a las personas la verdad, no lo que quieren oír. En multitud de ocasiones he confirmado las impresiones intuitivas negativas de personas que han acudido a mí. Sus capacidades son tan exactas como las mías. Esas personas saben que están enfermas; pero, como yo no comparto su miedo, mis intuiciones pueden interpretar la información mejor que ellas.

Las personas han de hacer frente a lo que temen. En el caso del hombre de los «disparos en el corazón», superficialmente le parecía menos arriesgado evitar enfrentar a su esposa adúltera con sus sospechas de que lo estaba engañando. En lugar de actuar según sus intuiciones, echó tierra sobre su dolor y su rabia, los enterró en su cuerpo, pero esos sentimientos se manifestaron finalmente en forma de dolor y opresión en el pecho. Su cuerpo y su espíritu trataron de despertarlo a la necesidad de hacer frente a los engaños de su mujer; pero, como hacen muchas personas, él esperaba que no afrontando el problema éste desaparecería. Su cuerpo, no obstante, le reveló que el verdadero precio de ese método «sin riesgo» era un peligro para su salud. La historia de este hombre ilustra lo poderosas que son realmente las intuiciones y cómo son capaces de romper y atravesar la actitud más decidida para llevarnos hacia la curación.

La vida es dolorosa a veces, y espiritualmente estamos hechos para hacer frente a los dolores que nos presenta la vida. En el mundo occidental, sin embargo, solemos desfigurar el plan de Dios y esperar que la vida sea cómoda y sin problemas. Medimos la presencia de Dios en nuestra vida por el grado de comodidad personal; creemos que Dios existe si se escuchan nuestras oraciones. Pero ni Dios, ni Buda, ni ningún otro líder o tradición espiritual garantiza o favorece una vida sin dolor. Las enseñanzas espirituales nos animan a crecer, pasando por y dejando atrás las experiencias dolorosas, cada una de las cuales es una lección espiritual. Desarrollar la capacidad intuitiva nos servirá para aprender las lecciones inherentes a nuestras experiencias.

Tener una actitud mental reflexiva

No hay ninguna fórmula fija para desarrollar la intuición. Algunas personas la desarrollan mediante la meditación, o gracias al dominio de una habilidad o un deporte. He oído decir a varias personas que la capacidad intuitiva es consecuencia de un estilo de vida espiritual, pero eso no es exacto. La capacidad intuitiva la tenemos todos, porque es una habilidad de supervivencia y no tiene una intención espiritual. Sin embargo, mantener una actitud reflexiva o meditativa facilita la recepción de las intuiciones. La objetividad nos ayudará a interpretar las impresiones que recibimos y a situarlas en un contexto espiritual simbólico.

La experiencia me ha enseñado a discernir entre impresiones personales e impersonales; mi indicador de una intuición correcta es la falta de emoción. Una impresión clara no tiene para mí ninguna energía emocional conectada con ella. Si siento una conexión emocional con una impresión, considero que esa impresión está contaminada. Muchas veces, sin embargo, la persona a quien se está evaluando sí siente cierta carga emocional de la impresión que uno recibe.

A mi juicio, las impresiones no son ni auditivas ni visuales. Más bien son como rápidas imágenes mentales que contienen una corriente eléctrica muy sutil. Cuando exploro el cuerpo de una persona, me concentro en cada centro de energía y espero que surja una imagen. Pasados unos cinco segundos comienzan a surgir las imágenes, y el proceso continúa desarrollándose hasta que se detiene solo. La duración varía de una persona a otra; la lectura de algunas personas precisa casi una hora, mientras que las de otras tardan menos de diez minutos.

De vez en cuando me encuentro con una persona a la que no puedo leer ni ayudar. Sólo puedo preguntarme por qué ocurre eso. Algunas veces me he quedado con la sensación de que nada de lo que diga tiene sentido para ella, y otras he tenido la impresión de que la persona sólo desea un tipo de respuesta muy concreto que yo no le puedo dar, como por ejemplo por qué ha fracasado su matrimonio. También soy prácticamente inútil para alguien si estoy agotada o si en mi mente hay algo intensamente personal.

Para aprender a leer el sistema energético humano, el primer paso es estudiar los principios subyacentes a esta práctica. A continuación hay que adquirir cierta experiencia práctica. Este libro le ofrece los conceptos teóricos y algunos indicadores para explorar su propia capacidad intuitiva. Sin embargo, cuando esté aprendiendo la técnica y poniéndola en práctica en su propia vida, debe fiarse de sus reacciones viscerales.

Primer principio:
La biografía se convierte en biología

Según la medicina energética, todos somos libros vivos de historia. Nuestro cuerpo contiene nuestra historia, todos los capítulos, párrafos, estrofas y versos, línea a línea, de todos los acontecimientos y relaciones de nuestra vida. A medida que avanza la vida, nuestra salud biológica se va convirtiendo en un relato biográfico vivo que expresa nuestras fuerzas, debilidades, esperanzas y temores.

Todos los pensamientos que ha tenido una persona han viajado por su organismo biológico y activado una reacción fisiológica. Algunos pensamientos son como descargas intensas que causan una reacción en todo el cuerpo. Un miedo, por ejemplo, activa todos los sistemas corporales; el estómago se tensa, el ritmo cardíaco se acelera y tal vez el cuerpo comienza a sudar. Un pensamiento amoroso puede relajar todo el cuerpo. Algunos pensamientos son más sutiles, y otros son incluso inconscientes. Muchos no tienen ningún sentido y pasan por el cuerpo como el aire a través de un visillo; no precisan atención consciente y su influencia en la salud es mínima. Sin embargo, cada pensamiento consciente, y muchos inconscientes, sí generan una reacción fisiológica.

Todos los pensamientos, al margen de su contenido, entran primero en los sistemas corporales en forma de energía. Aquellos que llevan energía emocional, mental, psíquica o espiritual producen reacciones biológicas que luego se almacenan en la memoria celular. Así, nuestra biografía se teje en nuestro sistema biológico, poco a poco, lentamente, día a día.

La historia de un joven paciente de Norm es un buen ejemplo de cómo funciona este proceso. Norm me telefoneó para consultarme sobre este paciente, dentista, que no se encontraba bien en general y se sentía cada vez más cansado. Tenía un dolor agudo en el lado derecho del abdomen y padecía una fuerte depresión.

El agotamiento permanente y progresivo, que embota la claridad mental y emocional, es un síntoma energético que indica que algo va mal en el cuerpo. La mayoría de las personas no lo consideran un síntoma porque no duele. Pero si el agotamiento continúa, aun cuando la persona duerma más horas, el cuerpo trata de comunicarle que está «enferma energéticamente». Responder a ese mensaje en la fase de energía a menudo puede prevenir el desarrollo de una enfermedad.

La depresión es otro síntoma de que no todo funciona bien. Generalmente en el mundo clínico la depresión se considera un trastorno emocional y mental. Pero la depresión prolongada suele preceder al desarrollo de una enfermedad física. Desde el punto de vista energético, la depresión es literalmente una liberación inconsciente de energía o, si se quiere, de fuerza vital. Si la energía fuera dinero, la depresión sería como abrir el billetero y declarar: «No me importa quién coja mi dinero ni cómo se lo gaste.» La depresión prolongada genera inevitablemente un cansancio crónico. Si a uno no le importa quién le coge dinero ni cuánto, es inevitable que acabe arruinado. De forma similar, sin energía no se puede sostener la salud.

Cuando Norm examinó a este dentista tuvo la impresión de que estaba desarrollando una enfermedad. Debido al dolor abdominal, le hizo pruebas y análisis por si tenía cáncer de páncreas, pero los resultados fueron negativos. Entonces me llamó a mí. Como es nuestra costumbre, sólo me dijo el nombre y la edad del paciente, y nada sobre el dolor ni sobre sus sospechas. En mi evaluación vi que el costado derecho de este hombre, alrededor del páncreas, estaba generando energía tóxica. Le dije a Norm que ese hombre estaba cargado de un enorme sentimiento de responsabilidad y que eso se había convertido para él en una fuente constante de angustia. Tenía la sensación de que era incapaz de vivir como deseaba, y esa sensación lo dominaba hasta el punto de excluir cualquier otra emoción. (Evidentemente todos tenemos sentimientos negativos, pero no toda la negatividad produce una grave enfermedad física. Para crear enfermedad, la negatividad tiene que convertirse en la emoción dominante, como le ocurría a este dentista.)

Después de explicarle mi evaluación, le dije a Norm que ese paciente tenía cáncer de páncreas. Él reconoció que ya había sospechado esa enfermedad, pero que los análisis habían resultado negativos. Se despidió y volvió con su paciente. Le recomendó que evaluara hasta qué punto le beneficiaba su trabajo. Lo más probable, le dijo, era que tuviera que hacer algunos cambios para obtener lo que deseaba. El paciente reconoció que deseaba dejar esa ocupación, pero consideraba que no podía dedicarse a otra cosa por el efecto que tendría su decisión en las personas que dependían de él. Norm no le dijo que tenía la frecuencia energética de cáncer de páncreas, pero habló con él sobre sus frustraciones profesionales y trató de ayudarlo a cambiar su actitud negativa. Por desgracia, el dentista no fue capaz de seguir el consejo. Él definía la responsabilidad como una obligación de preocuparse por los demás excluyéndose a sí mismo, y fue incapaz de concebir una vida que incluyera también el cuidado y la realización de sí mismo.

Pasadas dos semanas, su médico habitual repitió las pruebas para detectar el cáncer de páncreas; esta vez resultaron positivas. Lo operaron inmediatamente, pero murió a los cuatro meses de la operación.

A veces es necesario un esfuerzo concertado para realizar un cambio mental que permita sanar. Si bien el dentista no logró aceptar que su frustración profesional y la sensación de estar atrapado le estaban cambiando la química y la salud del cuerpo, a otras personas les resulta fácil hacerlo. Sin embargo, aceptar la idea de que todas las partes de nuestra vida, desde el historial físico y las relaciones hasta cada actitud, opinión y creencia que llevamos dentro, afectan a nuestra composición biológica es sólo una parte del proceso de curación. También hay que hacer que esa aceptación del plano mental pase al físico, introducirla en el cuerpo, sentir visceral y celularmente la verdad y creerla en su totalidad.

Es muy fácil aprender algo nuevo y limitarse a aplicar ese conocimiento despreocupadamente. La idea de que la biografía se convierte en biología supone que hasta cierto punto nosotros participamos en la creación de la enfermedad. Pero, y éste es un punto importantísimo, no debemos abusar de esta verdad culpándonos o culpando a los pacientes por contraer una enfermedad. La enfermedad se desarrolla a consecuencia de comportamientos o actitudes que sólo entendemos que son biológicamente tóxicos cuando ya se han convertido en tóxicos. Solamente cuando la enfermedad nos obliga a revisar nuestras actitudes nos acercamos a la comprensión de que nuestras actitudes cotidianas de temor o amargura son, de hecho, sustancias biológicamente tóxicas.

Repito, todos tenemos sentimientos negativos, pero no toda actitud negativa produce enfermedad. Para crear la enfermedad, las emociones negativas tienen que ser dominantes, y lo que acelera el proceso es saber que el pensamiento negativo es tóxico y, aun así, darle permiso para que medre en nuestra conciencia. Por ejemplo, una persona puede saber que necesita perdonar a alguien, pero decide que continuar enfadada le da más poder. Continuar obsesivamente enfadada la hace más propensa a desarrollar una enfermedad, porque la consecuencia energética de una obsesión negativa es la impotencia. La energía es poder, y transmitir energía al pasado pensando insistentemente en acontecimientos penosos resta poder al cuerpo actual y puede conducir a la enfermedad.

El poder es esencial para sanar y para conservar la salud. Las actitudes que generan sensación de impotencia no sólo conducen a una falta de estima propia, sino que también agotan la energía del cuerpo físico y debilitan la salud general. Así pues, el siguiente principio que hay que explorar es la importancia primordial del poder para la salud.

Segundo principio:
El poder personal es necesario para la salud

Un día Norm me llamó para que hiciera la evaluación de una mujer que sufría de depresión y de dolores en el cuello y la parte inferior de la espalda. También quería saber si la beneficiarían diversos tratamientos electromagnéticos. «De ninguna manera —contesté yo—. No tiene el poder suficiente en su organismo para que esos aparatos le resulten beneficiosos.»

Ésa era la primera vez que yo hacía un comentario sobre el poder de una persona para sanar. Norm me pidió que se lo explicara más, y sólo entonces caí en la cuenta de lo que acababa de decir. De pronto tuve una percepción totalmente distinta del sistema energético humano como expresión del poder personal.

Le expliqué que las actitudes de esa mujer habían sido la causa de que perdiera poder en su vida. Se sentía incapaz, siempre buscaba aprobación, y tenía un enorme miedo de estar sola. Su estima propia se basaba solamente en su capacidad para dominar a los demás, principalmente a sus hijos. Sus temores y su incapacidad eran como un agujero negro, hacia el cual atraía a todas las personas, sobre todo a sus hijos, para finalmente aplastarlos. Continuamente los criticaba con el fin de que continuaran dependiendo de ella, ya que a los hijos débiles les resulta difícil abandonar el nido. Encontraba defectos en todo lo que hacían, ya fueran cosas relacionadas con los estudios o con los deportes, porque no podía arriesgarse a capacitarlos con apoyo emocional. Dado que dominar a los demás le consumía una enorme cantidad de energía y que jamás se sentía al mando, vivía agotada. Su dolor crónico también era consecuencia de su incapacidad para dominar a otros. Cuando llegó a la consulta de Norm parecía derrotada.

Esa mujer no podía aceptar el hecho inevitable de que sus hijos se fueran del hogar, pero afirmaba que actuaba así por el bien de ellos. Según ella, era una madre sustentadora porque les proporcionaba una casa limpia, alimentos sanos y ropa buena. Sin embargo, se esforzaba sistemáticamente en minarles el desarrollo emocional, hecho que ella se negaba a admitir.

Puesto que los tratamientos médicos usuales no le habían servido de nada, Norm estaba pensando en un método alternativo, que combinara psicoterapia, estimulación craneal mediante un aparato eléctrico y terapia de color y luz. Me di cuenta de que con esas técnicas ella podría mejorar durante una semana o tal vez un mes, pero que no sanaría totalmente mientras no renunciara a su lucha patológica por dominar.

Esa tarde comprendí que para que una terapia alternativa tenga éxito es necesario que el paciente tenga un concepto «interno» del poder, una capacidad para generar energía interna y recursos emocionales, como por ejemplo creer en su autosuficiencia. Esa mujer sólo tenía un concepto «externo» del poder, el que extraía de una fuente externa, sus hijos. Lógicamente, esa paciente podía ir a sesiones de psicoterapia, pero mientras no afrontara la verdad acerca de sí misma, lo único que haría sería hablar de sus quejas durante una hora a la semana. No habría ninguna curación real. Como observa M. Scott Peck en sus libros *People of the Lie* y *The Road Less Traveled*, para sanar es esencial ver y reconocer la verdad acerca de nosotros mismos, acerca de nuestra participación en la creación de nuestros problemas y acerca de cómo nos relacionamos con los demás.

La evaluación de esa mujer me hizo ver con más profundidad el papel que desempeña el poder en nuestra vida y nuestro sistema energético. El poder está en la raíz de la experiencia humana. Nuestras actitudes y creencias, sean positivas o negativas, son prolongaciones de la forma en que definimos, utilizamos o no utilizamos el poder. Nadie está libre de problemas con el poder. Por ejemplo, es posible que tratemos de superar sentimientos de incapacidad o impotencia, o de mantener el dominio sobre otras personas o situaciones que creemos que nos dan poder, o de conservar la sensación de seguridad (sinónimo de poder) en nuestras relaciones personales. Muchas personas desarrollan una enfermedad cuando pierden algo que para ellas representa poder, como dinero, un trabajo o un partido de fútbol, o cuando pierden a alguien a quien han investido de poder o de su identidad, como el cónyuge, un amante, un progenitor o un hijo. Nuestra relación con el poder está en el núcleo de nuestra salud.

Consideremos juntos el primer principio (que la biografía se convierte en biología) y este segundo principio (que el poder personal es necesario para la salud). El poder media entre nuestros mundos interno y externo, y al hacerlo se comunica en un lenguaje de mito y símbolos. Piense, por ejemplo, en el símbolo más común del poder: el dinero. Cuando una persona interioriza el dinero como símbolo de poder, su adquisición y control se convierten en símbolo de su salud: cuando adquiere dinero, su sistema biológico recibe el mensaje de que está entrando poder en su cuerpo. Su mente transmite el mensaje inconsciente: «Tengo dinero, por lo tanto estoy a salvo, estoy segura. Tengo poder y todo está bien.» Este mensaje positivo transmitido al sistema biológico genera salud.

Ciertamente, ganar mucho dinero no garantiza la salud,

pero es innegable que la pobreza, la impotencia y la enfermedad están ligadas. Ganar dinero con dificultad o perderlo repentinamente puede debilitar el sistema biológico. Recuerdo a un hombre que a mediados de los años ochenta se hallaba en la cima del éxito. Su empresa era cada vez más próspera y él tenía la energía de diez personas. Trabajaba hasta muy tarde, hacía vida social hasta altas horas de la madrugada, y a la mañana siguiente era el primero en llegar al trabajo, siempre alerta, alegre, pendiente de todo. En octubre de 1987 se produjo una crisis en el mercado bursátil y su empresa fue una de las que cayeron. La salud de este hombre se deterioró en meses. Empezó a sufrir de migrañas, después de dolor de espalda y finalmente de un trastorno intestinal bastante grave. Ya no podía soportar trabajar hasta tarde ni su vida social, y se retiró de todas las actividades que no consistieran en hacer sobrevivir su imperio financiero.

Ese hombre no sabía que había «calibrado» su salud para hacer dinero. Pero cuando cayó enfermo vio de inmediato la conexión. Comprendió que para él el dinero representaba la libertad y la capacidad para llevar el estilo de vida con que siempre había soñado. Cuando perdió su fortuna, perdió su poder y en cuestión de semanas también se arruinó su biología. Ciertamente, el estrés de reactivar una empresa puede debilitar a cualquiera. Este hombre había soportado mucho estrés cuando su empresa estaba en la cumbre, pero aquel tipo de estrés le daba poder.

Cada uno tenemos numerosos símbolos de poder, y cada uno de esos símbolos tiene su equivalente biológico. El dentista que desarrolló un cáncer de páncreas tenía un símbolo de poder: su trabajo; pero como había llegado a despreciarlo, iba perdiendo poder día a día. La falta de poder desencadenó una reacción biológica que acabó generando una enfermedad terminal.

Nuestra vida está estructurada en torno a símbolos de poder: dinero, autoridad, títulos, belleza, seguridad. Las personas que llenan nuestra vida y las decisiones que tomamos en cada momento son expresiones y símbolos de nuestro poder personal. Solemos vacilar a la hora de desafiar a una persona a la que creemos más poderosa que nosotros, y con frecuencia accedemos a hacer cosas porque creemos que no tenemos el poder para negarnos. En incontables situaciones y relaciones, la dinámica que funciona por debajo es la negociación del poder: quién lo tiene y cómo podemos mantener nuestra participación en él.

Aprender el lenguaje simbólico de la energía significa aprender a evaluar la dinámica del poder en nosotros mismos y los demás. La información energética es siempre veraz. Aunque una persona acepte verbalmente algo en público, su energía dirá cómo se siente en realidad, y sus verdaderos sentimientos encontrarán la manera de expresarse mediante una declaración simbólica. Nuestros sistemas biológico y espiritual siempre intentan expresar la verdad, y siempre encuentran la manera de hacerlo.

Es necesario tomar conciencia de lo que nos da poder. La curación de cualquier enfermedad se facilita identificando nuestros símbolos de poder y nuestra relación simbólica y física con esos símbolos, y escuchando los mensajes que el cuerpo y las intuiciones nos envían acerca de ellos.

Tercer principio:
La persona puede sanarse sola

La medicina energética es una filosofía holística que enseña lo siguiente: «Yo soy responsable de la creación de mi salud; por lo tanto, en cierto sentido yo participé en la creación de esta enfermedad. Puedo participar en la curación de la enfermedad sanándome yo, lo que significa sanar al mismo tiempo mi ser emocional, psíquico, físico y espiritual.»

Curación total y cura no son lo mismo. Se produce una

«cura» cuando la persona ha logrado controlar o detener el avance físico de una enfermedad. Curar una enfermedad física, sin embargo, no significa necesariamente que se haya aliviado también el estrés emocional y psíquico que formaba parte de ella. En este caso es muy posible, y con frecuencia probable, que la enfermedad reaparezca.

El proceso de la cura es pasivo, es decir, el paciente se inclina a ceder su autoridad al médico y al tratamiento prescrito, en lugar de desafiar activamente la enfermedad y recuperar la salud. La curación total, en cambio, es un proceso activo e interno que implica investigar las actitudes, los recuerdos y las creencias con el deseo de liberarse de todas las pautas negativas que impiden la total recuperación emocional y espiritual. Esta revisión interna conduce inevitablemente a la revisión de las circunstancias externas, con el fin de recrear la vida de modo que active la voluntad: la voluntad de ver y aceptar las verdades de la propia vida y de la forma en que se han utilizado las energías, y la voluntad de utilizar la energía para crear amor, autoestima y salud.

El lenguaje de la medicina oficial tiene un tono más militar que el de la medicina energética: «El paciente fue atacado por un virus»; o bien: «Una sustancia contaminó el tejido celular, produciendo un tumor maligno.» La filosofía de la medicina oficial considera al paciente una víctima inocente, o prácticamente impotente, que ha sufrido un ataque no provocado.

En la medicina oficial, el paciente sigue un tratamiento prescrito por el médico, de modo que la responsabilidad de la curación la tiene el médico. Si el paciente colabora o no con su médico es un hecho que ciertamente influye en el tratamiento, pero su actitud no se considera importante para el proceso, ya que los medicamentos y la cirugía son los que hacen la mayor parte del trabajo. En las terapias holísticas, por el contrario, la disposición del paciente para participar plenamente en su curación es necesaria para el éxito.

Las medicinas holística y oficial adoptan dos actitudes diferentes respecto al poder: activa y pasiva. Los tratamientos con sustancias químicas de la medicina oficial no requieren ninguna participación del paciente; en cambio una técnica holística, como la visualización, por ejemplo, es mejorada, intensificada, por un paciente activo e implicado. Es decir, se produce una conexión energética entre la conciencia del paciente y la capacidad curativa de la terapia y a veces incluso del terapeuta. Cuando la persona es pasiva, es decir, adopta la actitud de «hágamelo», no sana totalmente; puede recuperarse, pero es posible que jamás trate realmente el origen de la enfermedad.

Adquisidores

La madre que sufría de depresión y dolor crónico de cuello y espalda es un ejemplo de persona que sólo tiene poder pasivo. Este tipo de persona dependiente cree que debe extraer poder del ambiente externo y de otras personas, o por medio de ellas. Consciente o inconscientemente, piensa: «Sola no soy nada.» Este tipo de persona busca adquirir poder mediante el dinero, la posición social, la autoridad política, social, militar o religiosa, y la relación con personas influyentes. No expresa francamente sus necesidades, sino que se hace experta en tolerar o manipular situaciones insatisfactorias.

En el sistema energético humano, las interacciones de la persona con su entorno se pueden comparar con circuitos electromagnéticos. Estos circuitos recorren todo el cuerpo y nos conectan con objetos externos y otras personas. Nos sentimos atraídos hacia objetos o personas poderosos, u «objetivos de poder», para introducir ese poder en nuestro sistema. Pero esa conexión con un objetivo de poder extrae una

FIGURA 1: LOS CIRCUITOS DE ENERGÍA RECORREN
TODO EL CUERPO
Y SE ADHIEREN A UN OBJETIVO DE PODER

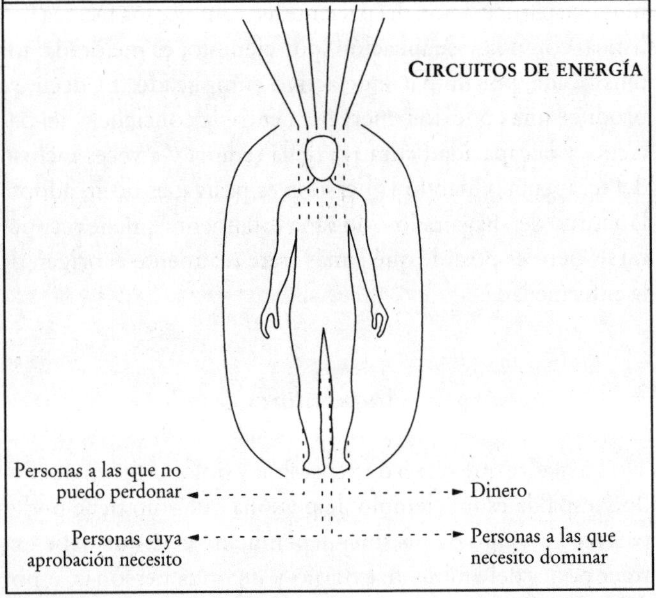

CIRCUITOS DE ENERGÍA

Personas a las que no
puedo perdonar ◄ - - - - - - - - - ► Dinero

Personas cuya ◄ - - - - - - - - - ► Personas a las que
aprobación necesito — necesito dominar

parte de poder de nuestro campo y lo sitúa en el objetivo. Al principio yo consideraba simbólicos estos circuitos de energía, pero he llegado a creer que en realidad son verdaderos caminos de energía. Con mucha frecuencia oigo decir a personas que se sienten «enganchadas» a otra persona o a una experiencia del pasado. Algunas comentan que se sienten «agotadas» después de estar con cierta persona o en un determinado ambiente. De hecho estas palabras corrientes describen mejor de lo que podríamos pensar la interacción de nuestro campo energético con nuestro entorno. Cuando una persona dice que está «enganchada» a alguien o algo de un modo negativo, o se identifica excesivamente con un objeto o posesión, inconscientemente está realizando un diagnóstico intuitivo, está identificando el modo en que pierde poder. A estas personas yo las llamo *adquisidoras*.

El tipo más extremo de adquisidor es el adicto. Al margen del tipo de adicción que tenga la persona (drogas, alcohol o dominio sobre los demás), sus circuitos energéticos están tan absolutamente conectados con el objetivo que ya no pueden hacer uso de su capacidad de razonar. En un seminario que di en Dinamarca para personas que eran seropositivas o ya habían desarrollado el sida, me encontré ante un caso que ilustra trágicamente las consecuencias energéticas de una adicción. Había allí una mujer llamada Anna, que había contraído el virus del sida debido a su ocupación, la prostitución. Anna tenía modales de niña y era muy menuda. También cojeaba, porque hacía un mes uno de sus «clientes» le había roto varias costillas.

En un momento dado hablé de lo que necesita hacer una persona para superar una enfermedad grave. Dije que las adicciones, por ejemplo, al tabaco, a las drogas o al alcohol, restan valor al proceso de curación. Durante uno de los descansos Anna se acercó a mí y me dijo: «Pero, Caroline, ¿qué daño puede hacer fumar sólo dos cigarrillos al día?» Al mirarla comprendí que si yo hubiera tenido en una mano la cura para el sida y en la otra un cigarrillo, y le hubiera dado a elegir entre ambas cosas, su mente habría elegido la cura para el sida, pero todos sus circuitos energéticos habrían ido directamente hacia ese único cigarrillo.

Es imposible insistir lo suficiente en este punto: los objetivos a los que conectan sus circuitos energéticos los adquisidores son personas o cosas a las que les han cedido su poder, concretamente el poder de dominarlos. La adicción de Anna a los cigarrillos tenía más autoridad sobre ella que su deseo de sanar. Incapaz de tomar decisiones capacitadoras para ella, estaba atada a un hábito de dejar su energía en manos de otros, casi siempre a su chulo y a sus cigarrillos, los dos objetivos de poder que la dominaban totalmente. La curación estaba fuera de su alcance porque, en esos momentos, su poder sólo existía fuera de los límites de su cuerpo físico.

No es fácil para la mente competir con las necesidades emocionales. Anna sabía muy bien que tanto su ocupación como su adicción a los cigarrillos eran peligrosas para su salud. Pero emocionalmente seguía anhelando el tabaco porque creía que la relajaba, y continuaba con su chulo porque creía que éste cuidaba de ella. Su mente había racionalizado su aferramiento emocional, y quería negociar su proceso de curación proponiendo que dos cigarrillos no podían dañar su salud. Su incapacidad para superar sus adicciones, la incapacitaba para recuperar su poder de sanar.

No es la mente, sino nuestras necesidades emocionales las que controlan nuestra adhesión a los objetivos de poder. El famoso dicho «el corazón tiene razones que la razón no comprende» capta perfectamente esta dinámica. Inevitablemente, a la persona adquisidora le resulta muy difícil utilizar su intuición. Su propia estima está tan adherida a la opinión de su objetivo de poder que automáticamente niega cualquier información que le transmita su intuición. La intuición clara precisa la capacidad de respetar las propias impresiones. Si necesitamos que otra persona dé validez a nuestras impresiones, obstaculizamos enormemente nuestra capacidad de intuir.

Puesto que la curación no es negociable, el reto es mucho mayor para las personas adquisidoras que para las que tienen un sentido de poder activo. Sanar es, por encima de todo, la tarea de una sola persona. Nadie puede sanar por otro. Podemos ayudar a otras personas, ciertamente, pero nadie puede, por ejemplo, perdonar a alguien en nombre de otra persona, ni tampoco hacer que otra persona se libere de recuerdos o experiencias dolorosos que necesita liberar para sanar. Dado que la naturaleza misma del poder pasivo es «poder mediante adhesiones», va en contra de toda la biología de una persona adquisidora soltar o separarse de los objetivos que agotan su energía. Estas personas están casi programadas para los tratamientos de la medicina oficial, lo que no siempre es necesariamente negativo; el tratamiento oficial es la forma de curación más apropiada para ellas mientras continúen pasivas.

Reorientar el poder

La mayoría de las personas que asisten a mis seminarios lo hacen porque comprenden que necesitan cambiar de vida. Algunas tienen miedo de dejar a su pareja o su trabajo, mientras que otras desean encontrar una manera de soportar una situación incompatible con sus necesidades emocionales. No podría ni comenzar a calcular el número de veces que alguien me ha dicho: «Creo que estaba mejor antes de darme cuenta de lo infeliz que soy.»

Una vez que tomamos conciencia de nuestras necesidades emocionales es imposible olvidarlas. Una vez que conocemos el origen o la causa de nuestra infelicidad, no podemos borrar ese conocimiento. Tenemos que elegir, tomar decisiones. La capacidad de elegir es un poder activo, y la sensación de tener poder activo es a la vez emocionante y temible, porque hace que deseemos cambiar esas partes de nuestra vida que ya no son apropiadas, y cambiarlas nos estimula a poner en tela de juicio otros aspectos que no son satisfactorios.

Cambiar la vida suele ser difícil debido a las lealtades que tenemos. Normalmente aprendemos la lealtad dentro de la estructura familiar y en conexión con la familia. La lealtad hacia uno mismo, sin embargo, es una virtud totalmente distinta, y adherirse a ella puede provocar un tremendo cataclismo en la familia. Ser leal a sí misma podría, por ejemplo, hacer que una mujer reconozca que ya no puede continuar en su matrimonio. En lo que respecta a hacer partícipe de esa información a su marido, se le dirá: «Piensa en tus hijos.» Su caso es un ejemplo muy común de lealtad al grupo que está en conflicto con la lealtad a uno mismo. Mientras vivimos en una situación insatisfactoria, tal vez tratamos de respetar por un tiempo las exigencias de la lealtad al grupo y evitamos pensar en nuestras necesidades emocionales personales. En algún momento, no obstante, nuestro cuerpo emocional adquiere el poder suficiente y la mente ya no logra engañar al corazón. La esposa infeliz o bien acaba en una permanente confusión personal por continuar en el matrimonio o bien decide divorciarse, presa de un sentimiento de culpabilidad por haber sido desleal al grupo, su familia. La verdad es que no hay muchas maneras de introducir con éxito las necesidades personales en una circunstancia que se creó antes de saber cuáles eran esas necesidades.

Julie asistió a uno de mis seminarios porque sufría de grave cáncer de ovario y de mama. Desde hacía varios años su matrimonio no funcionaba bien. Deseaba sanar del cáncer, pero vivía con un hombre que la trataba con total desprecio, costumbre que había comenzado dos años antes de que se casaran. Solía decirle que sólo verla le causaba repugnancia, pese a que ella era muy atractiva. Para ganarse su aprobación, ella se dejaba morir de hambre y hacía ejercicio. Se definía como maestra de la manipulación; empleaba la manipulación para soportar su matrimonio aunque con eso no conseguía lo que deseaba. Cuando quería que él le prestara atención, se inventaba interesantes historias sobre personas que decía haber conocido mientras hacía la compra. Una vez lo telefoneó a la oficina para decirle que un hombre había intentado violarla cuando estaba haciendo jogging. Pero inventara lo que inventase, nada conseguía atraer su interés o su respeto.

El dinero era otro problema entre ellos. Aunque él ganaba mucho, le daba muy poco para los gastos domésticos y personales, y exigía que le rindiera cuenta de hasta el último céntimo. A pesar de esa humillación, a Julie nunca se le ocurrió buscar un trabajo porque creía que no tenía ninguna habilidad laboral.

La actividad sexual había acabado a los dos años de matrimonio. Los esfuerzos que hacía ella por mantener viva esa parte de su relación conyugal la humillaban más aún. Cuando le diagnosticaron cáncer, su marido se negó a dormir en la misma cama con ella. Su reacción ante ese rechazo fue dormir en el suelo, en el pasillo de entrada al dormitorio. Todas las mañanas, él pasaba por encima de ella para entrar en el cuarto de baño, y de vez en cuando la insultaba cuando ella lo miraba y le pedía ayuda.

Le pregunté por qué no lo dejaba y ella contestó que nunca había sido capaz de cuidar de sí misma ni emocional ni económicamente, y que en esos momentos necesitaba más que nunca que él la cuidara. Lo irónico es que siempre que hablaba de su marido aparecía una expresión soñadora en su cara, casi como si estuviera hechizada, y decía que él era un hombre muy cariñoso y que simplemente estaba agobiado por los negocios. La quería de verdad, añadía; simplemente, le costaba demostrar afecto.

Cuando le sugerí que viera a un psicoterapeuta me dijo que su marido pensaba que los terapeutas no hacen ningún bien, así que no podría ir. También le dije que recuperaría algo de fuerzas si comía alimentos nutritivos, entre ellos un intenso programa de vitaminas con una dieta sana. Contestó que si su marido lo aprobaba, lo haría.

Desde el punto de vista de la energía, es significativo que Julie desarrollara un cáncer en los órganos femeninos, primero en los ovarios y después en la mama. Su enfermedad simbolizaba sus sentimientos ante el rechazo como mujer. Como leerá en el capítulo siguiente, los órganos sexuales contienen nuestra energía biográfica, la de nuestras relaciones con las personas y la de nuestra manera de ser en nuestro entorno. Julie era incapaz de verse a sí misma con poder personal porque, para ella, la fuente de seguridad era su ma-

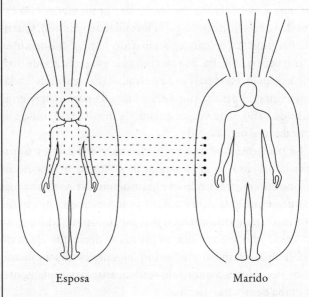

FIGURA 2: MUJER CUYOS CIRCUITOS DE ENERGÍA
VAN HACIA SU MARIDO

Esposa   Marido

Dado que esta mujer depende totalmente de su marido, todos sus circuitos de energía están adheridos al campo energético de él. La consecuencia de este desequilibrio es que a la mujer no le queda nada de energía para mantener sano su cuerpo, y al mismo tiempo genera en el marido una sensación de ser «ahogado».

rido; su biología recibía constantes «señales de impotencia». Julie murió antes de que acabara el año.

El tipo de personas que tienen un poder activo son muy diferentes de las adquisidoras como Julie. Son «automotivadoras», consideran una prioridad el cuidado de sí mismas, y sus circuitos de energía están adheridos al conocimiento, la fuerza y la vitalidad emocional. Una persona automotivadora es capaz de hacer cualquier cosa que sea necesaria para mantener el equilibrio entre cuerpo, mente y alma.

A semejanza de Julie, Joanna formaba parte de un matrimonio disfuncional y desarrolló un cáncer de mama. Si bien su matrimonio no era la historia de horror emocional de Julie, tenía sus problemas. Su marido, Neil, buscaba la compañía de otras mujeres. Ella lo sabía, pero trataba de hacer la vista gorda. Con el fin de soportar el adulterio de su marido, comenzó a asistir a seminarios de capacitación de mujeres y, gracias a ellos, finalmente vio que el comportamiento de Neil violaba sus límites emocionales. Antes de esos seminarios jamás se le había ocurrido pensar que tenía esos límites emocionales personales. Como hacen muchas personas, se había casado con la idea de que dos personas deben transformarse en un solo sistema emocional.

Joanna no tardó en comprender que su cáncer de mama (la zona del cuerpo relacionada con la acción de dar y nutrir) sólo sanaría si tomaba medidas para respetarse, para desarrollar su autoestima. Fue fortaleciéndose en ella la imagen de una persona fuerte; al considerarse «individuo» comenzó a relacionarse consigo misma de un modo que antes le habría parecido imposible, dado que su concepto de identidad siempre había necesitado un cónyuge.

Cuando reconoció sus necesidades, ejercitó su recién adquirida autoridad enfrentándose a Neil y exigiéndole que cumpliera las promesas del matrimonio. Él le prometió cambiar de comportamiento, pero la promesa duró menos de un mes. Finalmente Joanna comprendió que no lo conseguiría, y que ella había cambiado tanto que ya no podía aceptar esas violaciones emocionales. Si quería sanar del cáncer tenía que apartarse de la situación que le estaba arruinando la salud. Se divorció de Neil y se recuperó del cáncer.

Los grupos de apoyo para personas enfermas suelen inducir a éstas a redefinirse a sí mismas. Reconociendo sus necesidades y evaluando sus vidas según ellas mismas, admiten que sus circunstancias actuales no son aceptables para la persona en que se están transformando ni conducen a la curación. Comprenden que tienen que tomar medidas para cambiar. En el proceso de la curación aprenden a separarse de los objetos o las personas que les roban la fuerza del cuerpo.

La necesidad de cambio convierte la curación en una experiencia aterradora para muchas personas. Consciente o inconscientemente, saben que desenchufar sus circuitos energéticos de un objetivo de poder es lo mismo que decirle adiós. Entran en un perturbador limbo donde desean separarse de su objetivo de poder y a la vez seguir aferradas a él. Algunas personas terminan por intentar vivir en los dos mundos de forma simultánea, sin habitar totalmente el que ya no les viene bien ni pasar totalmente al otro. Así es como muchas personas hacen el viaje al pozo de la curación y, una vez que llegan allí, descubren que no pueden beber de él.

La curación exige actuar. No es un acontecimiento pasivo. Estamos hechos para utilizar nuestros recursos interiores, a fin de encontrar la fuerza material para dejar atrás creencias y comportamientos anticuados y vernos de un modo nuevo y sano.

Aprendizaje de la visión simbólica

En la segunda parte, cuando explique los temas del poder que están tejidos en nuestra psique y nuestra biología, trate de diagnosticar su relación con cada uno de los siete centros de poder de su cuerpo. Conviértase en el sujeto de su primera evaluación intuitiva. Mientras lo hace, descubrirá que cada vez toma más conciencia del extraordinario mundo que está detrás de sus ojos. En último término aprenderá la visión simbólica, la capacidad de utilizar la intuición para interpretar los símbolos de poder de su vida.

A modo de punto de partida le ofrezco las siguientes directrices. Cuando una persona desea ver más, la curación es inevitable. Pero necesita un método interior de asimilar esta información para hacerla real.

Lo primero y principal es centrar la atención en aprender a interpretar simbólicamente los desafíos de la propia vida, encontrarles un sentido. Piense y sienta cómo éstos se conectan con su salud. Preste atención diariamente a los desafíos que se le presenten y al modo en que su mente y su espíritu reaccionan ante ellos. Observe qué le hace perder poder y dónde siente la pérdida. Evalúe la actividad espiritual y biológica que se produce a consecuencia de ello.

Segundo, considérese en todo momento un *ser energético* y físico a la vez. Su parte energética transmite y registra todos sus pensamientos e interacciones. Tenga presente en todo momento que su biografía se convierte en biología. Adquiera la costumbre de evaluar a las personas, las experiencias y la información que permite entrar en su vida. El desarrollo de la visión simbólica comienza por la intención: conscientemente y con regularidad, evalúe sus interacciones y el modo en que éstas influyen en su poder emocional y físico. Y recuerde que si tiene un programa particular, es decir, si desea ver las cosas de cierta manera, obstaculizará la recepción de la información energética.

Tercero, realice cada día autoevaluaciones de su energía. Cuando tenga práctica sólo le llevará unos momentos hacer la autoexploración. Para practicar, utilice el modelo del sistema energético humano que presento en el capítulo 2 a modo de referencia. Reflexione sobre cada centro de poder durante uno o dos minutos, con tranquilidad y objetividad. No espere a enfermar para ocuparse de la salud de su sistema energético. Aprenda a percibir el estrés que se va acumulando en su campo energético y tome medidas para sanar en ese plano. Convierta la autoevaluación en un hábito.

Cuarto, cuando descubra una fuga de energía, concéntrese solamente en los aspectos esenciales que pueden servirle para recuperar la energía. Hágase siempre la pregunta: «¿Por qué estoy perdiendo energía?» Para sanar cualquier desequilibrio, sea energético o físico, siempre debe hacer intervenir la mente y el corazón. Esfuércese en ver más allá de los componentes físicos de una crisis. Remítase a las siete verdades sagradas de la energía (tal como las presento en el capítulo 2). Una o más de esas verdades estarán relacionadas con esa situación estresante. Pregúntese cuál de esas verdades está respresentada simbólicamente en la situación.

Por ejemplo, si tiene una crisis laboral, tal vez le convenga remitirse a la verdad sagrada *Respétate a ti mismo* [nivel tres]. Ésta muy bien podría hablarles a los problemas que le están ocurriendo. Asiéndose a esa percepción, sale de la arena movediza de la ilusión, se eleva a la altura espiritual o simbólica que necesita para interpretar su situación de modo impersonal y para aprender la lección de poder que esa situación le presenta.

La instrucción espiritual nos enseña a mantener el enfoque sobre nosotros mismos, no de modo egocéntrico sino como una manera de manejar conscientemente nuestra energía y nuestro poder. Así, la quinta tarea consiste en averiguar qué le quita poder, no quién. Comprenda que la persona que parece estar agotándole la energía en realidad es una parte de usted. Por ejemplo, si tiene envidia de alguien, lo importante para usted no es esa persona, sino el lado oscuro de su naturaleza que se refleja en ella. En realidad, esa persona le sirve de maestra. Concentrarse en la persona de quien tiene envidia no lo va a sanar. Con eso sólo conseguirá que se le presenten más maestros, cada uno más fuerte que el anterior. Su tarea consiste en aprender la lección que el maestro tiene para usted, en lugar de sentir resentimiento hacia el maestro.

Cuando llega a la conclusión errónea de que determinada persona es la causa de su agotamiento, se desliza hacia el miedo y la acusación. Necesita enfocar correctamente su centro de poder y concentrarse en él hasta que obtenga una impresión del tipo de poder que esa persona tiene en relación con usted. Cuando fija la vista en la lección, y no en el maestro, ha logrado un importante beneficio de visión simbólica: ve cómo le llega la verdad mediante el desafío o la dificultad.

Sexto, simplifique sus requisitos para sanar. Los requisitos para sanar cualquier enfermedad son esencialmente los mismos. Considere la enfermedad un trastorno del poder, casi un mal funcionamiento técnico. Una vez que ha identificado la verdad sagrada que está relacionada con su situación, organice su proceso de curación interna con cualquier tratamiento de la medicina oficial que sea esencial, y aténgase a su programa. Recurra a cualquier tipo de apoyo que necesite y utilícelo correctamente. Tenga presente que la tarea es pasar por las heridas, no instalarse en ellas. No pierda tiempo en pensar, actuar u orar como una víctima. Sentirse víctima sólo aumenta la enfermedad o el problema, y si se convirtiera en un estado mental permanente, podría considerarse una enfermedad en sí misma.

Haga todo lo que sea necesario para apoyar y sustentar su cuerpo físico, como por ejemplo tomar los medicamentos apropiados, mantener un programa de ejercicios diarios y nutrirse adecuadamente. Al mismo tiempo, haga todo lo necesario para que se produzca la curación; por ejemplo, dejar un trabajo o un matrimonio estresante, emprender la práctica de la meditación, o aprender a esquiar. Lo que importa aquí no son los cambios concretos que haga, sino hacer realmente los cambios que requiera la curación.

Hablar no sana; actuar, sí. Si bien es esencial mantener una actitud positiva, sea cual fuere la enfermedad, la curación precisa dedicación y compromiso. La visualización no dará resultados si sólo se practica una vez a la semana, y nadie se pone en forma con una sola visita al gimnasio a la semana. Sanar el propio cuerpo o las dificultades de la vida, o desarrollar la visión simbólica, requiere práctica y atención diarias. Sanar una enfermedad en particular puede ser una ocupación de jornada completa, aunque es posible simplificar los pasos necesarios para realizar la tarea.

Si una persona utiliza un «paquete» de curación complejo, es decir, varios terapeutas y terapias diferentes, varios médicos, varios programas de hierbas y vitaminas, pero hace poco o ningún progreso, quizá sea porque ella misma está obstaculizando su curación. Tal vez, en cierto sentido, sanar le supone una amenaza mayor de lo que imagina. Tal vez es incapaz de dejar atrás algo del pasado, o tal vez su curación alteraría el equilibrio de poder entre ella y otra persona. Tiene que usar la cabeza para pensar en ello porque, evidentemente, algunas enfermedades son más graves que otras, y el hecho de que no haya curación no siempre indica que la persona la está obstaculizando. Pero si diez terapias y terapeutas diferentes no bastan para aportar cierto grado de curación a su vida, quiere decir que debe pensar en la posibilidad de un obstáculo consciente o inconsciente, o en la posibilidad de que su curación exija prepararse para abandonar la vida física.

Séptimo, simplifique su espiritualidad. Todos mis estudios terrenos sobre el cielo me han llevado a la conclusión de que el cielo no es un reino complicado; por lo tanto, la teología personal no debería ser complicada. Intente creer solamente lo que el cielo ha declarado esencial. Por ejemplo:

- Todas las circunstancias se pueden cambiar en un momento dado, y toda enfermedad se puede curar. Lo Divino no está limitado por el tiempo, el espacio ni los intereses físicos humanos.
- Sea consecuente: viva lo que cree.
- El cambio es constante. La vida pasa por fases de cambios difíciles y por fases de paz. Aprenda a avanzar con

la corriente del cambio en lugar de intentar impedir que ocurra.

- Jamás espere que otra persona le dé felicidad; la felicidad es una actitud y una responsabilidad interior y personal.
- La vida es esencialmente una experiencia de aprendizaje. Todas las situaciones, retos y relaciones contienen algún mensaje que vale la pena aprender o enseñar a otros.
- La energía positiva funciona con más eficacia que la energía negativa en todas y cada una de las situaciones.
- Viva en el momento presente y practique el perdón a los demás.

No ganamos nada creyendo que el cielo «piensa y actúa» de forma compleja. Es mucho mejor, y más eficaz, aprender a pensar como piensa el cielo, en forma de verdades sencillas y eternas.

Con toda probabilidad hacemos la vida mucho más compleja que lo que tiene que ser. Conseguir salud, felicidad y equilibrio energético se reduce a centrar más la atención en lo positivo que en lo negativo, y a vivir de una manera espiritualmente coherente con lo que sabemos que es la verdad. Comprometerse con esos dos principios es suficiente para que el poder que nuestro sistema biológico divino contiene influya en el contenido y la dirección de nuestra vida.

Todos estamos hechos para aprender las mismas verdades y permitir que nuestra divinidad trabaje en nuestro interior y a través de nosotros; esta tarea es sencilla, aunque dista de ser fácil. Cada uno de nosotros tiene decorados y personas diferentes en su vida, pero los desafíos que éstos representan son idénticos para todos, como también lo son las influencias que esos desafíos ejercen en nuestro cuerpo y espíritu. Cuanto más capaces somos de aprender esta verdad, más podemos desarrollar la visión simbólica, la capacidad de ver más allá de las ilusiones físicas y de reconocer las lecciones que nos presentan los desafíos de la vida.

2

Hechos a imagen de Dios

Desde que tuve mis primeras intuiciones médicas he sabido que éstas se refieren fundamentalmente al espíritu humano, a pesar de que describen problemas físicos y de que yo utilizo el lenguaje de la energía para explicárselas a los demás. «Energía» es una palabra neutra; no tiene ninguna asociación religiosa ni evoca temores arraigados sobre la relación personal con Dios. Es mucho menos inquietante escuchar: «Se le ha agotado la energía», que: «Su espíritu está intoxicado.» Sin embargo, muchas de las personas que han acudido a mí en realidad han sufrido una crisis espiritual. Yo les he explicado esa crisis como un trastorno energético, pero habría sido más útil para ellas si lo hubiera hecho también en términos espirituales.

Después de comprender las correspondencias entre los chakras orientales y los sacramentos religiosos occidentales introduje finalmente el lenguaje espiritual en mis explicaciones energéticas. Esto ocurrió repentinamente, durante uno de mis seminarios sobre la anatomía de la energía. Cuando estaba haciendo la introducción dibujé en la pizarra siete círculos, dispuestos verticalmente, para representar los centros de poder del sistema energético humano. Al mirar los círculos vacíos caí en la cuenta de que no sólo hay siete chakras, sino también siete sacramentos cristianos. En ese momento comprendí que su mensaje espiritual es el mismo. Después, cuando estaba investigando y explorando en más profundidad sus similitudes, descubrí que la cábala también tiene siete enseñanzas semejantes. La correspondencia entre estas tres tradiciones me llevó a comprender que la espiritualidad es mucho más que una necesidad psíquica y emocional: es una necesidad biológica innata. Nuestro espíritu, nuestra energía y nuestro poder personal son una sola y única fuerza.

Las siete verdades sagradas que comparten estas tradiciones están en el núcleo de nuestro poder espiritual. Nos enseñan la forma de orientar el poder, o fuerza vital, que circula por nuestro organismo. En efecto, encarnamos esas verdades en nuestros siete centros de poder; forman parte de nuestro sistema interno de orientación física y espiritual, y al mismo tiempo son un sistema externo de orientación para nuestro comportamiento espiritual y para la creación de salud. Nuestra tarea espiritual en esta vida consiste en aprender a equilibrar las energías del cuerpo y el alma, del pensamiento y la acción, del poder físico y el poder mental. Nuestro cuerpo contiene una plantilla o programa inmanente para la curación.

El libro del Génesis nos dice que el cuerpo de Adán fue creado «a imagen de Dios». El mensaje de esta frase es a la vez literal y simbólico. Significa que las personas somos réplicas energéticas de un poder divino, un sistema de siete energías primarias cuyas verdades estamos destinados a explorar y desarrollar a través de la experiencia llamada vida.

Cuando entendí que el sistema energético humano encarna estas siete verdades, ya no pude limitarme a un vocabulario de la energía y comencé a incorporar ideas espirituales a mis diagnósticos intuitivos. Dado que nuestro diseño biológico es también un diseño espiritual, el lenguaje combinado de energía y espíritu pasa por diversos sistemas de creencias; abre avenidas de comunicación entre los credos e incluso permite a las personas volver a culturas religiosas anteriormente rechazadas, descargadas de dogmas religiosos. Las personas que asisten a mis seminarios han adoptado de buena gana este lenguaje de energía-espíritu para referirse a las dificultades que conllevan sus enfermedades físicas, trastornos causados por el estrés o sufrimiento emocional. Ver el problema dentro de un marco espiritual acelera el proceso de curación, porque añade una dimensión de sentido y finalidad a sus crisis y las capacita para contribuir a curarse a sí mismos; co-crean su salud y re-crean su vida. Puesto que el estrés humano siempre corresponde a una crisis espiritual y es una oportunidad de aprendizaje espiritual, casi cualquier enfermedad permite una nueva percepción respecto al uso, mal uso o mala dirección del espíritu o poder personal.

La mayoría de las tradiciones religiosas y culturales, desde los antiguos griegos e hindúes hasta los chinos y los mayas, consideran divino el origen de la conciencia humana, el espíritu o el poder.

La mayoría de los mitos de todas las culturas hablan de la interacción entre la divinidad y la humanidad, en historias de dioses que se unen con seres humanos para engendrar hijos semejantes a dioses y semidioses. Estos hijos encarnan todo el espectro del comportamiento humano, desde grandes actos de creación, destrucción y venganza, o mezquinos actos de celos, rivalidad y rencor, hasta actos trascendentales de metamorfosis, unión sexual y sensualidad.

Las primeras culturas que crearon estas mitologías divinas exploraron así su naturaleza emocional y psíquica y los poderes intrínsecos del espíritu humano. Cada cultura expresaba así sus ideas respecto a las transformaciones y los tránsitos del viaje espiritual universal, el viaje del héroe, en palabras de Joseph Campbell.

Entre las historias de Dios, sin embargo, la tradición judía es única, porque jamás se describe a Yahvé como un ser sexuado. A Dios se le atribuye una mano derecha y una mano izquierda, pero la descripción jamás continúa «más abajo de la cintura». A diferencia de otras tradiciones espirituales, los judíos transfirieron a Yahvé solamente algunas cualidades humanas, manteniendo una relación más distante con ese inaccesible Divino.

Pero cuando apareció en escena el cristianismo, sus seguidores, todavía judíos entonces, dieron a Dios un cuerpo humano y lo llamaron Jesús, el hijo de Dios.

La gran herejía de los cristianos, según los otros judíos, fue cruzar el límite biológico y comenzar su nueva teología con un acontecimiento bioespiritual: la Anunciación. En la Anunciación, el ángel Gabriel anuncia a la Virgen María que goza de gran favor ante el Señor y va a dar a luz un hijo al que llamará Jesús. La implicación aquí es que Dios es el padre biológico de este hijo. De pronto, el principio divino abstracto del judaísmo, llamado Yahvé, se acopla con una mujer humana.

Los cristianos hicieron del nacimiento de Jesús una «teología biológica», y convirtieron su vida en una prueba de que la humanidad está hecha «a imagen y semejanza de Dios». Judíos y cristianos creían por igual que nuestro cuerpo físico, en particular el masculino, era semejante al de Dios. Escritos teológicos más contemporáneos han puesto en duda esa semejanza biológica, modificándola y convirtiéndola en una semejanza espiritual, pero de todas formas queda el concepto original de que biológicamente estamos hechos a imagen de Dios, importante aspecto literal y arquetípico de la tradición judeocristiana.

El hilo común a todos los mitos espirituales es que los seres humanos nos vemos inevitablemente impulsados a fusionar nuestro cuerpo con la esencia de Dios, que deseamos tener lo Divino en los huesos y en la sangre, en nuestra composición mental y emocional.

En los sistemas de creencia de todo el mundo, los conceptos de la naturaleza espiritual de lo Divino reflejan las mejores cualidades y características humanas. Puesto que en nuestro mejor aspecto somos compasivos, Dios tiene que ser omnicompasivo; puesto que somos capaces de perdonar, Dios tiene que ser omniperdonador; puesto que somos capaces de amar, Dios tiene que ser sólo amor; puesto que intentamos ser justos, la justicia divina debe regir nuestros esfuerzos por equilibrar lo malo y lo bueno. En las tradiciones orientales, la justicia divina es la ley del karma; en el mundo cristiano es el fundamento de la regla de oro. De una u otra manera, hemos tejido lo Divino en todos los aspectos de la vida, el pensamiento y las obras.

Actualmente, muchos buscadores espirituales tratan de impregnar su vida cotidiana de una mayor conciencia de lo sagrado, esforzándose en actuar como si cada una de sus actitudes expresara su esencia espiritual. Esta forma consciente de vivir es una invocación, una petición de autoridad espiritual personal; representa el abandono de la relación clásica padre-hijo con Dios de las antiguas religiones y un avance hacia la edad adulta espiritual. La maduración espiritual supone no sólo desarrollar la capacidad de interpretar los mensajes más profundos de los textos sagrados, sino también aprender a leer el lenguaje espiritual del cuerpo. Cuando nos hacemos más conscientes y reconocemos el efecto de los pensamientos y actitudes (la vida interna) sobre el cuerpo físico y la vida externa, ya no necesitamos concebir a un Dios-padre externo que crea para nosotros y del cual dependemos totalmente. En calidad de adultos espirituales, aceptamos la responsabilidad de co-crear nuestra vida y nuestra salud. La co-creación es en realidad la esencia de la edad adulta espiritual, el ejercicio de elegir y aceptar que somos responsables de lo que elegimos.

Administrar nuestro poder de elección es el reto divino, el contrato sagrado que hemos venido a cumplir. Comienza por elegir cuáles van a ser nuestros pensamientos y actitudes. Mientras que en otro tiempo elección significaba la capacidad para reaccionar ante lo que Dios ha creado para nosotros, ahora significa que participamos en lo que experimentamos, que co-creamos nuestro cuerpo físico mediante la fuerza creativa de nuestros pensamientos y emociones.

Las sietes verdades sagradas de la cábala, los sacramentos cristianos y los chakras hindúes apoyan nuestra transformación gradual en adultos espirituales conscientes. Estas enseñanzas literales y simbólicas redefinen la salud espiritual y biológica y nos sirven para entender lo que nos mantiene sanos, lo que nos hace enfermar y lo que contribuye a sanarnos.

Las siete verdades espirituales trascienden las fronteras culturales, y en el plano simbólico constituyen un mapa de carreteras para nuestro viaje por la vida, un mapa de carreteras impreso en nuestro diseño biológico. Una y otra vez, los textos sagrados nos dicen que la finalidad de la vida es comprender y desarrollar el poder del espíritu, poder que es esencial para nuestro bienestar mental y físico. Abusar de ese poder agota el espíritu y arrebata fuerza vital al cuerpo físico.

Dado que la energía divina es inherente a nuestro organismo biológico, todo pensamiento que nos pasa por la mente, toda creencia que alimentamos, todo recuerdo al que nos aferramos, se traduce en una orden positiva o negativa a nuestro cuerpo y espíritu. Es magnífico vernos a través de estas lentes, pero también resulta apabullante, puesto que ninguna parte de nuestra vida o nuestros pensamientos es impotente, ni siquiera privada. Somos creaciones biológicas de diseño divino. Una vez que esta verdad forma parte de nuestra conciencia, no podemos seguir llevando una vida corriente.

El poder simbólico de los siete chakras

Según enseñan las religiones orientales, en el cuerpo humano hay siete centros de energía. Cada uno de ellos contiene una enseñanza espiritual universal para la vida, que hemos de ir aprendiendo a medida que evolucionamos hacia una conciencia superior. En realidad yo ya llevaba años realizando evaluaciones intuitivas cuando caí en la cuenta de que lo que enfocaba instintivamente eran esos siete centros energéticos. Esta antiquísima y sagrada forma de representación describe con extraordinaria exactitud el sistema energético humano, con sus hábitos y tendencias.

El sistema de chakras es una representación arquetípica del proceso de maduración de la persona a través de siete fases claras y diferentes. Los chakras están alineados verticalmente desde la base de la columna hasta la coronilla, lo que sugiere que ascendemos hacia lo divino dominando poco a poco la seductora atracción del mundo físico. En cada fase perfeccionamos un poco más el entendimiento del poder personal y espiritual, puesto que cada chakra representa una enseñanza de vida o un desafío común a todos los seres humanos. A medida que la persona va dominando cada chakra, va adquiriendo un poder y un conocimiento de sí misma que se integra en su espíritu y la hace avanzar por el camino que conduce hacia la conciencia espiritual, a semejanza del clásico viaje del héroe.

A continuación presento un resumen muy breve de las enseñanzas vitales que representan los siete chakras (véase fig. 3):

Primer chakra: Enseñanzas relativas al mundo material.
Segundo chakra: Enseñanzas relativas a la sexualidad, el trabajo y el deseo físico.
Tercer chakra: Enseñanzas relativas al ego, la personalidad y la estima propia.

FIGURA 3: LOS SIETE CENTROS DE PODER O CHAKRAS DEL SISTEMA KUNDALINI

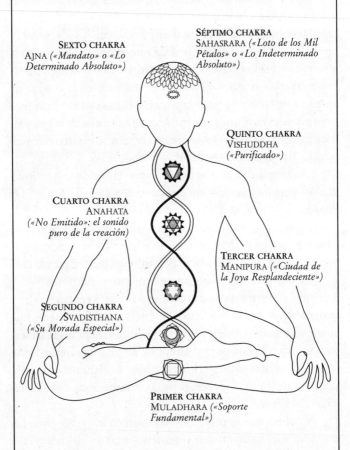

SEXTO CHAKRA
AJNA *(«Mandato» o «Lo Determinado Absoluto»)*

SÉPTIMO CHAKRA
SAHASRARA *(«Loto de los Mil Pétalos» o «Lo Indeterminado Absoluto»)*

QUINTO CHAKRA
VISHUDDHA *(«Purificado»)*

CUARTO CHAKRA
ANAHATA *(«No Emitido»: el sonido puro de la creación)*

TERCER CHAKRA
MANIPURA *(«Ciudad de la Joya Resplandeciente»)*

SEGUNDO CHAKRA
SVADISTHANA *(«Su Morada Especial»)*

PRIMER CHAKRA
MULADHARA *(«Soporte Fundamental»)*

Los chakras se representan en forma de lotos. Las espirales indican las energías opuestas de la psique y el espíritu: las energías violentas o más oscuras en oposición a las espirituales más luminosas, todas las cuales han de unirse en equilibrio.

Fuente: Joseph Campbell, *The Mythic Image*, Princeton University Press, Princeton, Nueva Jersey, 1974.

Cuarto chakra: Enseñanzas relativas al amor, el perdón y la compasión.

Quinto chakra: Enseñanzas relativas a la voluntad y la auto-expresión.

Sexto chakra: Enseñanzas relativas a la mente, la intuición, la percepción profunda y la sabiduría.

Séptimo chakra: Enseñanzas relacionadas con la espiritualidad.

Estas siete enseñanzas de vida nos dirigen hacia una conciencia mayor. Pero si hacemos caso omiso de nuestra responsabilidad y necesidad de aplicarnos conscientemente a aprender estas lecciones espirituales, la energía que contienen se puede manifestar en forma de enfermedad. En efecto, las numerosas tradiciones espirituales orientales consideran que la enfermedad es un agotamiento del propio poder interior o espíritu. Las correspondencias entre las principales tradiciones espirituales subrayan la experiencia humana universal de conexión entre el espíritu y el cuerpo, la enfermedad y la curación.

Considerados desde un punto de vista simbólico, no literal, los siete sacramentos cristianos tienen un sentido claramente análogo al de los siete chakras.

El poder simbólico de los sacramentos cristianos

La iglesia cristiana primitiva identificó siete sacramentos, o ritos reconocidos oficialmente, que serían realizados por sus dirigentes ordenados.

Estos siete sacramentos eran, y siguen siendo, ceremonias sagradas que imprimen (para emplear el lenguaje cristiano) caracteres concretos de «gracia o energía divina». Cada carácter de gracia corresponde a un único sacramento. Si bien actualmente los siete sacramentos se asocian principalmente con la iglesia católica romana, otras tradiciones cristianas han conservado muchos de ellos, por ejemplo, el bautismo, el matrimonio y la ordenación sacerdotal.

En su sentido simbólico, cada sacramento representa también una fase de capacitación que invita a lo Divino a entrar en el espíritu de la persona. La propia palabra «sacramento» significa un rito que pide al poder de lo sagrado que entre en el alma de la persona. El sentido simbólico de los sacramentos trasciende su sentido religioso, y mis alusiones a ellos no han de malinterpretarse como una sugerencia a recibir realmente los sacramentos de una institución cristiana.

Los sacramentos presentan tareas simbólicas para crecer hasta una madurez espiritual y para obtener la curación, pero también son concretos en su descripción de lo que hemos de hacer en las principales fases de la vida para aceptar la responsabilidad personal que acompaña a la madurez espiritual. Los sacramentos también son los actos que hemos de realizar junto con los ritos que se realizan en nosotros. Representan los poderes que hemos de conceder a los demás y recibir de ellos.

Consideremos el sacramento del bautismo, por ejemplo, por el cual una familia acepta la responsabilidad física y espiritual de un hijo que ha traído al mundo. Nuestro reto, como adultos espirituales, es aceptar simbólica, totalmente y con gratitud a la familia en que nacimos.

En este sentido simbólico, el bautismo también significa honrar, respetar a nuestra familia y respetarnos a nosotros mismos, perdonando a nuestros familiares cualquier pena o sufrimiento que nos causaron durante nuestra infancia.

El poder contenido en ese perdón es precisamente el poder que sana al cuerpo.

Los siete sacramentos, con sus finalidades simbólicas, son los siguientes:

- *Bautismo:* Recibir o conceder una expresión de la gracia que representa la gratitud por la propia vida en el mundo físico.
- *Comunión:* Recibir o conceder una expresión de la gracia (en forma de «hostia») que representa la unión sagrada con Dios y con las personas presentes en nuestra vida.
- *Confirmación:* Recibir o conceder una expresión de la gracia que favorece e intensifica la individualidad y la estima propias.
- *Matrimonio:* Recibir o conceder una bendición que sacraliza la unión con otra persona, y que en última instancia acepta además a todas las personas presentes en la propia vida como un matrimonio sagrado.
- *Confesión:* Recibir o conceder la gracia para limpiar el propio espíritu de los actos negativos de la voluntad.
- *Orden sagrada:* Recibir o conceder la gracia para sacralizar el propio camino de servicio.
- *Extremaunción:* Recibir o conceder la gracia para concluir los asuntos inconclusos antes de morir.

Estas siete fases de iniciación personal representan los poderes innatos que hemos de hacer realidad, los poderes que hemos de emplear conscientemente afrontando los retos que nos presenta la vida.

El poder simbólico de las diez sefirot

Las diez sefirot, o árbol de la vida de la cábala, comprenden una enseñanza compleja que fue evolucionando a lo largo de muchos siglos, una enseñanza increíblemente análoga a la de los chakras y sacramentos. En la cábala medieval, las diez sefirot describen las diez cualidades de la naturaleza divina. Dado que tres de estas cualidades están emparejadas con otras tres, en realidad las diez cualidades se pueden agrupar en *siete* planos o niveles, que suelen representarse en forma de un mítico árbol de la vida invertido, con las raíces arriba, en el cielo. En *The Zohar: The Book or Enlightenment*, Daniel Chanan Matt dice que las diez sefirot se consideran el programa divino de la enseñanza según la cual «el ser humano está creado a imagen de Dios» (Génesis 1,27). Lo Divino comparte diez cualidades con los seres humanos; estas cualidades son poderes que se nos manda desarrollar y acendrar en nuestro viaje por la vida.

Aunque el judaísmo defiende el rostro más abstracto de Dios, las diez sefirot describen todo lo que es permisible de la personalidad de Yahvé.

A diferencia de otras tradiciones religiosas, el judaísmo jamás consideró que sus profetas fueran encarnaciones directas de lo Divino. El budismo, en cambio, comienza con un hombre, Siddhartha, que fue ungido para llevar el mensaje de la iluminación a la gente de la tierra; el budismo no describe a un Dios semejante a un ser humano, pero el hinduismo tiene muchos dioses que han venido a la tierra, y el cristianismo tiene al «hijo de Dios», que vivió treinta y tres años entre los hombres.

Las diez sefirot son las cualidades de lo Divino que también conforman al ser humano arquetípico. Estas cualidades se interpretan a la vez como la esencia de Dios y como caminos por los cuales podemos volver a Dios. Cada cualidad representa un progreso hacia una revelación más poderosa de los «nombres» o «rostros» de Dios.

Estas diez cualidades suelen describirse como vestiduras del Rey, vestiduras que nos permiten mirar al Rey, la fuente de la luz divina, sin cegarnos. La otra imagen, el árbol invertido, simboliza que las raíces de esas diez cualidades están profundamente arraigadas en una naturaleza divina que nos atrae de vuelta al cielo mediante la oración, la contemplación y las obras. Nuestra tarea es ascender a nuestra fuente divina desarrollando esas diez cualidades en nuestro interior.

Las cualidades de las diez sefirot, los sacramentos cristianos y el sistema de chakras son prácticamente idénticas. La única diferencia está en la forma de numerar los poderes. Mientras los sacramentos y los chakras ponen el número uno en la base y cuentan hacia arriba, las diez sefirot ponen el número uno arriba (las raíces del árbol) y cuentan hacia abajo.

Aparte de eso, las cualidades atribuidas a cada uno de los siete niveles o planos son casi idénticas.

El orden aceptable de las diez sefirot, los nombres más comúnmente utilizados y su significado simbólico (véase fig. 4) son los siguientes:

1. **Kéter** (a veces se escribe Kether Elyon), la corona suprema de Dios. Representa la parte de lo Divino que inspira la manifestación física. Esta sefirá es la más indefinida y por lo tanto la más incluyente. No hay ninguna identidad, ninguna especificidad en este punto de inicio entre cielo y tierra.

2. **Jojmá**, la sabiduría. Esta sefirá representa el punto de contacto entre la mente divina y el pensamiento humano. Mediante esta energía comienza a formarse la manifestación física; la forma precede a la expresión real.

3. **Biná**, el entendimiento y la inteligencia de Dios. Biná es también la madre divina, la matriz donde todo se prepara para nacer. Esta sefirá equivale al ánima de Jojmá.

4. **Jésed**, el amor o clemencia de Dios; también grandeza. Esta sefirá está emparejada con la quinta, Gueburá.

5. **Gueburá** (también llamada Din), poder, juicio y castigo. Jésed y Gueburá se consideran los brazos derecho e izquierdo de Dios. Estas dos cualidades se equilibran mutuamente.

6. **Tiféret** (también llamada Rahamin), compasión, armonía y belleza. Esta sefirá se considera el tronco del árbol o, por utilizar un símbolo comparable, el corazón del árbol.

7. **Nétzaj** (o Nezá), la resistencia de Dios. Esta sefirá está emparejada con la octava, Hod, y juntas representan las piernas del cuerpo.

8. **Hod,** la majestad de Dios. Juntas, Nétzaj y Hod forman las piernas derecha e izquierda de Dios. Son también la fuente de la profecía.

9. **Yesod,** el falo, la fuerza procreadora de Dios, que funde la energía convirtiéndola en forma física. A esta sefirá se la llama también La Virtuosa, y se alude a ella en Proverbios 10,15 llamándola «Cimiento del mundo».

10. **Shejiná** (también llamada Keneset Yisra'el y Malkut), lo femenino, la comunidad mística de Israel. Todo Israel es sus extremidades (Zóhar, 3,23 1b).

Cuando Tiféret (compasión) y Shejiná (lo femenino) se fusionan, el alma humana despierta y comienza su viaje místico. En ese momento las sefirot dejan de ser meras abstracciones y se convierten también en el mapa del desarrollo espiritual, orientando a la persona individuo en su camino de ascenso.

Incluso con una mirada al azar vemos que los sentidos arquetípicos de los chakras, los sacramentos y las sefirot son idénticos. Si logra sentir y comprender el poder simbólico contenido en todas estas tradiciones, habrá comenzado a utilizar el poder de la visión simbólica. Comprenderá la teología como una ciencia de la curación del cuerpo, la mente y el espíritu.

Combinar la sabiduría del sistema de chakras con el poder sagrado inherente a los sacramentos cristianos y las características divinas expresadas por las diez sefirot nos da una visión profunda de las necesidades del espíritu y cuerpo. Aquello que sirve al espíritu enaltece al cuerpo. Aquello que mengua el espíritu mengua el cuerpo.

FIGURA 4: LAS DIEZ SEFIROT: EL ÁRBOL DE LA VIDA

 KÉTER — La energía de lo Divino que fluye hacia la manifestación física

La energía de la madre divina, símbolo del entendimiento y la inteligencia de Dios BINÁ

 JOJMÁ — La energía de la sabiduría y el punto de contacto entre la mente divina y el pensamiento humano

La energía del poder del juicio GUEBURÁ

 JÉSED — La energía del amor y la clemencia de Dios

 TIFÉRET — La energía de la compasión, la armonía y la belleza

La energía de la majestad de Dios HOD

 NÉTZAJ — La energía de la resistencia de Dios

 YESOD — La energía de la fuerza procreadora de Dios

La energía de la comunidad mística de Israel, que simboliza la comunidad mística de la humanidad SHEJINÁ

Cómo funcionan unidos los chakras, los sacramentos y las sefirot

Cada uno de los siete planos o niveles de poder de nuestro organismo contiene una única verdad sagrada. Esta verdad late sin cesar en nuestro interior, ordenándonos vivir conforme al uso correcto de su poder. Nacemos con un conocimiento innato de esas siete verdades que están presentes, entretejidas, en nuestro sistema energético. Profanar esas verdades, no respetarlas, debilita el espíritu y el cuerpo físico, mientras que honrarlas aumenta la fuerza del espíritu y del cuerpo físico.

La energía es poder; el cuerpo necesita energía y, por lo tanto, necesita poder. Los chakras, las sefirot y los sacramentos nos hablan del poder que ejercemos al actuar y relacionarnos mutuamente, y del hecho de controlar ese poder mediante procesos cada vez más intensos. En el primer nivel, por ejemplo, aprendemos a manejarnos con una identidad de grupo y con el poder que nos viene de la familia; en fases posteriores nos individualizamos y manejamos el poder como adultos. Poco a poco aprendemos a controlar la mente, los pensamientos y el espíritu. Cada decisión que tomamos, ya sea motivada por la fe o por el miedo, dirige nuestro espíritu. Si el espíritu de una persona está impulsado por el miedo, ese miedo regresa a su campo energético y a su cuerpo. Si, en cambio, su espíritu está dirigido por la fe, la gracia regresa a su campo energético y su organismo biológico se desarrolla bien y prospera.

Estas tres tradiciones sostienen que dejar suelto el espíritu en el mundo físico por miedo o negatividad es un acto desleal, que antepone la voluntad personal a la voluntad del cielo. Según la expresión espiritual oriental, todo acto crea karma. Los actos realizados según la conciencia crean karma bueno; los actos de temor o negatividad crean karma malo, en cuyo caso uno necesita «rescatar» su espíritu de ese miedo que motivó el acto negativo. En la tradición cristiana, el sacramento de la confesión es el acto de hacer volver el espíritu de los lugares negativos, con el fin de entrar «completos» en el cielo. En el lenguaje del judaísmo, un miedo que tenga tal poder sobre un ser humano es un «falso dios». Según las palabras de Rachel, mi maestra atapasca, uno hace volver a su espíritu del mal camino para poder caminar recto.

Somos materia y espíritu al mismo tiempo. Para comprendernos y estar sanos en cuerpo y espíritu, hemos de entender cómo se relacionan la materia y el espíritu, qué nos quita el espíritu, o fuerza vital, del cuerpo, y cómo podemos rescatarlo de los falsos dioses del miedo, la rabia y la tendencia a aferrarnos al pasado. La acción de aferrarse a algo por temor ordena a un circuito de nuestro espíritu que abandone el campo energético y, como dice la frase bíblica, «derrame la simiente de vida en la tierra», una tierra que nos cuesta la salud. Lo que agota el espíritu agota el cuerpo. Lo que alimenta el espíritu alimenta el cuerpo. La energía que da vida al cuerpo, la mente y el corazón no se origina en el ADN, sino que tiene sus raíces en la propia Divinidad. La verdad es así de sencilla y eterna.

Hay tres verdades comunes a estas tradiciones espirituales y a los principios de la intuición médica:

1. Orientar mal el poder del espíritu personal genera consecuencias para el cuerpo y la vida.
2. Todo ser humano se encuentra con una serie de dificultades que ponen a prueba su lealtad para con el cielo. Estas pruebas se presentan en forma de desintegración de su base de poder físico: la inevitable pérdida de riqueza, familia, salud o poder mundano. La pérdida activa una crisis de fe, que obligará a preguntarse: «¿En qué o en quién tengo fe?» O: «¿En qué manos he encomendado mi espíritu?» Aparte de esas pérdidas importantes, lo que desencadena la búsqueda de sentido más profundo y la «as-

censión» espiritual suele ser un trastorno físico que produce un cataclismo personal o profesional. Todos tendemos a mirar hacia arriba cuando sentimos que nos falta el suelo bajo los pies.

3. Para sanar de esa mala dirección de su espíritu, la persona ha de estar dispuesta a actuar para dejar atrás el pasado, limpiar su espíritu y volver al momento presente. «Cree como si fuese cierto ahora» es la instrucción del Libro de Daniel para hacer visualizaciones u orar en el momento presente.

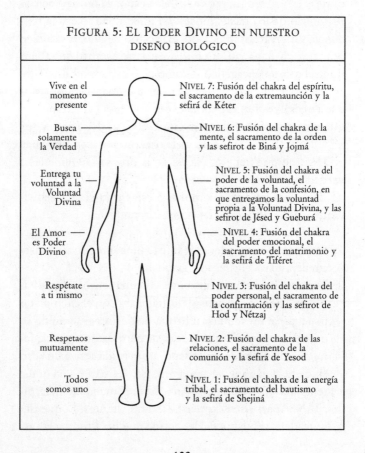

FIGURA 5: EL PODER DIVINO EN NUESTRO DISEÑO BIOLÓGICO

Vive en el momento presente

NIVEL 7: Fusión del chakra del espíritu, el sacramento de la extremaunción y la sefirá de Kéter

Busca solamente la Verdad

NIVEL 6: Fusión del chakra de la mente, el sacramento de la orden y las sefirot de Biná y Jojmá

Entrega tu voluntad a la Voluntad Divina

NIVEL 5: Fusión del chakra del poder de la voluntad, el sacramento de la confesión, en que entregamos la voluntad propia a la Voluntad Divina, y las sefirot de Jésed y Gueburá

El Amor es Poder Divino

NIVEL 4: Fusión del chakra del poder emocional, el sacramento del matrimonio y la sefirá de Tiféret

Respétate a ti mismo

NIVEL 3: Fusión del chakra del poder personal, el sacramento de la confirmación y las sefirot de Hod y Nétzaj

Respetaos mutuamente

NIVEL 2: Fusión del chakra de las relaciones, el sacramento de la comunión y la sefirá de Yesod

Todos somos uno

NIVEL 1: Fusión el chakra de la energía tribal, el sacramento del bautismo y la sefirá de Shejiná

En estas tres tradiciones espirituales, el mundo físico proporciona el aprendizaje a nuestro espíritu, y las «pruebas» que en él encontramos siguen una pauta bien ordenada.

En el sistema de chakras (véase fig. 5), cada centro de energía almacena determinado poder. Estos poderes ascienden desde el poder físico más denso hacia el poder más etérico o espiritual. Es extraordinario cómo las dificultades o los retos con que nos enfrentamos en la vida siguen también esta pauta. Los chakras uno, dos y tres están calibrados para los asuntos o problemas que nos exigen poder físico o exterior. Los chakras cuatro, cinco, seis y siete están calibrados para el poder no físico o interior. Si los emparejamos con los sacramentos y las sefirot, no sólo disponemos de un programa para el desarrollo de nuestra conciencia sino también de un lenguaje espiritual de curación, a modo de mapa simbólico vital de los inevitables desafíos que encontramos en el proceso de curación.

Las siete verdades sagradas

Poder externo

Nivel uno: La fusión del primer chakra (Muladhara), o chakra tribal, el sacramento del bautismo y la sefirá de Shejiná.

El poder generado por estas tres fuerzas arquetípicas transmite a nuestros sistemas energético y biológico la verdad sagrada *Todos somos uno*. Estamos conectados con toda la vida y entre nosotros. Todos y cada uno debemos aprender a honrar, o respetar, esta verdad. Conectándonos con la energía de cualquiera de estas tres fuerzas arquetípicas podemos conectar con esta verdad. El chakra tribal se hace eco de nuestra necesidad de honrar los lazos familiares y de tener un código de honor en nuestro interior. Comenzamos a conocer esta verdad *Todos somos uno* dentro de nuestra familia biológica, aprendiendo a respetar los «lazos de sangre». En la familia podríamos también aprender que «Todos formamos parte de una sola familia divina», que «todos somos uno» en nuestra iglesia o sinagoga. El lazo con la familia biológica simboliza la conexión con todos y con todo lo que vive. Thich Nhat Hanh expresa esto con la palabra «interser». Profanar o violar este lazo energético, considerando, por ejemplo, que aquellos que son diferentes a nosotros son inferiores, crea conflicto en el espíritu y por lo tanto en el cuerpo físico. Aceptar y actuar conforme a la verdad fundamental *Todos somos uno* es un reto espiritual universal.

En la celebración del sacramento cristiano del bautismo, una familia hace un doble compromiso. El primero es aceptar su responsabilidad física de la nueva vida que ha nacido en ella, y el segundo, aceptar la responsabilidad de enseñar a ese niño o niña los principios espirituales. El cumplimiento de esas responsabilidades crea un fuerte cimiento de fe y verdad en el cual la persona puede confiar toda su vida.

Para el adulto espiritual, el sacramento del bautismo en su sentido simbólico supone otros dos compromisos. El primero, la necesidad espiritual de aceptar totalmente que nuestra familia de origen ha sido «divinamente elegida» para que nos enseñe las lecciones que necesitamos aprender en esta vida. El segundo, el de aceptar la responsabilidad personal de vivir honradamente como miembro de la tribu humana, de hacer a los demás lo que querríamos que ellos nos hicieran a nosotros, y de respetar todo lo que vive en esta tierra. Al cumplir esos dos compromisos, lo que hacemos en esencia es bautizarnos y honrar nuestras propias vidas. Renegar de este compromiso, por ejemplo, considerando de modo negativo a nuestra familia de origen, resta muchísimo poder a nuestro sistema energético, porque esto se opone a la verdad superior que está dentro de nuestro sistema energético.

La sefirá de Shejiná, cuyo nombre significa «presencia divina», es la conciencia divina que crea y protege a la comunidad mística de Israel. Desde una perspectiva más simbólica y universal, la conciencia divina crea y protege a todas las tribus de la raza humana. Shejiná es también la puerta de acceso a lo Divino: «Aquel que entra debe pasar por esta puerta» (Zohar, 1,7b). Esta descripción es muy apropiada, ya que Shejiná se hace eco del primer chakra, tribal, del sistema energético humano. Para ascender en la verdad espiritual, sugiere, primero hemos de honrar a nuestra familia y a todas las comunidades humanas.

Nivel dos: La fusión del chakra de las relaciones (Svadisthana), el sacramento de la comunión y la sefirá de Yesod.

El poder generado por estas tres fuerzas arquetípicas transmite a nuestros sistemas la verdad sagrada *Respetaos mutuamente.* Del chakra de las relaciones recibimos el poder de actuar con integridad y honradez en todas nuestras relaciones, desde el matrimonio y la amistad a los vínculos profesionales o laborales. Esta energía es particularmente activa, ya que vibra en todas las actividades financieras y creativas. La integridad y el honor son necesarios para la salud. Cuando alguien viola de alguna manera su honor o compromiso, contamina su espíritu y su cuerpo físico.

En su sentido simbólico, el sacramento de la comunión infunde a nuestro sistema energético la verdad de que cada persona «con la que compartimos una unión» es una parte de nuestra vida. Cuando «partimos el pan» con alguien, reconocemos simbólicamente que todos formamos parte de una sola familia espiritual, la que sabemos que existe por designio divino, y que todos nos necesitamos mutuamente para enriquecer nuestras vidas. El hecho de que algunas de estas «uniones» resulten dolorosas es una necesidad. Todos los que forman parte de la vida de una persona tienen un papel esencial en su desarrollo. El desafío es madurar lo suficiente para reconocer esta verdad y vivir conforme a ella. Desde el punto de vista espiritual, es antinatural considerar enemigas a las demás personas o ser enemigo de sí mismo. Las relaciones negativas generan energía negativa, la cual obstruye la visión simbólica. No podemos ver la finalidad divina en una unión que decidimos interpretar negativamente.

La sefirá de Yesod representa el segundo chakra o energía comunitaria. Yesod es el falo, la necesidad procreadora de sembrar las simientes de vida, de crear materia de la energía, forma de la potencialidad. En esta sefirá, la creación es un acto compartido, un dualismo natural del que nace la vida. Yesod simboliza la necesidad energética de formar uniones sagradas con otros seres humanos, uniones de las cuales procede la continuación de la vida. Nos sentimos espiritualmente impulsados a conectar con lo sagrado que hay en otras personas, a fundir el alma con una pareja. La relación íntima es de por sí una forma de unión sagrada, y la sefirá de Yesod nos induce a sentirnos naturalmente atraídos por aquellas personas con quienes es posible una unión sagrada. Violamos nuestro espíritu cuando no honramos los votos o las promesas que hemos hecho a otras personas dentro de una unión sagrada, o cuando los quebrantamos de modo deshonroso. A veces la vida nos exige reconsiderar nuestros contratos, y se producen divorcios en el matrimonio y en otras uniones. El acto de divorciarse no es deshonroso en sí mismo; pero debemos ser conscientes respecto al modo en que nos comportamos al retractarnos de una promesa.

Nivel tres: La fusión del chakra del poder personal (Manipura), el sacramento de la confirmación y las sefirot de Hod y Nétzaj. El poder generado por estas cuatro fuerzas arquetípicas nos transmite la verdad sagrada *Respétate a ti mismo.* Las cuatro fuerzas arquetípicas de este nivel nos impulsan hacia el desarrollo de la estima y el respeto propios. El chakra contiene nuestro «instinto de supervivencia», la intuición que nos protege cuando estamos en peligro físico y nos avisa de la energía y los actos negativos de otras personas. Violamos esta energía cuando no hacemos caso de nuestros instintos viscerales.

El sentido simbólico del sacramento de la confirmación es aceptar la responsabilidad de la calidad de la propia persona. Parte del proceso de tomar conciencia de nosotros mismos es una experiencia de «iniciación» o una ceremonia de «mayoría de edad». El espíritu necesita una experiencia o ceremonia así, a modo de señal o marca del paso a la edad adulta; cuando falta este marcador, queda una impresión negativa o vacío, consciente o inconsciente, que se manifiesta en debilidades psíquicas. Algunas de estas manifestaciones son: la constante necesidad de recibir la aprobación de otras personas, que puede dar origen a identificaciones dañinas con pandillas, sectas u otro tipo de grupos desaconsejables; la incapacidad de valorarse, y la incapacidad de desarrollar un sentido de sí mismo como persona individual. La capacidad de obtener orientación intuitiva del propio espíritu está en un fuerte sentido del yo y de respeto por ese yo.

Igualmente importante es el papel de la estima propia, o autoestima, en la curación y en el mantenimiento de un cuerpo sano. Cuando no nos respetamos a nosotros mismos, nuestras relaciones con los demás son estados de intimidad temporal y frágil. Constantemente tememos el abandono porque nuestros actos están motivados por el terror de estar solos. La confirmación propia, es decir, el desarrollo y reconocimiento consciente de un código personal de honor, es importantísima para la creación de un cuerpo sano. No hay salud sin honor.

El sentido simbólico de la sefirá de Nétzaj es la resistencia, que es un poder para conservar la fuerza y la vitalidad que supera la capacidad del cuerpo físico solo. Este poder despierta cuando aceptamos nuestra vida tal como es, y lo perdemos cuando nos centramos en lo que nos falta o cuando pensamos que la vida es hueca, que carece de sentido. En este último caso necesitamos aprender a aceptar la responsabilidad personal de haberla creado. El sentido simbólico de la sefirá de Hod es majestad o integridad, energía que nos permite trascender las limitaciones del yo y activar nuestra conexión espiritual con la autoridad Divina. La energía de Hod se fortalece desarrollando una actitud de valoración y gratitud por todo lo que tenemos y por el don de la vida misma.

Juntas, Nétzaj y Hod son las piernas simbólicas del cuerpo humano. Junto con las energías masculina y femenina del tercer chakra, sugieren la necesidad de crear una unión espiritual de la dualidad interior, y el hecho de que sin autoestima y honor personal jamás podremos afirmarnos sobre nuestros pies, por así decirlo, sea en lenguaje literal o simbólico.

Poder interno

Nivel cuatro: La fusión del chakra del poder emocional (Anahata), el sacramento del matrimonio y la sefirá de Tiféret.

El poder generado por estas tres fuerzas arquetípicas nos transmite la verdad sagrada *El amor es poder divino.* Este centro de energía es el punto central de poder dentro del sistema energético humano, la puerta simbólica de acceso a nuestro mundo interno.

La energía de este chakra nos comunica el conocimiento de que el amor es el único poder auténtico. No sólo la mente y el espíritu necesitan amor para sobrevivir, crecer y prosperar; también lo necesita el cuerpo físico. Violamos esta energía cuando actuamos de modo no amoroso con los demás. Cuando albergamos emociones negativas hacia los demás o hacia nosotros mismos, o cuando producimos dolor a otras personas intencionadamente, envenenamos nuestro sistema físico y espiritual. El veneno más potente para el espíritu humano es la incapacidad de perdonarnos a nosotros mismos o de perdonar a otros. Esto inhabilita los recursos emocionales de la persona. El desafío propio de este chakra es perfeccionar nuestra capacidad de amar a los demás y a nosotros mismos, y desarrollar el poder del perdón.

En su sentido simbólico, el sacramento del matrimonio introduce en nuestra vida la necesidad y la responsabilidad de explorar el amor. Primero hemos de amarnos a nosotros mismos, y nuestro primer matrimonio debe ser simbólico: el compromiso de atender conscientemente a nuestras necesidades emocionales personales, para así poder amar y aceptar a los demás incondicionalmente. Aprender a amarnos es un desafío para todos. Nadie nace amándose a sí mismo; es algo que debemos trabajar. Cuando nos desatendemos emocionalmente, no sólo nos envenenamos nosotros, sino que también inyectamos ese veneno en todas nuestras relaciones, en particular la conyugal.

La sefirá de Tiféret, que simboliza el corazón y el sol que hay dentro del cuerpo humano, late y nos transmite las energías de la compasión, la armonía y la belleza, las cualidades tranquilas del amor. La energía que nos transmite Tiféret equilibra todas las cualidades divinas de las diez sefirot. Somos seres compasivos por naturaleza, y prosperamos en un ambiente de tranquilidad y armonía. Estas energías son esenciales para la salud física, así como para el desarrollo emocional y los «actos de corazón». Cuando el corazón no rebosa de las energías vitales del amor y la armonía, ni el dinero ni el poder, por mucho que sea, le permiten estar en paz. Un corazón vacío genera una vida vacía, y la consecuencia de ello suele ser una enfermedad, la expresión concreta de la falta de armonía que, en el mejor de los casos, atraerá la atención de la mente. Es necesario rectificar las violaciones al corazón; si no, será imposible la curación.

Nivel cinco: La fusión del chakra del poder de la voluntad (Vishuddha), el sacramento de la confesión y las sefirot de Jésed y Gueburá.

El poder generado por estas cuatro fuerzas arquetípicas nos transmite la verdad sagrada *Entrega tu voluntad a la voluntad divina*. Esta entrega es el acto más importante que podemos realizar para dar estabilidad espiritual a nuestra vida. Todos y cada uno de nosotros tenemos cierta conciencia de que hemos nacido para una finalidad concreta, que la vida contiene un plan divino. El quinto chakra es el centro de esa conciencia y de nuestro deseo de contactar con el plan divino.

A medida que maduramos, todos tratamos de adaptar nuestra vida a nuestros deseos o nuestra voluntad. Primero nos separamos de nuestros padres, nos independizamos y buscamos una profesión. Después, inevitablemente ocurre algún acontecimiento o crisis. Tal vez un trabajo no se desenvuelve de acuerdo con el plan, o un matrimonio no funciona, o se contrae una enfermedad. Al margen de cuál sea la crisis concreta, nos encontramos en una situación que nos obliga a afrontar las limitaciones de aquellos recursos interiores que nos impiden llevar a cabo con éxito nuestros planes. Una vez que estamos en esa situación inevitable, nos hacemos algunas preguntas: «¿Qué se supone que he de hacer con mi vida? ¿Para qué nací?» Estas preguntas disponen el escenario para ajustar nuestra voluntad al plan divino; ésta es la elección más profunda que podemos hacer.

Esa sola elección, hecha con fe y confianza, permite que la autoridad divina entre en nuestra vida y convierta nuestros esfuerzos en éxitos y nuestras heridas en fuerzas. Si bien conscientemente podemos o no desear rendir nuestra voluntad personal a la autoridad divina, seguro que encontraremos numerosas oportunidades para hacerlo. Un incentivo para hacer esa elección lo encontramos en la vida y las penurias de algunas personas que no experimentaron otra cosa que sufrimientos y fracasos hasta el momento en que le dijeron a Dios: «Toma tú el mando.» Entonces su vida se llenó de extraordinarios actos de sincronía y sus corazones de nuevas relaciones. Aún no he conocido a ninguna persona que haya lamentado decirle a lo Divino: «Soy toda tuya.»

En su sentido simbólico, el sacramento de la confesión nos comunica el conocimiento de que distorsionar la verdad va en contra de nuestro diseño natural. Mentir es una violación del cuerpo y del espíritu, porque el sistema energético humano identifica la mentira como un veneno. El espíritu y el cuerpo necesitan sinceridad e integridad para prosperar. Ése es el motivo de que por naturaleza necesitemos librarnos de todas las distorsiones que hemos creado. La confesión simboliza la depuración de todo lo que no es honrado en nuestro interior. Sana el daño que creamos por el mal uso de nuestra fuerza de voluntad. Limpiar el espíritu es el paso esencial del proceso de curación. En los programas psicoespirituales, como el de los doce pasos, la confesión y la entrega de la voluntad personal a «un poder superior a uno mismo» son las bases mismas del éxito. La psicoterapia también es una forma contemporánea y secular de confesión. La confesión recupera, rescata al espíritu del dominio del mundo físico y lo reorienta hacia el mundo divino.

De la sefirá de Jésed, que significa «grandeza» y «amor», recibimos el instinto natural y la directriz espiritual de hablar de forma que no hagamos daño a otras personas. La comunicación que emplea esta clase de energía no precisa esfuerzos; la violamos y nos envenenamos cuando no decimos la verdad. En realidad, no debemos confesar nuestras faltas o incorrecciones a otras personas si hacerlo va a hacerles aún más daño. El sentido de confesarlas es poder reorientar nuestra energía hacia actos y comportamientos positivos. No estamos hechos para criticar a los demás ni a nosotros mismos; sólo pensamos mal de otras personas por miedo. Decir palabras hirientes a alguien contamina a la persona a quien van dirigidas y a la que las dice, y el cuerpo físico de esta última la hará responsable de esa forma de destrucción (en el budismo éste es el precepto de Bien hablar). Nuestro conocimiento innato de la responsabilidad genera la culpabilidad que solemos sentir por nuestros actos negativos, y por eso nos sentimos impulsados a confesarlos, para sanar.

La sefirá de Gueburá, que significa «juicio y poder», transmite a nuestro sistema energético el conocimiento de que jamás debemos juzgar intencionadamente a otra persona ni a nosotros mismos de modo negativo. Los juicios negativos generan consecuencias negativas, tanto en el cuerpo como en el ambiente externo.

Nivel seis: La fusión del chakra de la mente (Ajna), el sacramento del orden y las sefirot de Biná y Jojmá.

El poder generado por estas cuatro fuerzas arquetípicas transmite al sistema energético la verdad sagrada *Busca solamente la verdad.* Del chakra de la mente recibimos la energía para buscar las respuestas a los misterios que se nos presentan. Es un designio divino el que nos impulsa a preguntar: «¿Por qué?», y a desear saber hoy más que lo que sabíamos ayer. La energía que irradia este chakra nos orienta constantemente a evaluar la verdad e integridad de nuestras creencias. Como sabemos instintivamente desde que nacemos, tener fe en algo o en alguien que carece de integridad contamina el espíritu y el cuerpo.

Antes o después, todos nos encontramos en circunstancias que nos inducen a cambiar nuestras creencias y a acercarnos más a la verdad. Maduramos en nuestras creencias paso a paso, experiencia a experiencia. La energía del sexto chakra es implacable: nos empuja a abandonar las percepciones que no son ciertas. Cuando actuamos en contra de esta energía, impidiendo conscientemente que entren verdades más profundas en nuestro campo mental, se nubla u oscurece nuestro sistema perceptivo.

El sacramento del orden sagrado, en su sentido literal, es el acto por el cual una persona se hace sacerdote y asume oficialmente la tarea de canalizar lo sagrado. Todos deseamos contribuir a que las vidas de otras persona sean valiosas y tengan sentido; es una manera de sentir que lo que hacemos es sagrado. (En el budismo, a esto se le llama Bien vivir.) Sea cual fuere la tarea que uno tiene en la vida —sanador, progenitor, científico, agricultor, buen amigo—, todos podemos ser transmisores de la energía divina. Logramos simbólicamente la ordenación sacerdotal cuando las personas con quienes vivimos o trabajamos reconocen que nuestras contribuciones son beneficiosas para su crecimiento personal o espiritual. El esfuerzo por apoyar y no juzgar a las personas con quienes vivimos o trabajamos crea en nuestro interior un canal para la energía divina. A las personas que irradian apoyo y amor se las reconoce justamente como poseedoras de una energía ordenada. Son arterias de la intervención divina. Cada uno de nosotros tiene la capacidad para convertirse en un canal divino, para ser útil a los demás reflejando la energía sagrada, que es la definición contemporánea del sacerdocio.

Para ayudarnos a ser ese tipo de canal de la energía y la acción divinas, la sefirá de Jojmá transmite a nuestro sistema energético el impulso para invocar la presencia de la sabiduría divina en nuestra capacidad de razonamiento, sobre todo en los momentos en que parece que la lógica humana no nos conduce a ninguna parte. Jojmá nos ayuda a equilibrar el razonamiento y el juicio, a mantenernos adheridos a la verdad y a tomar decisiones que creen las mejores consecuencias, para nosotros y para aquellos con quienes nos relacionamos.

Respaldando la energía de Jojmá está la sefirá de Biná, que infunde en la energía del razonamiento humano, con frecuencia endurecida, el poder más suave del entendimiento divino, más ligado a las emociones. La combinación de Jojmá y Biná nos servirá de sistema interior de orientación, estimulándonos a trascender las limitaciones del pensamiento humano y llegar, como la figura bíblica de Salomón, a la claridad mental que nos permite fundir el razonamiento divino con nuestros procesos de pensamiento.

Cuanto más logramos desprendernos de la tendencia aprendida a juzgar, más abrimos la mente a una clase de entendimiento que es de origen divino. El razonamiento humano no puede darnos respuesta a los misterios de la vida; no puede explicarnos por qué las cosas ocurren como ocurren. Sólo es posible lograr una auténtica paz respecto a la vida desprendiéndonos de la necesidad de saber el porqué de las cosas desde el punto de vista del razonamiento humano y adhiriéndonos al razonamiento divino: «Hazme saber lo que soy capaz de saber, y confiar en que detrás de todos los acontecimientos, por dolorosos que sean, existe una razón, de la cual puede salir lo bueno.»

Nivel siete: La fusión del chakra del espíritu (Sahasrara), el sacramento de la extremaunción y la sefirá de Kéter.

El poder generado por estas tres fuerzas arquetípicas transmite a nuestro sistema energético la verdad sagrada *Vive en el momento presente*. Dado que en esencia somos seres espirituales, las necesidades espirituales son tan importantes para nuestro bienestar como las necesidades físicas, e incluso tal vez más.

El chakra del espíritu nos dice que nuestro espíritu es eterno. Somos algo más que nuestro cuerpo físico, y esa verdad puede consolarnos durante los numerosos fines de etapa que forman parte de la experiencia humana. La aparente relación del cuerpo con el tiempo cronológico es sólo una ilusión, una ilusión que nuestro espíritu tiene la tarea de revelarnos. Permitir que nuestro pensamiento viva demasiado tiempo en el pasado es antinatural para nuestro diseño divino; ese desequilibrio origina deformaciones del tiempo que obstaculizan nuestra capacidad para vivir en el presente y recibir una orientación espiritual cada día. No le encontraremos ningún sentido a esa orientación si sólo nos concentramos en desentrañar los misterios del ayer. Si vivimos totalmente en el momento presente, esos misterios del ayer se desentrañarán poco a poco.

El espíritu de la persona se siente instintivamente atraído hacia esta verdad sagrada. De ella recibe la inspiración que la eleva al éxtasis. Prosperamos, y sanamos, en momentos de éxtasis, cuando el espíritu se hace más fuerte que el cuerpo y el cuerpo puede responder a los mandatos del espíritu.

La necesidad de vivir en el momento presente es apoyada por el sacramento de la extremaunción. En su sentido literal, este sacramento fue creado para ayudar a las personas a liberar su espíritu antes de la muerte. En su sentido simbólico, este sacramento reconoce la necesidad de recuperar, de rescatar nuestro espíritu, para concluir los asuntos que quedaron inconclusos en diversos momentos de la vida. La energía de este sacramento nos proporciona la capacidad de soltar nuestras experiencias pasadas para no «llevar lo muerto a cuestas». El poder y el simbolismo de este sacramento, por lo tanto, no se limitan al final de la vida. Necesitamos, biológica y espiritualmente, poner un cierre a todas las cosas, y podemos recurrir a esta energía sacramental para que nos ayude a hacerlo. Después de cualquier experiencia dolorosa y traumática, siempre recibimos una orientación interior que nos ayuda a desprendernos del pasado y continuar viviendo. Cuando elegimos mantener el pasado más vivo que el presente, obstruimos la circulación de la fuerza vital. Distorsionamos el «presente», porque comenzamos a ver todo lo que ocurre «hoy» a través del pasado, debilitando así el cuerpo y el espíritu. Enfermamos por «llevar lo muerto a cuestas» durante demasiado tiempo.

De la sefirá de Kéter, que simboliza nuestra conexión con el mundo de lo infinito, recibimos el conocimiento de que no existe la muerte; sólo existe la vida. A todo el que se haya marchado antes que nosotros nos lo encontraremos nuevamente; ésa es una promesa divina. Estamos destinados a descansar en el poder y el consuelo de esa verdad sagrada.

Nacemos conociendo estas siete verdades sagradas. Lo cierto es que cada uno de nosotros es en esencia «una edición biológica» de ellas. Después se nos enseñan variaciones de estas verdades por medio de las prácticas religiosas de nuestras tribus; y aun en el caso de que no nos las enseñen conscientemente, estas verdades se activan automáticamente en nosotros, en nuestras entrañas, en nuestra mente, en nuestro sentido del orden natural de la vida. Cuando maduramos, llegamos a comprender su contenido con mayor claridad y profundidad, y cada vez somos más capaces de responder a sus mensajes, de interpretar simbólicamente su información y de ver sus mensajes arquetípicos.

Las verdades contenidas en las escrituras de las diferentes tradiciones religiosas tienen por finalidad unirnos, no separarnos. La interpretación literal de estas enseñanzas crea motivos de separación, mientras que la interpretación simbólica, es decir, ver que todas ellas hablan del mismo diseño de nuestra naturaleza espiritual, nos une. Cuando alejamos la atención del mundo externo y la dirigimos al mundo interno, aprendemos a desarrollar una visión simbólica. Por dentro todos somos iguales, y los desafíos espirituales con que nos encontramos son los mismos. Nuestras diferencias externas son ilusorias y temporales, meras propiedades físicas. Cuanto más buscamos lo que es igual en todos nosotros, más autoridad adquiere nuestra visión simbólica para dirigirnos.

La fusión de las tradiciones hindú, cristiana y judía en un solo sistema con verdades comunes constituye un potente sistema de orientación que puede expansionar la mente y el cuerpo y enseñarnos el modo de gobernar nuestro espíritu en el mundo.

En la segunda parte se explican con detalle los siete chakras desde el punto de vista de su poder inherente, haciendo especial hincapié en los miedos que nos hacen perder ese poder. Mientras lee, estúdiese a sí mismo, con la intención de identificar «en qué manos ha encomendado su espíritu».

LAS SIETE VERDADES SAGRADAS

Mi comprensión del sistema de los chakras se ha desarrollado en mi trabajo como intuitiva médica.* Hablar de mi trabajo con las personas que lean este libro es como llevarlas al interior de mi mente y laboratorio. En cuanto a usted, coja de aquí solamente lo que a su corazón y a su espíritu les parezca correcto y deje lo demás.

En la segunda parte hablo de cada chakra por separado con el fin de que usted se familiarice con sus características, significado y contenido específicos. Sin embargo, cuando analizo una enfermedad desde el punto de vista de la medicina energética, también evalúo al paciente completo, incluyendo sus síntomas físicos y hábitos mentales, sus relaciones y alimentación, su práctica espiritual y su profesión o trabajo. Tenga presente esta misma regla cuando estudie el sistema energético humano. Independientemente de la zona del cuerpo donde esté localizada una enfermedad, una eva-

* Hay varias interpretaciones del sistema de los chakras, y yo comparto las perspectivas de algunas. Una de las más aceptadas internacionalmente es la de Joseph Campbell en *The Mythic Image,* Princeton University Press, Princeton, Nueva Jersey, 1974. El doctor W. Brugh Joy, filósofo transpersonal, también trata de los chakras en *A Map for the Transformational Journey,* Tarcher/Putnam, Nueva York, 1979. Barbara Ann Brennan los utiliza en su práctica de curación energética y trata de ellos en *Hands of Light: A Guide to Healing Through the Human Energy Field,* Bantam, 1987; y Harish Johari ofrece una interpretación profundamente espiritual en *Chakras: Energy Centers of Transformation,* Destiny Books, 1987.

luación completa de la energía ha de incluir los siete chakras, como también todos los aspectos de la vida del paciente.

A medida que lea la información sobre los chakras, irá viendo que los problemas que involucran a los chakras primero, segundo y tercero son aquellos en los que la mayoría de las personas gastan su energía. No es una coincidencia que la mayoría de las enfermedades sean consecuencia de una fuga de energía a través de esos tres chakras. Incluso cuando una enfermedad se desarrolla en la parte superior del cuerpo, como en los casos de afecciones cardíacas o cáncer de mama, normalmente su origen energético se encuentra en el estrés causado por problemas de los tres chakras inferiores, por ejemplo problemas en el matrimonio o la pareja, la familia o

Anatomía de la energía

CHAKRA	ÓRGANOS
1	Soporte físico del cuerpo Base de la columna Piernas, huesos Pies Recto Sistema inmunitario
2	Órganos sexuales Intestino grueso Vértebras inferiores Pelvis Apéndice Vejiga Zona de las caderas

el trabajo. Emociones como la furia y la rabia nos golpean físicamente bajo la cintura, mientras que una tristeza no expresada guarda relación con enfermedades situadas por encima de la cintura. Por ejemplo, la principal emoción que se oculta tras los quistes o bultos en los pechos, o el cáncer de mama, es la pena, la aflicción y los asuntos emocionales inconclusos relacionados por lo general con el dar y recibir nutrición y cariño. Sin embargo, esta nutrición y cariño también tienen que ver con la salud de las relaciones, y éstas son principalmente asunto de los chakras primero y segundo. Así pues, han de evaluarse varios chakras, si no todos, para comprender por qué enferma una persona. Si bien las energías que circulan por nuestro organismo son muchas y com-

MANIFESTACIONES MENTALES Y/O EMOCIONALES	DISFUNCIONES FÍSICAS	
Seguridad física en la familia o grupo	Dolor crónico de la parte baja de la espalda	**1**
Capacidad de proveer a las necesidades de la vida	Ciática	
Capacidad de hacerse valer y defenderse	Varices	
Sentirse a gusto en casa	Tumor o cáncer rectal	
Ley y orden social y familiar	Depresión	
	Trastornos relacionados con la inmunidad	
Acusación y culpabilidad	Dolor crónico de la parte baja de la espalda	**2**
Dinero y sexualidad	Ciática	
Poder y dominio	Trastornos tocológicos o ginecológicos	
Creatividad	Dolor pélvico o en la parte baja de la espalda	
Ética y honor en las relaciones	Potencia sexual	
	Problemas urinarios	

Anatomía de la energía (cont.)

CHAKRA	ÓRGANOS
3	Abdomen Estómago Intestino delgado Hígado, vesícula biliar Riñones, páncreas Glándulas suprarrenales Bazo Parte central de la columna
4	Corazón y sistema circulatorio Pulmones Hombros y brazos Costillas/pechos Diafragma Timo .
5	Garganta Tiroides Tráquea Vértebras cervicales Boca Dientes y encías Esófago Paratiroides Hipotálamo

MANIFESTACIONES MENTALES Y/O EMOCIONALES	DISFUNCIONES FÍSICAS	
Confianza	Artritis	**3**
Miedo e intimidación	Úlceras gástricas o duodenales	
Estima y respeto propios, confianza y seguridad en sí mismo	Afecciones de colon e intestinos	
	Pancreatitis/diabetes	
	Indigestión crónica o aguda	
Cuidado de sí mismo y de los demás	Anorexia o bulimia	
	Disfunción hepática	
Responsabilidad para tomar decisiones	Hepatitis	
	Disfunción suprarrenal	
Sensibilidad a la crítica		
Honor personal		
Amor y odio	Fallo cardíaco congestivo	**4**
Resentimiento y amargura	Infarto de miocardio (ataque al corazón)	
Aflicción y rabia		
Egocentrismo	Prolapso de la válvula mitral	
Soledad y compromiso	Cardiomegalia	
Perdón y compasión	Asma/alergia	
Esperanza y confianza	Cáncer de pulmón	
	Neumonía bronquial	
	Parte superior de la espalda, hombros	
	Cáncer de mama	
Elección y fuerza de voluntad	Ronquera	**5**
Expresión personal	Irritación crónica de garganta	
Seguir los propios sueños	Úlceras bucales	
Uso del poder personal para crear	Afecciones en las encías	
Adicción	Afecciones temporomaxilares	
Juicio y crítica	Escoliosis	
Fe y conocimiento	Laringitis	
Capacidad para tomar decisiones	Inflamación de ganglios	
	Trastornos tiroideos	

CHAKRA	ÓRGANOS
6	Cerebro Sistema nervioso Ojos, oídos Nariz Glándula pineal Glándula pituitaria
7	Sistema muscular Sistema esquelético Piel

plejas, el primer chakra es con mucho el más complejo, puesto que es el centro energético inicial o raíz del cuerpo.

Tenga en cuenta que los trastornos y enfermedades enumerados anteriormente han de entenderse del modo si-

TRASTORNOS MENTALES Y/O EMOCIONALES	DISFUNCIONES FÍSICAS	
Autoevaluación	Tumor cerebral/derrame/	**6**
Verdad	embolia	
Capacidades intelectuales	Trastornos neurológicos	
Sensación de capacidad	Ceguera/sordera	
Receptividad a las ideas de otras personas	Trastornos en toda la columna Problemas de aprendizaje	
Capacidad para aprender de las experiencias	Ataques epilépticos	
Inteligencia emocional		
Capacidad de confiar en la vida	Trastornos energéticos	**7**
Valores, ética y valentía	Depresión mística	
Humanitarismo	Agotamiento crónico	
Generosidad	no relacionado con	
Visión global de las situaciones	Sensibilidad extrema a la luz,	
Fe e inspiración	al sonido y a cualquier otro	
Espiritualidad y devoción	factor ambiental	

guiente: los extremos negativos de cualquier problema emocional de la lista pueden tener una gran influencia en el desarrollo de cualquiera de las disfunciones anotadas en la descripción del chakra correspondiente.

1

Primer chakra: El poder tribal

El contenido energético del primer chakra es el *poder tribal*. La palabra «tribu» no sólo es sinónimo de familia, sino que es también un arquetipo, y como tal tiene connotaciones que trascienden su definición más tradicional.

En su sentido arquetípico, la palabra connota identidad de grupo, fuerza grupal, fuerza de voluntad grupal y creencias de grupo. Todos esos significados constituyen el contenido energético de nuestro primer chakra.

El primer chakra nos conecta y afirma; es nuestra conexión con las creencias familiares tradicionales, que favorecen la formación de la identidad y la sensación de pertenecer a un grupo de personas de un lugar geográfico determinado.

Para conectar con la energía del primer chakra, centre la atención durante un momento en algo tribal que le active una reacción emocional, por ejemplo:

- escuchar el himno nacional,
- presenciar un espectáculo militar,
- ver a un atleta cuando recibe una medalla de oro en los Juegos Olímpicos,
- asistir a la boda de una persona querida,
- enterarse de que a un niño o una niña le han puesto su nombre.

Mientras centra la atención en la experiencia que elija, tenga presente que la zona del cuerpo donde se genera la reacción es su chakra tribal.

Ubicación: La base de la columna (en el cóccix).

Conexión energética con el cuerpo físico: La columna, el recto, las piernas, los huesos, los pies y el sistema inmunitario.

Conexión energética con el cuerpo emocional/mental: El primer chakra es el cimiento de la salud emocional y mental. La estabilidad emocional y psíquica se origina en la unidad familiar y el primer entorno social. Diversas enfermedades mentales se generan a causa de disfunciones familiares, entre ellas las personalidades múltiples, el trastorno obsesivo-compulsivo, la depresión y los comportamientos destructivos como el alcoholismo.

Conexión simbólica/perceptiva: La energía del primer chakra se manifiesta en nuestra necesidad de lógica, orden y estructura. Esta energía nos orienta en el tiempo y el espacio y orienta nuestros cinco sentidos. Cuando somos niños percibimos y conocemos el mundo físico a través de los cinco sentidos. La energía del primer chakra tiene dificultades para interpretar simbólicamente la vida, de modo que nuestros cinco sentidos nos dan percepciones literales y nos hacen apreciar las cosas por su valor aparente o facial. Hasta que no somos mayores no somos capaces de buscarle un sentido simbólico a los acontecimientos y las relaciones.

Conexión sefirot/sacramento: La sefirá de Shejiná, que literalmente significa la comunidad mística de Israel, simboliza la comunidad espiritual de toda la humanidad y el espíritu femenino de la tierra llamado Gaia. El sentido simbólico del sacramento del bautismo es honrar a la propia familia biológica como sagrada y divinamente elegida para ser la tribu apropiada a partir de la cual comenzar el viaje de la vida.

Miedos principales: Miedo de no sobrevivir físicamente, de ser abandonado por el grupo y a la pérdida del orden físico.

Fuerzas principales: La identidad tribal/familiar, el vínculo que nos une a la tribu y su código de honor; el apoyo y la lealtad que dan la sensación de seguridad y conexión con el mundo físico.

Verdad sagrada: La verdad sagrada inherente al primer chakra es que *Todos somos uno.* Aprendemos esta verdad y exploramos su poder creador mediante las experiencias conectadas con la dinámica tribal o de grupo. Esta verdad conlleva el mensaje de que estamos conectados con todo lo que vive y que cada opción que hacemos y cada creencia que tenemos influye en la totalidad de la vida. El sentido simbólico de la sefirá de Shejiná es que todos formamos parte de una comunidad espiritual. Como parte del desarrollo espiritual y la salud biológica, esta verdad sagrada tiene su expresión física en el honor, la lealtad, la justicia, los lazos familiares y de grupo, la conexión y la afirmación, la necesidad de cimiento espiritual y la capacidad de utilizar el poder físico para sobrevivir.

Comenzamos a descubrir que *Todos somos uno* cuando empezamos la vida en el seno de una tribu o familia. Pertenecer a una tribu es una necesidad primordial, ya que dependemos totalmente de nuestra tribu para cubrir las necesidades básicas de supervivencia: alimento, techo y ropa. Como seres tribales, estamos diseñados energéticamente para vivir juntos, crear juntos, aprender juntos, estar juntos y necesitarnos mutuamente. Cada uno de nuestros ambientes tribales, desde la tribu biológica o las tribus que formamos con compañeros de trabajo, hasta nuestros lazos tribales con amigos, nos ofrecen los marcos físicos dentro de los cuales podemos explorar el poder creativo de esta verdad.

Cultura tribal

Nadie comienza su vida teniendo conciencia de ser un «individuo» y de poseer poder o fuerza de voluntad. Esa identidad viene mucho después y se desarrolla en fases que van de la infancia a toda la edad adulta. Comenzamos a vivir como partes de una tribu y nos conectamos con nuestra conciencia tribal y voluntad colectiva asimilando sus fuerzas, debilidades, creencias, supersticiones y temores.

Mediante las interacciones con la familia y otros grupos aprendemos el poder de compartir una creencia con otras personas. También nos enteramos de lo doloroso que es ser excluido de un grupo y de su energía. En el grupo aprendemos el poder de compartir un código moral y ético que se transmite como legado de generación en generación. Este código de conducta guía a los niños de la tribu durante sus años de desarrollo, proporcionándoles un sentido de dignidad y pertenencia.

Si las experiencias tribales nos interconectan energéticamente, también lo hacen las actitudes tribales, sean éstas percepciones complejas como «Todos somos hermanos y hermanas» o supersticiones como «El número 13 trae mala suerte».

El poder tribal, y todos los asuntos relacionados con él, está conectado energéticamente a la salud del sistema inmunitario, así como a las piernas, los huesos, los pies y el recto. En sentido simbólico, el sistema inmunitario hace por nuestro cuerpo exactamente lo que hace el poder tribal por el grupo: lo protege de influencias externas potencialmente dañinas. Las debilidades en los asuntos tribales personales activan energéticamente trastornos relacionados con el sistema inmunitario, los dolores crónicos y otros problemas del esqueleto.

Los retos tribales difíciles nos causan pérdidas de poder, principalmente en el primer chakra, y si entrañan un estrés extremo nos hacen propensos a enfermedades relacionadas con el sistema inmunitario, desde el resfriado común al lupus.

El chakra tribal representa nuestra conexión con experiencias de grupo tanto positivas como negativas. Las epidemias son una experiencia de grupo negativa, a la cual nos hacemos energéticamente propensos si los temores y actitudes personales de nuestro primer chakra son similares a los del «primer chakra» global de la cultura. Las epidemias virales y de otro tipo son un reflejo tanto de los problemas sociales actuales de la tribu cultural como de la salud del «sistema inmunitario» de la tribu social. Es importante señalar este punto porque, a través de las actitudes de nuestro primer chakra, todos estamos conectados con nuestra cultura y sus actitudes.

Un ejemplo elocuente de la capacidad energética de la tribu social para manifestar una enfermedad es la epidemia de polio de los años treinta y cuarenta. En octubre de 1929 se desplomó la economía estadounidense y comenzó la Gran Depresión, que afectó a toda la nación. Para explicar cómo se sentía la gente, periodistas y políticos, empresarios y trabajadores, hombres y mujeres, todos se describían a sí mismos como si el desastre económico los hubiera dejado «lisiados».

A comienzos de los años treinta surgió una epidemia de polio, que representaba simbólicamente el espíritu lisiado de la nación como comunidad. Las personas que se sentían más lisiadas económicamente, ya fuera por la experiencia real o por el miedo de tenerla, fueron las más vulnerables al virus de la poliomielitis. Dado que los niños absorben la energía de su tribu, los niños estadounidense fueron tan vulnerables a la enfermedad viral como al malestar económico. *Todos somos uno*: cuando toda una tribu se contagia del miedo, esa energía se propaga a sus hijos.

Esta sensación de estar lisiados se tejió tan rápidamente en la psique tribal que los votantes incluso eligieron a un presidente lisiado por la poliomielitis, Franklin D. Roosevelt, símbolo viviente a la vez de debilidad física y de indómita resistencia. Fue necesario un acontecimiento tribal físico y una experiencia de fuerza física, la Segunda Guerra Mundial, para sanar el espíritu tribal estadounidense. La sensación de heroísmo y unidad tribal, respaldada por el repentino aumento de puestos de trabajo, restableció el orgullo y el honor de cada miembro de la tribu.

Al final de la guerra, la nación estadounidense ya había vuelto a asumir el liderazgo mundial. De hecho, Estados Unidos se convirtió en el líder del mundo libre porque produjo armas nucleares, posición que inyectó un enorme orgullo y poder en el chakra tribal de la cultura. También aquí, esta recuperación se reflejó en el lenguaje de los portavoces de la nación, que para describir su recién sanada cultura utilizaron la expresión «de nuevo en pie» (económicamente). Ese cambio de conciencia, que reflejaba un espíritu tribal sanado, permitió derrotar el virus de la polio. El espíritu y la actitud de la tribu fue en última instancia más fuerte que el virus. No es una coincidencia que Jonas Salk descubriera la vacuna para la poliomielitis a comienzos de los años cincuenta.

Un ejemplo más contemporáneo de esta misma dinámica es el virus del sida. En Estados Unidos este virus predomina más entre los consumidores de drogas, las prostitutas y la población gay. En otros países, como Rusia y algunos africanos, el virus medra entre las personas cuya calidad de vida escasamente les permite sobrevivir. En algunas regiones de Latinoamérica el virus medra entre mujeres de clase media cuyos maridos, aunque no son homosexuales, mantienen relaciones con otros hombres a modo de ejercicio «machista». Al margen de cómo contraen el virus, todas estas personas comparten la sensación común de ser víctimas de su cultura tribal.

Si bien todo el mundo ha sido víctima de algo o alguien, esta conciencia de víctima refleja un sentimiento de impotencia dentro de la cultura tribal, ya sea debido a una preferencia sexual, o a la falta de dinero o de posición social. Esas mujeres seropositivas latinoamericanas creen que carecen de los medios para protegerse, incluso las que están casadas con hombres ricos no pueden enfrentarse a sus maridos por su comportamiento porque su cultura aún no valora la voz femenina. Contemplado simbólicamente, el virus del sida apareció en la cultura estadounidense precisamente cuando se generalizó la tendencia a la victimización. La energía cultural de nuestro país se está agotando debido a la necesidad que tienen algunos de sentirse poderosos a expensas de otras personas, consideradas menos valiosas, lo que produce trastornos en la inmunidad biológica.

Mantener la salud de nuestro primer chakra individual exige tratar nuestros problemas tribales personales. Si nos sentimos víctimas de la sociedad, por ejemplo, deberíamos tratar esa percepción negativa para que no cause fugas de energía. Podemos, por ejemplo, buscar ayuda terapéutica, especializarnos en un trabajo, buscar una visión más simbólica de nuestra situación o participar activamente en la política para cambiar las actitudes de la sociedad. Alimentar la amargura hacia la tribu cultural embrolla nuestra energía en un constante conflicto interior que impide el acceso al poder sanador de la verdad sagrada *Todos somos uno*.

Nuestras respectivas tribus nos introducen en la vida «del mundo». Nos enseñan que el mundo es seguro o peligroso, abundante o plagado de pobreza, educado o ignorante, un lugar del cual coger o al cual dar. Y nos transmiten sus percepciones sobre la naturaleza de la realidad; por ejemplo, que esta vida es sólo una de muchas o que esta vida es lo único que existe. De nuestras tribus heredamos sus actitudes hacia otras religiones, etnias y grupos raciales. Nuestras tribus «activan» nuestros procesos de pensamiento.

Todos hemos oído generalizaciones del estilo «Todos los alemanes son muy organizados», «Todos los irlandeses son unos narradores estupendos», etc. A todos se nos han dado explicaciones sobre Dios y el mundo invisible, y sobre la relación de éste con nosotros, como por ejemplo en las frases: «No le desees el mal a nadie porque se volverá en tu contra»,

«Nunca te rías de nadie porque Dios puede castigarte» y otras similares. También asimilamos numerosas ideas relativas a los sexos, como: «Los hombres son más inteligentes que las mujeres», «A todos los niños les gustan los juegos deportivos y a todas las niñas les gusta jugar con muñecas», etc.

Las creencias tribales que heredamos son una combinación de verdad y ficción. Muchas de ellas tienen un valor eterno, como «Está prohibido matar». Otras, que carecen de esa cualidad de verdad eterna y son de miras más estrechas, tienen por finalidad mantener a las tribus separadas entre ellas, violando la verdad sagrada *Todos somos uno*. El proceso de desarrollo espiritual nos presenta el desafío de retener las influencias tribales positivas y descartar las que no lo son.

Nuestro poder espiritual aumenta cuando somos capaces de ver más allá de las contradicciones contenidas en las enseñanzas tribales y aspirar a un grado de verdad más profundo. Cada vez que damos un giro hacia la conciencia simbólica influimos positivamente en nuestros sistemas energético y biológico, y contribuimos a aumentar la energía positiva del cuerpo colectivo de la vida, la tribu mundial. Imagínese este proceso de maduración espiritual como una «homeopatía espiritual».

Las consecuencias energéticas de las creencias

Independientemente de lo «verdaderas» que sean las creencias familiares, cada una de ellas orienta nuestra energía hacia un acto de creación. Cada creencia, cada acto, tiene una consecuencia directa. Cuando compartimos creencias con grupos de personas, participamos en los acontecimientos energéticos y físicos creados por esos grupos. Ésta es la expresión creativa y simbólica de la verdad sagrada *Todos somos uno*. Cuando respaldamos a un candidato a un cargo político y ese candidato gana, pensamos que nuestro apoyo energético y físico ha contribuido a ello; además, tenemos la sensación de que esa persona representa nuestros intereses, lo cual es una manera de experimentar físicamente el poder de la unidad contenida en la verdad *Todos somos uno*.

Carl Jung dijo una vez que la mente de grupo es la forma «inferior» de conciencia, porque las personas que participan en una acción de grupo negativa rara vez se responsabilizan de su papel y sus actos personales. Esta realidad es el lado oscuro de la verdad *Todos somos uno*. De hecho, una ley tribal no escrita sostiene que quienes aceptan la responsabilidad son los jefes o líderes, no sus seguidores. Los juicios de Nuremberg que tuvieron lugar después de la Segunda Guerra Mundial son un clásico ejemplo de las limitaciones de la responsabilidad tribal. La mayoría de los nazis juzgados por planear y llevar a cabo el genocidio de once millones de personas (de las cuales seis millones eran judíos) afirmaron que ellos «sólo cumplían órdenes». Sin duda en el momento de hacerlo les enorgullecía su capacidad para cumplir sus responsabilidades tribales, pero en el momento del juicio fueron totalmente incapaces de reconocer ninguna consecuencia personal de sus actos.

Dado el poder de las creencias unificadas, sean correctas o equivocadas, es difícil estar en desacuerdo con la propia tribu. Se nos enseña a hacer elecciones y tomar decisiones conformes a lo que aprueba la tribu, a adoptar sus modales sociales, manera de vestirse y actitudes. En su sentido simbólico, esta adaptación refleja la unión de la fuerza de voluntad individual con la fuerza de voluntad del grupo. Pertenecer a un grupo de personas o un grupo familiar con el que nos sentimos a gusto espiritual, emocional y físicamente produce una fuerte sensación de poder. Esa unión nos capacita, nos autoriza, y aumenta energéticamente nuestro poder personal y nuestras fuerzas creativas mientras hagamos elecciones que no se opongan a las del grupo. Nos unimos para crear.

Al mismo tiempo tenemos en nuestro interior un implacable e innato deseo de explorar nuestras propias capacidades creativas y de desarrollar nuestro poder y autoridad individuales. Este deseo es el ímpetu que está detrás de nuestros esfuerzos por hacernos consciente. El viaje humano universal consiste en tomar conciencia de nuestro poder y de la manera de utilizarlo. Tomar conciencia de la responsabilidad que entraña el poder de elección representa la esencia de este viaje.

Desde un punto de vista energético, hacerse consciente precisa nervio, aguante. Es muy difícil, y a veces muy doloroso, evaluar las creencias personales y separarnos de aquellas que ya no apoyan nuestro crecimiento. Pero, por la propia naturaleza de la vida, el cambio es constante, y no se trata sólo de un cambio externo, físico. También cambiamos interiormente; abandonamos ciertas creencias y reforzamos otras. Las primeras creencias que ponemos en duda son las tribales, porque nuestro desarrollo sigue la estructura de nuestro sistema energético; nos limpiamos de ideas de abajo arriba, comenzando por las primeras y más básicas.

Evaluar nuestras creencias es una necesidad espiritual y biológica. El cuerpo físico, la mente y el espíritu requieren ideas nuevas para crecer y prosperar. Por ejemplo, algunas tribus poseen muy pocos conocimientos acerca de la importancia del ejercicio y la alimentación sana hasta que un miembro de la familia cae enfermo. Entonces tal vez se prescribe un nuevo programa de ejercicios físicos y de dieta para el familiar enfermo, y esto introduce una realidad totalmente diferente en la mente y el cuerpo de otros familiares, una realidad que hace referencia a la necesidad de hacer elecciones más responsables y conscientes en el cuidado personal, como aprender a valorar la autoridad sanadora de la nutrición y el ejercicio.

Las crisis de la vida nos dicen simbólicamente que necesitamos liberarnos de las creencias que ya no nos sirven para el desarrollo personal. Esas circunstancias que nos obligan a elegir entre cambiar o estancarnos son los mayores retos. Cada nueva encrucijada significa entrar en un nuevo ciclo de cambio, ya sea adoptando un nuevo régimen de salud o una nueva práctica espiritual. Y el cambio significa, inevitablemente, dejar a personas y lugares conocidos para avanzar hacia otra fase de la vida.

Muchas de las personas que conozco en mis seminarios están inmovilizadas entre dos mundos, el viejo mundo que necesitan dejar y el nuevo mundo en el que tienen miedo de entrar. Nos atrae hacernos más «conscientes», pero al mismo tiempo nos asusta, porque significa que tenemos que asumir la responsabilidad personal de nosotros mismos y de todo lo que nos afecta: salud, profesión, actitudes y pensamientos. Una vez que aceptamos la responsabilidad personal, aunque sea de un solo aspecto de nuestra vida, ya no podemos volver a utilizar el «razonamiento tribal» para justificar o disculpar nuestro comportamiento.

En la conciencia tribal no existe la responsabilidad personal de forma bien definida, de modo que es mucho más fácil esquivar la responsabilidad en las consecuencias que tienen nuestras decisiones personales en el ambiente tribal. La responsabilidad tribal sólo abarca los aspectos físicos de la vida, es decir, la persona individual es responsable de sus finanzas, asuntos sociales, relaciones y ocupación. La tribu no exige que sus miembros se responsabilicen de las actitudes que heredan. Según el razonamiento tribal, es aceptable justificar los prejuicios personales diciendo: «En mi familia todos piensan así.» Es dificilísimo salirse de la zona de agrado que acompaña a esas justificaciones; sólo tenemos que pensar en la cantidad de veces que hemos dicho: «Todo el mundo lo hace, ¿por qué yo no?» Este argumento es la forma más rudimentaria de la verdad sagrada *Todos somos uno*, y se utiliza corrientemente para evadir la responsabilidad de todo tipo de actos inmorales, desde la evasión de impuestos y el adulterio hasta quedarse con el cambio de más que da el dependiente de una tienda. Sin embargo, los adultos espiritualmente conscientes ya no pueden utilizar ese razonamiento tribal. La evasión de impuestos se convierte en un robo deliberado; el adulterio se convierte en el quebrantamiento consciente de los votos del matrimonio, y quedarse con cambio de más se hace equivalente a cometer un robo en la tienda.

Muchas veces es necesario examinar las adherencias a los prejuicios tribales para que pueda comenzar la curación. Un hombre llamado Gerald acudió a mí para que le hiciera una lectura, diciendo que se sentía agotado. Cuando le exploré la energía recibí la impresión de que tenía un tumor maligno en el colon. Le pregunté si le habían hecho pruebas médicas; él titubeó un instante y luego me dijo que le habían diagnosticado cáncer de colon. Me dijo que necesitaba mi ayuda para creer que podía curarse. Una parte de él deseaba desconectarse de la actitud de su tribu hacia el cáncer, porque todos sus familiares que habían enfermado de cáncer habían muerto. Ni él ni su familia creían que el cáncer pudiera curarse. Hablamos acerca de un buen número de métodos que podrían servirle, entre ellos las numerosas terapias que ayudan a las personas a desarrollar una actitud más positiva mediante visualizaciones. Lo más importante es que Gerald ya había reconocido intuitivamente que su conexión energética con esa actitud tribal era un problema tan grave como la propia enfermedad. En su proceso de curación, Gerald recurrió al apoyo terapéutico para liberarse de su creencia tribal respecto al cáncer. Estuvo dispuesto a probar todas las opciones que tenía disponibles.

Desafío al poder tribal tóxico

De nuestra tribu aprendemos cosas relativas a la lealtad, el honor y la justicia, actitudes morales que son esenciales para nuestro bienestar y sentido de responsabilidad personal y grupal. Cada una de ellas expresa la verdad sagrada contenida en el primer chakra, el primer sacramento y la primera sefirá: *Todos somos uno*. Cada una de estas actitudes puede también volverse destructiva o tóxica si se interpreta con un criterio estrecho.

La lealtad

La lealtad es un instinto, una ley no escrita de la que pueden fiarse los miembros de la tribu, particularmente en períodos de crisis. Así pues, forma parte del sistema de poder tribal y suele tener más influencia incluso que el amor. Se puede sentir lealtad hacia un familiar al que no se ama, o hacia personas de la misma etnia aunque no se las conozca personalmente. La expectativa de lealtad por parte del grupo ejerce un enorme poder sobre la persona individual, sobre todo cuando ésta se siente en conflicto respecto a su lealtad hacia alguien o hacia alguna causa que tiene grandes valores para la persona.

En una evaluación que hice a un joven afectado de cansancio crónico recibí la impresión de que sus piernas estaban simbólicamente en su ciudad natal; su primer chakra estaba literalmente trasladando a su ciudad natal el poder de la parte inferior de su cuerpo y su espíritu. El resto del cuerpo seguía con él, por así decirlo, en el lugar donde residía, y esa división era lo que le causaba el cansancio crónico. Cuando le comuniqué mi impresión me dijo que nunca había querido marcharse de su ciudad porque su familia dependía mucho de él, pero que su empresa lo trasladó. Le pregunté si le gustaba su trabajo. «Hummm..., regular», fue su respuesta. Le sugerí que dejara su trabajo y volviera a casa, dado que su ocupación le interesaba muy poco. Dos meses después recibí una carta de él. Me decía que a los pocos días de nuestra conversación había presentado la dimisión y vuelto a su ciudad esa misma semana. Estaba curado de su cansancio y, aunque aún no había encontrado otro trabajo, se sentía estupendamente.

La lealtad es una hermosa cualidad tribal, en especial cuando es consciente, cuando es un compromiso que sirve a la persona y a su grupo. No obstante, las lealtades extremas, que dañan la capacidad de la persona para protegerse a sí misma, equivalen a una creencia de la que es necesario liberarse. El siguiente caso, en el que intervino una violación tribal primaria, ilustra el sentido simbólico del sacramento del bautismo.

Tony, actualmente de treinta y dos años, pertenece a una familia de inmigrantes de la Europa del Este con siete hijos. Tenía cinco años cuando su familia se trasladó a Estados Unidos. Durante los primeros años de lucha por establecer un hogar en este país, a sus padres les resultó dificilísimo proveer las necesidades básicas de sus hijos. A los ocho años, Tony encontró trabajo en una tienda de caramelos de la localidad para hacer pequeños servicios.

Su familia le agradecía muchísimo los diez dólares extra que aportaba semanalmente. A los dos meses el niño ya llevaba a casa casi veinte dólares a la semana y se sentía muy orgulloso de sí mismo; veía lo mucho que valoraban sus padres su contribución a los fondos familiares. Pero cuando ya estaba establecida esa dinámica de valoración, el dueño de la tienda comenzó a hacerle insinuaciones sexuales. El asunto comenzó por sutiles contactos físicos, que finalmente desembocaron en una situación en la que el pederasta dominaba totalmente al niño. Muy pronto, Tony se sintió tan dominado que todas las noches tenía que llamar al dueño de la tienda para decirle que su relación seguía siendo un «secreto entre ellos».

Tony continuó llevando esa doble vida y, comprensiblemente, su estado psíquico se fue debilitando. Sabía que esos frecuentes contactos sexuales con el «hombre de los caramelos» eran inmorales, pero su familia ya contaba con su contribución de casi cien dólares mensuales. Finalmente reunió el valor para contarle a su madre, con mínimos detalles, lo que tenía que hacer para ganar ese salario mensual. La reacción de su madre fue prohibirle que volviera a hablar de esas cosas. La familia contaba con que conservara ese trabajo, le dijo.

Tony continuó en la tienda de caramelos hasta los trece años. Los efectos de ese abuso influyeron en su vida escolar. Le costó mucho aprobar el primer curso de enseñanza secundaria, y a los quince años abandonó los estudios. Para seguir aportando dinero, entró a trabajar como aprendiz de peón de construcción y al mismo tiempo comenzó a beber.

El alcohol le servía para olvidar las horribles experiencias de abuso sexual y le calmaba los nervios. Comenzó a beber todas las noches después del trabajo. A los dieciséis años ya era un experto en peleas callejeras y alborotador del barrio. La policía lo llevó a casa varias veces por provocar peleas y cometer actos de vandalismo no graves. Su familia trató de obligarlo a que dejara de beber, pero no lo consiguió. Una vez que sus amigos lo llevaron a casa después de una noche de borrachera, les gritó enfurecido a sus padres y hermanos por no haberlo rescatado del «hombre de los caramelos». Sabía que su madre le había contado a su padre lo de los acosos porque, aunque no le dijeron que dejara el trabajo, prohibieron a sus hermanos que fueran a esa tienda. Después se dio cuenta de que sus hermanos también sabían lo sucedido, pero lo comentaban como si fuera un chiste, insinuando a veces que él disfrutaba.

A los veinticinco años, Tony montó una pequeña empresa de albañilería por su cuenta; él y su equipo de cuatro hombres realizaban pequeñas obras de reparación en las casas del barrio. Consiguió mantener bastante próspera su empresa hasta los veintiocho años. A esa edad, su problema con el alcohol se agravó tanto que empezó a sufrir ataques de paranoia, durante los cuales creía estar rodeado por demonios que le ordenaban que se suicidara. A los veintinueve ya había perdido su empresa y su hogar, y se entregó totalmente al alcohol para resistir la situación.

Yo lo conocí un mes después de que comenzara a trabajar nuevamente. Lo habían contratado para hacer reparaciones en una casa cercana a la mía, y nos conocimos allí casi por casualidad. Aunque se las arreglaba para dirigir a su pequeño equipo, bebía durante el trabajo. Yo le hice un comentario al respecto.

—Usted también bebería si tuviera mis recuerdos —me contestó.

Lo miré y, al observar el modo en que sostenía su cuerpo, supe al instante que habían abusado sexualmente de él cuando era niño. Le pregunté si deseaba hablar de su infancia. Algo lo motivó a abrirse y sacó fuera ese capítulo oscuro de su vida.

Después de eso nos encontramos unas cuantas veces para hablar de su pasado. Al escucharlo me di cuenta de que el dolor de saber que su familia no había querido ayudarlo era mayor que el dolor causado por el abuso sexual. De hecho, sus familiares lo consideraban un borracho y estaban convencidos de que fracasaría una y otra vez en la vida. El dolor causado por la traición de su familia lo estaba destruyendo. Curiosamente, ya había perdonado al hombre de los caramelos. El asunto inconcluso era con su familia.

Dos meses después de conocernos, Tony decidió, él solo, entrar en un programa de tratamiento del alcoholismo. Cuando lo terminó fue a visitarme y me contó el efecto sanador de las sesiones de terapia. Sabía que tendría que tratar sus sentimientos negativos hacia su familia.

En los círculos terapéuticos se sabe que la reconciliación casi siempre significa enfrentarse a las personas con quienes se tienen asuntos inconclusos y limpiarse las heridas delante de ellas. En el mejor de los casos, las personas que nos han herido piden disculpas y se produce alguna forma de renovación o cierre. Pero Tony comprendió que su familia jamás sería capaz de reconocer su traición. Sus padres, en particular, se sentirían demasiado avergonzados incluso para escuchar su historia. Eran emocionalmente incapaces de reconocer que sabían lo que había tenido que hacer esos años para ganar dinero.

Él decidió, por lo tanto, recurrir a la oración y continuar con la psicoterapia.

Cuando ya llevaba más de un año de sobriedad y compromiso con la oración me dijo que había desaparecido su rabia contra su familia. Yo le creí. Dado el miedo que tenían sus padres de no lograr sobrevivir con tan poco dinero en un país desconocido, tal vez hicieron lo único que eran capaces de hacer. Tony se esforzó por renovar los lazos con su familia y, a medida que su empresa fue prosperando, su familia comenzó a hablar con orgullo de su éxito. Para él, eso representó una petición de disculpas por los acontecimientos pasados.

Tony fue capaz de bendecir a su familia y de considerarla la fuente de la fuerza que descubrió en su interior. Su viaje del ostracismo a la curación, el amor y la aceptación representa el sentido simbólico del sacramento del bautismo.

Otro hombre, George, llegó a uno de mis seminarios porque su esposa lo convenció de que asistiera. No era el participante típico. Se presentó como un «espectador», y desde el comienzo dejó muy claro que todo este «abracadabra» eran cosas que interesaban a su esposa, no a él.

Comencé el seminario con una introducción al sistema energético humano. George se dedicó a resolver un crucigrama. Se quedó dormido durante la parte de la charla sobre la relación entre las actitudes y la salud física. En el descanso le llevé una taza de café.

—¿Conseguiré suscitar su interés por una bebida? —le pregunté, con la esperanza de que captara la indirecta de que prefería que mis alumnos tuvieran los ojos abiertos.

Después del descanso volví al primer chakra y a la naturaleza de la influencia tribal. Noté que George estaba un poco más atento. Al principio lo atribuí al efecto del café, pero cuando hablé de la influencia que tiene la primera programación sobre nuestra composición biológica, comentó:

—¿Quiere decir que todavía tengo en el cuerpo todo lo que me dijeron mis padres cuando era pequeño?

Su tono rayaba en el sarcasmo, pero era evidente que algo del tema le había tocado una cuerda.

Le dije que tal vez no todo lo que le dijeron sus padres estaba todavía en su energía, pero que ciertamente muchas cosas sí.

—Por ejemplo, ¿qué recuerdos tiene de cómo consideraban sus padres el envejecimiento? —le pregunté, porque sabía que él acababa de cumplir sesenta años.

Todos los participantes se quedaron en silencio esperando su respuesta. Tan pronto se dio cuenta de que la atención estaba puesta en él, se cohibió y adoptó una actitud casi de niño.

—No lo sé. Nunca he pensado en eso.

—Bueno, piénselo ahora —le dije, y repetí la pregunta.

La esposa de George estaba en el borde del asiento, deseosa de responder por él. Le dirigí una mirada que significaba: «Ni se le ocurra», y ella se echó hacia atrás.

—No sé qué decir —dijo él—. Mis padres siempre me decían que trabajara mucho y ahorrara dinero porque tenía que ser capaz de cuidar de mí mismo en la vejez.

—¿Y cuándo piensa envejecer?

George no supo contestar a esa pregunta, de modo que la planteé de otra manera:

—¿Cuándo envejecieron sus padres?

—Cuando llegaron a los sesenta, por supuesto.

—Así que a esa edad ha decidido hacerse viejo usted, cuando llegue a los sesenta.

—Todo el mundo es viejo a partir de los sesenta —contestó él—. Así es la vida. Por eso nos jubilamos a los sesenta, porque somos viejos.

La sesión de la tarde se inició en torno a los comentarios de George. Él explicó al grupo que siempre había creído que la vejez comenzaba a los sesenta porque ése fue el mensaje que reforzaron constantemente sus padres, ninguno de los cuales llegó a pasar de los setenta.

Hablamos de lo que significaba desconectarse de una creencia que no contiene ninguna verdad pero que, de todos modos, ejerce «poder» sobre nosotros. Ante la sorpresa de todos, incluidas su esposa y yo, George captó el concepto de inmediato, como si le hubieran regalado un nuevo juguete.

—¿Quiere decir que si me desconecto, como dice usted, de una idea, esa idea deja de tener voz y voto en mi vida?

El momento decisivo llegó cuando él miró a su esposa y le dijo:

—Yo ya no quiero ser viejo, ¿y tú?

Ella se echó a reír y a llorar al mismo tiempo, como hicieron todos los demás asistentes al seminario. Aún no sé explicar por qué la comprensión de George «despegó» tan rápido. Rara vez he visto que alguien comprenda algo con tanta rapidez y profundidad como él, cuando reconoció que el principal motivo de que estuviera envejeciendo era que creía que tenía que envejecer a los sesenta. Desde entonces George ha disfrutado de la vida y comenzado a respetar su percepción interior de la edad, en lugar de dejarse gobernar por el concepto que tiene de ésta la sociedad.

El honor

Una tribu está unida no sólo por lazos de lealtad sino también de honor. El código de honor de cada tribu es una combinación de tradiciones y ritos religiosos y étnicos. Los ritos como el bautismo u otras ceremonias tribales de bendición vinculan energéticamente a los nuevos miembros con el poder espiritual del grupo. Ese sentido del honor nos transmite fuerzas, nos pone de parte de nuestras relaciones de sangre y raciales, y nos enseña lo que significa cumplir la palabra y actuar con integridad.

Si bien normalmente el honor no se considera un componente de la salud, yo he llegado a creer que bien podría estar entre sus componentes más esenciales, incluso en el mismo plano que el amor. El sentido del honor aporta una energía muy potente y positiva al sistema espiritual, biológico e inmunitario, a los huesos y a las piernas. Sin honor es muy difícil, si no imposible, que una persona permanezca erguida con orgullo y dignidad, porque carece de un marco de referencia para su comportamiento y decisiones, y así no puede confiar en sí misma ni en los demás.

El sentido del honor forma parte de lo que la tribu enseña a sus miembros acerca del rito tribal fundamental del matrimonio. Una mujer, que era la última de un tronco familiar, lo expresaba así: «Cuando se estaba muriendo, mi padre me hizo prometerle que tendría un hijo. Yo le dije que no había encontrado a ningún hombre con el que me apeteciera casarme. Sus últimas palabras fueron: "Cásate con cualquiera, pero continúa la familia."»

La forma en que los cónyuges se comportan enseña los criterios éticos a la siguiente generación. El adulterio está prohibido; sin embargo, los mayores de una tribu que cometen adulterio dan permiso a sus hijos para quebrantar esa norma cuando sean adultos. El padre mantiene a la familia; sin embargo, un padre que abandona esa responsabilidad deja a sus hijos un significado muy distorsionado del compromiso y la responsabilidad. Se nos enseña a tratar con respeto a los demás; sin embargo, los progenitores que no se respetan a sí mismos y mutuamente crían hijos que serán adultos no respetuosos. Sin la estabilidad moral de un código de conducta honrada, los niños se convierten en adultos incapaces de crearse una vida estable.

Hay que ser capaz de dar la palabra y atenerse a ella, sea a otra persona o a sí mismo. Hay que ser capaz de confiar en que uno va a terminar las cosas que comienza y a cumplir sus compromisos. Cuando no confiamos en nosotros mismos, todos y todo nos parece temporal y frágil, porque así es como nos sentimos por dentro. Un hombre me dijo: «No quiero vivir como vivían mis padres, siempre mintiéndose uno a otro. Pero vivo pensando que en cierto modo he heredado esa característica y que si se presentan las circunstancias me comportaré igual.» Esa carencia de honor individual trasciende las fronteras de las tribus personales y pasa a la sociedad en general.

Conocí a Sam en un seminario durante el cual nos contó sinceramente la historia de su vida. Se crió en medio de la pobreza y sin figura paterna. Sentía una fuerte necesidad de ser líder, aunque sólo fuera de una pandilla. Era su forma de experimentar un sentido del honor. Se dedicó al narcotráfico, negocio con el que ganaba casi 75.000 dólares a la semana. Tenía un grupo de «empleados» que lo ayudaban en tratos que suponían enormes sumas de dinero.

Un día, cuando iba conduciendo, puso la radio del coche; estaban dando un programa de entrevistas. Estaba a punto de cambiar de emisora cuando la entrevistada hizo un comentario sobre la existencia de los ángeles. Dijo que cada persona tiene un ángel guardián, y que estos ángeles nos cuidan y observan todas nuestras actividades. «No tenía el menor deseo de seguir escuchando lo que decía al respecto, pero de repente me acordé de mi abuela, que cuando yo era niño me contaba historias sobre mi ángel de la guarda, que siempre me cuidaba. Había olvidado totalmente esas cosas, hasta que oí a aquella mujer hablar por la radio.»

En ese momento iba a hacer una entrega de drogas, pero se sintió abrumado por la sensación de que su ángel lo estaba mirando. «Me pasé todo el santo día pensando cómo iba a explicar cuando me muriera lo que hacía para ganarme la vida.»

Por primera vez en su vida comprendió que tenía un problema que no sabía cómo resolver. «Había muchos tipos que contaban conmigo para ganar dinero. No podía ir y decirles: "Escuchad, chicos, tenemos que cambiar las cosas porque esos ángeles están mirándonos y no nos conviene que se enfaden." Eran tipos duros, y no sabía cómo salir de esa situación.»

Una noche, pocos días después de aquel programa de radio, chocó con el coche contra un poste eléctrico y se produjo lesiones bastante graves en las piernas y en la parte inferior de la espalda. Sus «empleados» le aseguraron que ellos continuarían con el negocio, pero él pensó que el accidente era una oportunidad para cambiar la dirección de su vida. Los médicos le dijeron que la recuperación del uso de las piernas sería un proceso largo y lento, y que era posible que tuviera que soportar un dolor crónico para el resto de su vida. Sam comenzó a leer libros sobre curación y sobre ángeles.

«Tenía la sensación de que si prometía no volver a las calles, mis piernas sanarían. Les dije a mis compinches que ya no me sentía capaz de aguantar la presión y, no sé muy bien por qué, me creyeron. Yo creo que se debió a que querían mi parte en el negocio, pero a mí me vino muy bien. Me marché del barrio en cuanto pude y recomencé mi vida.»

Finalmente se metió en un tipo de «pandilla» diferente, un grupo de chicos que se reunía por las noches en un local de la YMCA (Asociación de Jóvenes Cristianos) cercano. Se consagró a ayudarlos a evitar la vida que él había llevado anteriormente.

«Ahora gano poquísimo dinero, comparado con lo que estaba acostumbrado a ganar, pero la verdad es que eso no importa nada. Gano para vivir. Y cuando veo a esos chicos y ellos me cuentan sus sueños, les digo que todo es posible porque sé que es cierto. Incluso les digo lo importante que es enorgullecerse de lo que uno hace, y a veces les hablo de sus ángeles. Esos chicos me hacen sentir que mi vida tiene una finalidad. Jamás había tenido esa sensación, y debo decir que produce una euforia mucho mejor que la que produce cualquiera de las drogas que vendía. Por primera vez en mi vida sé lo que es tener limpia el alma y sentirme orgulloso de lo que soy.»

Sam se ha convertido en un tipo diferente de «jefe de pandilla», que inspira honor y honradez entre los chicos con quienes trabaja. Ahora cojea, pero camina. «¿Quién se habría imaginado que iba a andar más erguido cojeando?», comenta riéndose.

Todavía tiene días malos de dolor, como los llama él, pero su actitud hacia la vida es de dicha interminable. Estimula a todas las personas que lo conocen, e irradia una estima propia que procede de su auténtico amor por la vida. No me cabe duda de que descubrir una finalidad en la vida favoreció su curación.

La justicia

La tribu nos introduce en el concepto de justicia, normalmente con la ley del «ojo por ojo, diente por diente», o del «haz a los demás lo que quieres que ellos te hagan a ti», o la ley del karma: «El que siembra, recoge.» La justicia tribal mantiene el orden social y se puede resumir así: Es justo tratar de vengarse por actos dañinos sin causa; es justo hacer todo lo que sea necesario para protegerse y proteger a la propia familia; es justo ayudar a los familiares en actos de protección o venganza. Es injusto poner en peligro a cualquier familiar para obtener un beneficio personal; es injusto no cumplir hasta el final un mandato tribal; es injusto ayudar a alguien a quien la tribu considera una amenaza o un peligro. El mandato en contra de hacer caer la deshonra o la vergüenza sobre la familia ejerce una fuerza extraordinariamente controladora sobre cada uno de sus miembros.

Cuando un miembro de la tribu realiza algo de valor para los demás, éstos participan automáticamente de una «recompensa energética». No es infrecuente que un miembro de la tribu «viva del poder» de otro miembro que se ha ganado fama pública. «¿Qué hay en un apellido?», preguntamos a veces con desprecio. Hay muchísimo: la energía del orgullo o la vergüenza que transmite el primer chakra de una persona. Violar la justicia tribal, por otra parte, puede ser causa de pérdida de poder para el sistema enérgetico de la persona, hasta el punto que ésta puede sentirse permanentemente «desconectada» y tener dificultades para conectar con otras personas.

Por lo general, la tribu cree que hay un motivo «humanamente lógico» para que las cosas ocurran como ocurren. Esta creencia causa una terrible aflicción. Algunas personas se pasan años tratando inútilmente de descubrir «el motivo» por el cual han tenido que soportar ciertos acontecimientos dolorosos; cuando no logran encontrar una razón satisfactoria, acaban viviendo como envueltos en la niebla, incapaces de continuar con su vida y de dejar atrás el pasado.

Aunque la ley tribal es necesaria para mantener el orden social, no refleja el razonamiento del cielo. Pensando en el sentido simbólico del sacramento del bautismo se puede encontrar un paso espiritual para salir de la trampa de la justicia humana y entrar en la naturaleza del razonamiento divino. Si logramos considerar que nuestras experiencias tribales están «organizadas» para favorecer el progreso espiritual, no la comodidad física, entonces comprenderemos que los acontecimientos dolorosos son esenciales para nuestro desarrollo personal, y no castigos de nuestros actos.

Cuando la justicia tribal obstaculiza el progreso espiritual, es necesario liberarse de su autoridad sobre el propio poder de elección. Este reto es uno de los más difíciles de los relacionados con el primer chakra, porque suele exigir una separación física de la familia o de un grupo de personas con las que hemos establecido lazos.

Patrick era un joven extraordinariamente encantador que asistió a uno de mis seminarios. Coqueteaba con toda mujer que se le pusiera a tres metros de distancia. Todas las personas que lo conocían lo encontraban jovial, simpático y acogedor. Trabajaba de auxiliar en la sala de urgencias de un hospital y era un excelente narrador; cuando contaba cosas de su vida, todos lo escuchaban embobados. Al parecer, pocos notaban que sufría de dolor crónico en las piernas y en la parte inferior de la espalda. No podía estar sentado durante toda una charla; de vez en cuando tenía que ponerse de pie y estar así un rato para estirar el cuerpo. Caminaba con una ligera cojera.

Todos se imaginaban que Patrick era tan alegre en privado como se mostraba en público, pese a que procedía de Irlanda del Norte, famosa por sus interminables conflictos religiosos y económicos, y a que probablemente en la sala de urgencias le había tocado ver más de una herida por disparo y a más de una víctima de coche bomba.

Una mañana me encontré con él durante el desayuno y me pidió que le hiciera una lectura, aunque le noté cierta incomodidad o reticencia al decírmelo. Le pregunté la edad, y cuando entré en ese estado distanciado que permite recibir impresiones, me preguntó, nervioso:

—¿Cuánto crees que eres capaz de ver?

Al instante recibí la impresión de que en esos momentos

él estaba involucrado en una actividad militar y de que su intenso dolor en las piernas se debía a haber recibido fuertes golpes, hasta el extremo de quedar permanentemente lesionado.

—¿Por qué recibo la impresión de que llevas una doble vida, la mitad entre militares y la otra mitad en el hospital? ¿Perteneces a alguna organización militar?

Inmediatamente se puso tenso, noté rigidez en todo su cuerpo y su actitud. Al verlo convertirse de un ser humano simpático y acogedor en un desconocido glacial, comprendí que yo acababa de cruzar una frontera peligrosa.

—Hay que estar preparado para protegerse en mi región del mundo —contestó.

Obviamente se refería a los eternos conflictos de Irlanda del Norte. Pero yo supe inmediatamente que su energía no estaba implicada en la autoprotección sino en la agresividad.

—Creo que el peso de tu conexión con una organización de tipo militar es la causa de tu incapacidad para curar tu dolor crónico —le dije—. En mi opinión, necesitas reducir tu vinculación con ese grupo, si no dejarlo totalmente.

—Algunas cosas son posibles y otras no —contestó él—. Uno no puede abandonar el poder de la historia, por mucho que quiera hacerlo. Además, una persona no puede cambiar fácilmente la forma en que se hacen las cosas. La venganza lleva a más venganza; una semana son mis piernas, la semana siguiente son las de ellos. Es un camino de tontos, pero una vez que estás en él, no puedes salir.

Estuvimos unos momentos en silencio, sin hablar ninguno de los dos. De pronto él dijo:

—Ahora tengo que irme. Ya hemos dicho suficiente.

Yo creí que se refería a marcharse de la mesa del desayuno, pero en realidad se marchó del seminario y nunca más volví a verlo.

No sé si Patrick se vio obligado alguna vez a quitarle la vida a una persona, pero sí sé que el peso de su doble vida era lo que le impedía sanar sus piernas. Sencillamente era incapaz de dejar su «tribu militar», aunque fuera a costa de su salud y del conflicto entre su sentido de justicia personal y el ambiente de venganza justiciera que lo rodeaba.

La enseñanza última del primer chakra es que sólo la justicia verdadera está ordenada divinamente. Comprendí la profundidad de esta enseñanza cuando le estaba haciendo una lectura a una mujer que tenía un cáncer extendido por todo el cuerpo. Al recibir las impresiones de ella, vi una imagen de la crucifixión. Esa imagen no estaba conectada con su religión, sino con su sensación de haber sufrido una experiencia «Judas», la dificultad de sanar de una terrible traición.

Mientras pensaba en el significado de esa imagen, comprendí que la experiencia Judas es un arquetipo que expresa que el razonamiento y la justicia humanos siempre nos fallan en algún momento, y que no tenemos poder para reorganizar los acontecimientos ni rehacer las cosas a fin de que sean como las habríamos querido. La lección de una experiencia Judas es que poner la fe en la justicia humana es un error y que hemos de pasar la fe de la autoridad humana a la divina. Es confiar en que nuestra vida está gobernada «con justicia divina», aunque no podamos verla. Hemos de hacer un esfuerzo por no amargarnos ni aferrarnos al papel de víctimas cuando nos traicionan o no podemos obtener lo que deseamos, como hizo la mujer que desarrolló cáncer a consecuencia de su experiencia de traición. Necesitamos confiar en que no hemos sido víctimas en absoluto y en que esa experiencia dolorosa nos desafía a revisar dónde hemos colocado la fe. La historia de Erik es una clásica ilustración de cómo es este desafío.

Conocí a Erik hace varios años en un seminario que di en Bélgica. Estuvo sentado en silencio durante todo el curso, y cuando éste acabó me anunció que él era el conductor que me llevaría a Amsterdam. Yo estaba agotada y lo único que deseaba era dormir, pero cuando estábamos en camino me dijo:

—Permítame que le cuente mis experiencias.

En ese momento la perspectiva me pareció tan atractiva como meterme un palito en el ojo, pero de todos modos le dije:

—De acuerdo, tiene toda mi atención.

Hasta el día de hoy agradezco su insistencia.

Un día, hacía diez años, Erik vio que toda su vida se le desmoronaba. Dos socios con los que estaba tratando de sacar adelante un par de empresas le anunciaron que habían tomado la decisión de no continuar trabajando con él. Eran dos contra uno, así que él no podía hacer mucho para influir en la decisión. Le propusieron un acuerdo: recibir 35.000 dólares en efectivo o quedarse con todas las existencias de una pequeña empresa que poseían en común, que en realidad no tenía ningún valor. Atónito, se marchó de la oficina y se fue a casa.

—Tan pronto llegué a casa le dije a mi mujer: «Tengo algo que decirte», a lo cual ella contestó: «Yo también tengo algo que decirte. Quiero divorciarme, he conocido a otro hombre.» Mis tres socios se divorciaban de mí el mismo día. Me sentí tan abrumado que, aunque era ateo, llegué a la conclusión de que sólo el cielo podía meterse así en la vida de una persona. Esa noche decidí orar. Le dije a Dios: «Si Tú estás detrás de esto, háblame. Seguiré la orientación que me des, sea cual sea.»

»Esa noche tuve un sueño. En el sueño iba conduciendo un coche por los Alpes, durante una horrorosa tormenta. La carretera estaba en muy malas condiciones, cubierta de hielo, y tenía que aferrar fuertemente el volante para impedir que el coche patinara y se saliera del camino. En un momento dado casi perdí el control y tuve la impresión de que el coche iba a caer montaña abajo, pero no cayó. Finalmente logré llegar hasta la cima de la montaña, y una vez pasada ésta ya no había tormenta, brillaba el sol y la carretera estaba seca y segura. Continué conduciendo hasta ver una pequeña casita de campo, en cuya ventana ardía una vela para guiarme y dentro me esperaba comida caliente sobre la mesa.

»Guiándome por el sueño decidí aceptar la oferta de mis socios de quedarme con las existencias de la empresa sin valor, porque era de comida de gatos y el coche que yo conducía en el sueño era un Jaguar. A mis socios les encantó la elección, pues pensaron que se ahorrarían los treinta y cinco mil dólares. Yo sabía, aunque no muy bien por qué, que al aceptar esa oferta tenía que liberarlos a ellos y a mi esposa sin enfado. Tenía que despedirme de ellos, aunque, irónicamente, eran ellos los que pensaban que se libraban de mí. Poco después surgieron en mi vida varias oportunidades para sacar adelante esa pequeña empresa. Tal como vaticinó el sueño, los primeros meses de puesta en marcha fueron muy difíciles; pero yo sabía, por el sueño, que lo conseguiría, así que continué adelante.

»Actualmente poseo una de las empresas más prósperas de Bélgica y dedico gran parte de mi tiempo a otras actividades empresariales. Y me volví a casar, con una mujer maravillosa que es la compañera de mi vida en todo el sentido de la palabra. Jamás imaginé nada de lo que hago ahora; sólo Dios pudo haber conocido este plan. Cada mañana comienzo el día con una oración; le agradezco a Dios haberme separado de mi vida anterior, porque yo solo no habría tenido jamás el valor de dejar a esas tres personas. Ahora, siempre que me encuentro con una persona a la que se le ha trastocado la vida le digo: "Dios te respalda. No hay nada de qué preocuparse. Estoy seguro."

Todos estos estudios de casos son ejemplos de situaciones en los que vemos la verdad sagrada *Todos somos uno*. El poder espiritual contenido en la sefirá de Shejiná y el sacramento del bautismo se combina con la energía del chakra tribal para darnos «intuición del primer chakra», para ayudarnos a vivir honradamente entre nosotros y para desarrollarnos y trascender las percepciones erróneas que contradicen la verdad *Todos somos uno*. Nuestra siguiente fase de desarrollo es explorar los temas del segundo chakra y la verdad sagrada *Respetaos mutuamente*.

Preguntas para autoexaminarse

1. ¿Qué creencias heredó de su familia?
2. ¿Qué creencias de las que aún tienen autoridad en su modo de pensar puede reconocer que ya no son válidas?
3. ¿Qué supersticiones tiene? ¿Cuáles tienen más autoridad sobre usted que su capacidad de razonar?
4. ¿Tiene su código de honor personal? ¿Cuál es?
5. ¿Ha comprometido alguna vez su sentido del honor? Si lo ha hecho, ¿ha dado pasos para sanar eso?
6. ¿Tiene algún asunto inconcluso con sus familiares? Si es así, haga una lista de los motivos que le impiden sanar sus relaciones familiares.
7. Haga una lista de todo lo bueno que piensa que le ha venido de su familia.
8. Si tiene hijos a los que está criando, haga una lista de las cualidades que desearía que sus hijos aprendieran de usted.
9. ¿Qué tradiciones y ritos tribales conserva para usted y su familia?
10. Describa sus características tribales interiores que le gustaría reforzar y desarrollar.

2

Segundo chakra:
El poder de las relaciones

El segundo chakra es el chakra de las relaciones. Su energía comienza a vibrar y a hacerse notar alrededor de los siete años. A esa edad los niños comienzan a relacionarse con otros niños y adultos con más independencia de sus padres y fuera del entorno hogareño. Por medio de estas primeras interacciones comienzan a individualizarse, a entablar relaciones y a explorar su poder de elección. Con el segundo chakra, la energía pasa de obedecer a la autoridad tribal a descubrir otras relaciones que sastisfacen necesidades físicas personales. Pese a ser un chakra inferior cuya energía nos impulsa a relacionarnos con fuerzas externas, el segundo chakra es una fuerza potente.

Ubicación: Parte inferior del abdomen hasta la zona del ombligo.

Conexión energética con el cuerpo físico: Órganos sexuales, intestino grueso, vértebras inferiores, pelvis, zona de las caderas, apéndice y vejiga.

Conexión energética con el cuerpo emocional/mental: Este chakra se hace eco de la necesidad de relacionarnos con otras personas y de la necesidad de dominar hasta cierto punto la dinámica de nuestro entorno físico. Todo aquello a lo que nos adherimos para mantener el dominio sobre nuestra vida externa, como la autoridad, otras personas o el dinero, está ligado, mediante el segundo chakra, a nuestro campo energético y cuerpo físico. Las enfermedades que se originan en este centro de energía son activadas por el miedo a perder ese dominio. El cáncer de próstata y de ovario, el dolor crónico en la parte baja de la espalda y las caderas y la artritis son algunos de los trastornos de salud más comunes. Los problemas durante la menopausia, como los sofocos y la depresión, son disfunciones energéticas del segundo chakra. Los fibromas son consecuencia de la energía creativa del segundo chakra que no dio a luz y de la energía vital dirigida a trabajos o relaciones sin futuro.

Conexión simbólica/perceptiva: La energía de este chakra nos capacita para generar un sentido de identidad personal y fronteras psíquicas protectoras. Mientras evaluamos constantemente nuestra fuerza personal en relación con el mundo externo y sus rostros físicamente seductores (relaciones sexuales, sustancias adictivas u otras personas), la energía del segundo chakra de un ego físico sano nos capacita para relacionarnos con ese mundo sin tener que negociar o «vendernos»; es la energía de la autosuficiencia, el instinto de supervivencia necesario para estar en este mundo.

Conexión sefirot/sacramento: El segundo chakra se corresponde con la sefirá de Yesod, que representa el falo, es decir, la energía masculina de la procreación. Este chakra relacional también contiene la energía de la «alianza». Esta energía procreadora es a la vez biológica y espiritual: deseamos engendrar hijos y también dar forma física a nuestra energía creativa, lo que es tan esencial para la salud física como para la espiritual. El sacramento de la comunión se hace eco de la energía de este chakra y simboliza los lazos que establecemos con las personas. El acto de «compartir el pan» simboliza muchos tipos de comuniones.

Miedos principales: Miedo a perder el dominio y a ser dominado por otro, mediante el poder dominador de acontecimientos o trastornos como la adicción, la violación sexual, la traición, la impotencia, las pérdidas económicas, el abandono por parte de un socio principal o colegas profesionales, etc. También, temor a perder el poder del cuerpo físico.

Fuerzas principales: La capacidad y la energía para sobrevivir por uno mismo económica y físicamente, defenderse y protegerse, que es el instinto de «luchar o huir»; la capacidad de arriesgarse; la resistencia para recuperarse de una pérdida, sea de familiares, pareja, socios, propiedad, trabajo o dinero; el poder para rebelarse y restablecer una vida; y la capacidad y el talento para tomar decisiones personales y profesionales.

Verdad sagrada: La verdad sagrada inherente al segundo chakra es *Respetaos mutuamente.* Esta verdad se aplica a nuestro modo de relacionarnos entre nosotros y con todas las formas de vida. Desde el punto de vista espiritual, todas las relaciones que formamos, desde las más superficiales hasta las más íntimas, nos ayudan a hacernos más conscientes. Algunas relaciones son necesariamente dolorosas porque conocernos a nosotros mismos y encarar nuestras limitaciones no es algo que tendamos a hacer con mucho entusiasmo. Muchas veces necesitamos estar espiritualmente «equipados» para esos encuentros.

Las energías arquetípicas de la sefirá de Yesod, el sacramento de la comunión y la energía física del segundo chakra simbolizan que las relaciones son fundamentalmente mensajeros espirituales. Las personas con quienes nos relacionamos introducen en nuestra vida, y nosotros en las de ellas, revelaciones sobre nuestras fuerzas y debilidades. Desde las relaciones en el seno del hogar hasta las laborales, las de la comunidad y la actividad política, ninguna unión está exenta de valor espiritual; cada una contribuye a hacernos crecer como personas. Nos resulta más fácil ver el valor simbólico de nuestras relaciones cuando abandonamos la compulsión a juzgar qué y quién tiene valor y en su lugar nos concentramos en honrar a la persona y la tarea que tenemos entre manos.

La energía del segundo chakra entraña una dualidad. La energía unificada del primer chakra, representada por la mente tribal, se divide en polaridades en el segundo chakra. A esta división de fuerzas se le ha dado muchos nombres: yin/yang, anima/animus, masculino/femenino, sol/luna. Comprender el significado de esta dualidad de opuestos es la clave para trabajar con los temas del segundo chakra. Las energías de la sefirá de Yesod y el sacramento de la comunión se combinan con estas energías duales del segundo chakra para garantizar que nos «atraemos» las relaciones que contribuirán a que nos conozcamos a nosotros mismos. Expresiones muy conocidas, como «lo semejante atrae a lo semejante» y «cuando el discípulo está preparado aparece el maestro», reconocen que hay una energía actuando «entre bastidores», que al parecer organiza cuándo y dónde conocemos a las personas, y siempre en el momento oportuno. El desafío espiritual del segundo chakra es aprender a relacionarnos conscientemente con los demás, a formar uniones con personas que contribuyen a nuestro crecimiento y a dejar las que nos lo impiden.

La ciencia física reconoce la energía del segundo chakra como la ley de causa y efecto (por cada acción hay una reacción igual y opuesta) y la ley del magnetismo (los objetos con cargas contrarias se atraen). Aplicadas a las relaciones, estas leyes significan que generamos modalidades de energía que nos atraen personas que en cierto sentido son opuestas a nosotros, personas que tienen algo que enseñarnos. Nada ocurre al azar; antes de entablar cualquier relación, le abrimos la puerta con la energía que estábamos generando. Esta realidad es la que hace tan delicioso el aprendizaje sobre el dualismo del segundo chakra; cuanto más conscientes nos hacemos, más conscientemente podemos utilizar la energía del segundo chakra.

El poder de elección

La energía del segundo chakra nos sirve para evolucionar y trascender la energía colectiva de la tribu. La elección nace de los opuestos, y la dualidad del segundo chakra nos impulsa a elegir en un mundo de opuestos, de modalidades de energía positiva y negativa. Cada elección que hacemos aporta una sutil corriente de nuestra energía al Universo, que es sensible a la influencia de la conciencia humana.

Administrar o manejar el poder de elección, con todas sus consecuencias creadoras y espirituales, es la esencia de la experiencia humana. Toda enseñanza espiritual tiene por finalidad estimularnos a reconocer que el poder de elegir es la dinámica que convierte el espíritu en materia, la palabra en carne. La elección es el proceso mismo de la creación.

El hecho de que nuestras elecciones entretejan nuestro espíritu en los acontecimientos es el motivo de que las principales tradiciones espirituales se hayan formado en torno a una enseñanza esencial: elige sabiamente, porque cada elección que haces es un acto creador de poder espiritual del cual eres responsable. Además, cualquier elección hecha a partir de la fe tiene todo el respaldo del poder del cielo, de ahí que «la fe del tamaño de un grano de mostaza puede mover una montaña», pero cualquier elección hecha a partir del miedo es una violación de la energía de la fe.

Sin embargo, la elección tiene un aspecto misterioso, porque jamás sabremos completamente el resultado total de ninguna elección que hagamos. Una enseñanza primordial del segundo chakra es la naturaleza paradójica de la elección. Lo que parece correcto puede resultar que estaba equivocado; lo que parece bueno puede acabar siendo malo. Justo cuando todo va sobre ruedas, el caos lo estropea todo.

Paradójicamente, si bien la energía del segundo chakra nos inclina a tratar de controlar nuestra vida, la enseñanza es que no podemos estar al mando. Somos seres físicos y energéticos, pero, dado que el mundo externo no se puede controlar, la tarea que tenemos por delante es dominar nuestras reacciones interiores al mundo externo, es decir, nuestros pensamientos y emociones.

En todo caso, todos batallamos en un ciclo aparentemente interminable de decepciones en el cual tratamos de controlar nuestra vida. Buscamos sin cesar una elección fantástica que lo ponga todo en orden permanente, deteniendo el movimiento del cambio lo suficiente para establecer un control definitivo sobre todos y todo. ¿Es ésa la profesión ideal? ¿Es ése el cónyuge ideal? ¿Es ésa la ubicación geográfica ideal? Al buscar constantemente esa única elección correcta, damos forma al miedo al ritmo cambiante que es la vida misma. Al buscar a esa sola persona o cosa externa que nos proporcione paz, estabilidad, amor y salud para siempre, dejamos de lado el poder más auténtico que está «detrás de nuestros ojos, no delante». La verdad contenida en la naturaleza paradójica del dualismo es la siguiente: No es lo que elegimos lo que importa; el poder para influir en el resultado está en el motivo para hacer determinada elección.

El reto que nos presenta el segundo chakra es conocer qué nos motiva a elegir lo que elegimos. Conociendo nuestros motivos conoceremos el contenido de nuestro espíritu. ¿Estamos llenos de miedo o llenos de fe? Cada elección que hacemos contiene la energía de la fe o la del miedo, y el resultado de toda decisión reflejará hasta cierto punto esa fe o ese miedo. Esta dinámica de la elección nos garantiza que no podemos huir de nosotros mismos ni de nuestras decisiones.

Elección y relaciones

La energía del segundo chakra es muy voluble, porque desea crear. También está vinculada a asuntos relativos a la supervivencia física, la relación sexual, el poder y el dinero, que son las monedas de las relaciones. Cuando nos lanzamos a hacernos un lugar en el mundo físico, nuestros conflictos interiores entre la fe y el miedo suelen quedar enterrados bajo problemas de supervivencia que dominan nuestros pensamientos: ¿Soy capaz de ganarme la vida? ¿Soy capaz de encontrar una pareja? ¿Soy capaz de cuidar de mí?

El lado oscuro de los temas del segundo chakra se compone de nuestros miedos predominantes: violación, traición, pérdida económica y pobreza, abandono, soledad, impotencia e incapacidad de cuidar de nosotros mismos. Cada uno de estos temores tiene el poder de dominarnos y de gobernar nuestros actos toda la vida. En el lenguaje de las escrituras, estos miedos equivalen a «falsos dioses».

Para conocer nuestras motivaciones, es decir, descubrir nuestros «falsos dioses» personales, necesitamos las relaciones. Para entablar una relación hacemos uso de parte de nuestra energía o poder personal. Una vez entablada, podríamos preguntarnos, muchas veces inconscientemente: ¿Esta relación me quita poder o yo extraigo poder de ella? ¿Dónde acabo yo y dónde comienza la otra persona? ¿Cuál es mi poder y cuál es el poder de la otra persona? ¿Me estoy comprometiendo yo a cambio de seguridad, dinero o posición social? Si bien estas preguntas son sanas en esencia, en la mayoría de las relaciones comenzamos a pensar a partir de opuestos psíquicamente divisores e inductores de conflicto: yo o tú, mío o tuyo, bueno o malo, ganador o perdedor, correcto o equivocado, rico o pobre.

En su sentido simbólico, estos conflictos representan la relación que mantienen la mayoría de las personas con Dios: mi poder o el Tuyo; ¿estás realmente conmigo en la Tierra o debo tratar de controlarlo todo yo? Y aun en el caso de que haya un poder divino actuando entre bastidores, ¿cómo sé qué elecciones hacer? Este conflicto primario de fe conforma todas y cada una de nuestras relaciones.

Paradójicamente, el desafío de manejar estas energías

conflictivas es mantenerlas en la conciencia de la unicidad inherente del Universo. Comenzamos este viaje explorando el conflicto en las relaciones: las relaciones generan conflicto, el conflicto genera elección, la elección genera movimiento y el movimiento genera conflicto. Rompemos este ciclo haciendo elecciones que trascienden el dualismo y las divisiones que percibimos entre nosotros mismos y los demás, y entre nosotros y Dios. Mientras uno se concentre en tratar de dominar a otro, olvidando que ese otro es un espejo que refleja sus propias cualidades, mantendrá vivo el conflicto en su interior. Sin embargo, considerarnos mutuamente unidos en uniones simbólicas nos sirve para dar cabida a las diferencias. Éste es el sentido simbólico del sacramento de la comunión.

El desafío de administrar la energía creativa

Las energías del segundo chakra necesitan crear vida, «mover la tierra», dejar una impresión o contribución en el continuo de la vida. A diferencia de la inspiración, que es cualidad del séptimo chakra, la energía creativa es esencialmente física, terrenal, está conectada a la tierra. Es la sensación de estar físicamente vivo. La energía del segundo chakra nos proporciona los instintos e intuiciones básicos para sobrevivir, como también el deseo de crear música, arte, poesía y arquitectura, y la curiosidad para investigar la naturaleza en las ciencias y la medicina. La energía creativa nos atrae hacia un diálogo interior con las polaridades del yo, nuestras inclinaciones conflictivas, y nos impulsa a formar relaciones externas para resolver esas polaridades.

La energía creadora nos saca de las modalidades habituales de comportamiento, pensamientos y relaciones. El hábito es un infierno al que se aferran las personas con el fin de detener la corriente del cambio. Pero la energía creativa desafía la repetición del hábito. Estas dos fuerzas, la repetición y la creatividad, están reñidas entre sí dentro de la psique humana y nos impulsan a dar un sentido personal y otra forma al caos de nuestro mundo.

La energía del segundo chakra es uno de los principales recursos para hacer frente a los acontecimientos cotidianos, ofreciendo soluciones creativas a los problemas mentales, físicos y espirituales. La obstrucción de esa energía puede dar origen a problemas de impotencia, infertilidad, infecciones vaginales, endometriosis y depresión. También obstaculiza nuestra maduración espiritual, como si dijera: «Ya no quiero ver más, no quiero profundizar más, no quiero participar en el proceso de aprendizaje de la vida.» Si se le permite circular, la energía creativa actuará continuamente para dar otra forma a nuestra vida y revelarnos más sobre por qué las cosas ocurren como ocurren de lo que podríamos entender solos.

Una mujer llamada Kate vino a verme para que le hiciera una lectura después de que su marido muriera en un accidente de coche a los treinta y tantos años. Ella se quedó sola para mantener a dos hijos, con opciones aparentemente mínimas para arreglárselas en la vida, ya que no tenía ningún tipo de educación formal ni habilidades. Me dijo que sencillamente no le quedaba ni un ápice de energía para «continuar viviendo».

Era evidente, para mí y para ella, que sufría una depresión. Durante la evaluación vi que tenía un quiste ovárico benigno, del cual ella aún no sabía nada. Hablamos de la importancia de dejar atrás el pasado y encontrar un motivo para continuar, pero eso a Kate le parecía abrumador. Le dije que fuera a ver a su médico para que le examinara el quiste, y también que hiciera alguna pequeña tarea que representase su intención de reconstruir su vida. Tenía que visualizar que esa tarea aportaba nueva energía a su vida. Que tuviera un quiste en el ovario no era sorprendente, porque no sólo había perdido a su compañero sino también una forma de vida, y se encontraba ante el problema de su capacidad para sobrevivir física y económicamente. La supervivencia es un tema importante del segundo chakra.

La tarea que eligió para simbolizar su nuevo comienzo fue plantar flores, que representarían una nueva vida. Cada vez que plantaba una flor, decía: «Éste es un nuevo comienzo para mí y para mis hijos.» Día a día fue trabajando más conscientemente en atraer energía al presente. No se permitía pensar demasiado en la vida que había llevado con su marido. También fue al médico para que la examinara. El médico le confirmó que tenía un quiste benigno en el ovario. No estaba en peligro inmediato, le dijo, pero tenía que controlárselo periódicamente. Entonces ella añadió otra tarea a la de plantar flores. Cuando quitaba malas hierbas en el jardín, decía: «Me estoy quitando el quiste del cuerpo.»

Al cabo de seis semanas comenzó a tener ideas acerca de cómo obtener ingresos. Siempre había sido buena para las actividades domésticas, como cocinar y coser, pero jamás se le había ocurrido ganarse la vida con esas habilidades. Entonces, un día la llamó una amiga para decirle que acababa de torcerse la muñeca y que tenía que coser todo el vestuario para una producción del teatro de la localidad; ¿podría encargarse ella de ese trabajo?

Kate aceptó, fue al teatro, recibió las instrucciones sobre los trajes y vestidos y volvió a casa con la tela y las medidas. Cuando miró los diseños comenzó a imaginar modificaciones y vio dónde podría hacer mejoras. Llamó a la persona encargada del vestuario y le sugirió algunas modificaciones, que fueron aceptadas. El vestuario fue un éxito. Poco después empezó a recibir peticiones para que colaborara en otros proyectos teatrales y trabajos de diseño personal.

Finalmente Kate abrió su propio taller de diseños y tiene un próspero negocio. El quiste en el ovario se disolvió. Ha recomendado a muchas personas que cuando se sientan en un callejón sin salida y necesiten comenzar de nuevo, planten flores en un jardín mientras piensan: «Esto que planto es una idea creativa para mi vida.»

El caso de Kate ilustra cómo la energía creativa nos puede lanzar por caminos que jamás habíamos imaginado y aumentar el poder de nuestras elecciones positivas. Una idea creativa tiene su propio campo energético y puede generar la participación sincrónica de las personas y circunstancias que se necesitan para llevar la idea adelante y pasar a la siguiente fase de la vida. Simbólicamente, la historia de Kate también representa la presencia de las energías espirituales de la sefirá de Yesod, la necesidad de crear, y del sacramento de la comunión, la fuerza magnética que irradiamos y nos atrae ayuda cuando más la necesitamos.

Dado que la energía creativa es tan voluble y potente, uno de los mayores retos es utilizarla conscientemente. Lo hacemos con mucha frecuencia en la intimidad de nuestros pensamientos, pero también está presente en las conversaciones con los demás. Por ejemplo, podemos cambiar creativamente los detalles de las historias que contamos para que se adapten a nuestros propósitos, o manipular a alguien para obtener lo que deseamos. Esos actos emplean de modo negativo la energía. El chismorreo y la manipulación agotan el poder del segundo chakra.

Los actos y los pensamientos negativos tienen su origen en el miedo. El grado de autoridad que tiene en nuestro interior, por ejemplo, el miedo a la traición de una persona, o a la violación dentro de una relación, o un abuso en asuntos económicos, determina el grado en que nos comportamos de modo negativo. La fe en algo, sea positivo o negativo, produce resultados. Poner la fe en el miedo da resultados destructivos, comenzando por la desintegración de nuestra capacidad de relacionarnos con confianza con el mundo externo.

Cuando estamos motivados por el temor, nos pueden seducir fácilmente los falsos dioses del sexo, el poder, el dinero y todo lo que ellos representan. Una vez seducidos, cedemos nuestro dominio a la autoridad seductora: la relación personal disfuncional, la fuente externa de dinero o seguridad, la experiencia que se sigue recordando cuando hace mucho que debería haberse olvidado, o la adicción a las drogas o al alcohol. Hipnotizada por la voz del miedo, la persona es incapaz de pensar y actuar con claridad porque está contaminada por temores que interrumpen la energía y las ideas creativas, que toman su energía del segundo chakra. Literal y simbólicamente el segundo chakra es el canal del nacimiento. Aunque las ideas recién nacidas tienen su propio campo energético y luchan por sobrevivir, como hacen los bebés recién nacidos, el miedo suele abortar una nueva idea. Algunas personas temen dar a sus ideas, o relaciones, el «espacio para respirar» que necesitan para prosperar. Es posible, por ejemplo, que la persona se sienta amenazada cuando una idea suya llega al punto en que necesita el apoyo de la pericia ajena. O tal vez adopte una posición de propietaria de la idea, es decir, dado que ella «parió» la idea, ésta es suya y por lo tanto ella tiene que controlarlo todo y a todas las personas que se han adherido a la idea. Ambas reacciones suelen producir un «ahogo de energía», al igual que hace un progenitor o pareja controlador y temeroso.

Un hombre llamado John asistió a uno de mis seminarios porque deseaba descubrir intuitivamente una nueva dirección para su profesión. Según contó, siempre se había esperado que estableciera su propia empresa de vídeos. Cuando se aproximaba su cuarenta cumpleaños, pensó que era cuestión de «ahora o nunca». Encontró dos socios y entre los tres pusieron en marcha lo que todos esperaban que sería una empresa próspera. Juntos elaboraron un plan y empezaron a buscar inversores. Durante el período de planificación o «período de soñar» del proyecto todo fue bien entre ellos. Disfrutaron poniendo en común sus energías y ambiciones y pensaron que estaban llamados al éxito, creencia que se hizo aún mayor cuando se aseguraron cinco inversores diferentes.

Pero, inesperadamente, la inyección de capital los enfrentó entre sí. En lugar de catapultarlos hacia la siguiente fase creativa de desarrollo, el dinero cambió la actitud de John, que comenzó a hacer sutiles insinuaciones de que, en su mayor parte, las ideas eran fruto de su creatividad, y que por lo tanto él debía estar al mando de la siguiente fase de decisiones. La competición de John con sus socios descarriló el ímpetu creativo y al cabo de seis meses, ya gastada una buena parte de la inversión inicial, todavía no habían logrado producir ningún vídeo. Los tres se vieron finalmente obligados a disolver la sociedad y declararse en bancarrota. John echaba la culpa del fracaso a sus socios, convencido de que envidiaban su talento.

Junto con la capacidad de crear del segundo chakra, está también la capacidad de conflicto. Su verdad sagrada y tema, *Respetaos mutuamente*, contiene enorme poder espiritual y la solución para el manejo de su desafío espiritual. Cuando actuamos de acuerdo con esta verdad, hacemos aflorar lo mejor de nosotros mismos y de los demás. Simbólicamente, las energías de la sefirá de Yesod y el sacramento de la comunión han de ser utilizadas para honrar a otro ser humano, ya sea intuyendo las palabras adecuadas que hay que decir a alguien, o reconociendo la igual importancia que tiene en una unión. La creación es una forma de comunión que une las energías generadoras de vida de las personas en pos de un objetivo común. A la creatividad se la suele llamar también semillas o simientes, que es otra alusión metafórica a la energía fálica de la sefirá de Yesod.

John fue incapaz de reconocer el hecho de que sus socios también tenían talento, ideas creativas y ambición. En lugar de respetarlos y trabajar con ellos, se sintió amenazado. Cuando le hice una lectura en privado, con la esperanza de ayudarlo a comprender la fuente de su temor, recibí la impresión de que lo que más temía era la impotencia, y que relacionaba la impotencia sexual y la impotencia económica y creativa con la autoridad compartida. Al mismo tiempo le atraía la idea de crear con otras personas. Aunque era posible resolver ese conflicto con terapia, él se resistió a la sugerencia. Me dijo que, en su opinión, todo negocio debe tener un solo jefe y que su problema se resolvería si lograba encontrar un grupo de personas con talento que entendieran eso. La terapia, dijo, no cambiaría su forma de pensar sobre la dinámica de llevar un negocio y, por lo tanto, no le serviría de nada. Le dije que mientras no estuviera motivado para poner en duda sus creencias continuaría dirigiendo empresas que finalmente fracasarían. La verdad es que salió del seminario decidido a encontrar otro equipo al que dirigir.

Los abortos energéticos y físicos resultantes del miedo tienen consecuencias emocionales y con frecuencia también físicas. Las mujeres que se practican abortos porque sus maridos las rechazan a ellas o al bebé, o porque les aterra ser incapaces de ofrecer un hogar al bebé, podrían tener trastornos en el sistema reproductor, por ejemplo, miofibromas. Una vez me llamó Norm Shealy para consultarme sobre una paciente que sufría de una grave hemorragia vaginal sin causa física conocida. Cuando le evalué la energía, vi que había tenido dos abortos, ninguno de ellos deseado por ella. Le pregunté a Norm si ella le había dicho algo sobre sus dos abortos. Norm le preguntó acerca de sus sentimientos hacia esos abortos, de los que no había hablado durante el examen médico. La mujer se desmoronó emocionalmente y sacó fuera toda la aflicción y el sentimiento de culpa que habían pesado sobre ella durante años. Esos traumas eran la causa energética de la hemorragia.

Las mujeres que he conocido que se han practicado abortos por decisión propia han dicho que no se sienten traumatizadas por la experiencia. Pensar que no era el momento adecuado para ser madres y el hecho de saber que tenían derecho a tomar esa decisión tuvo un papel importante en su capacidad para vivir tranquilas respecto a su elección. Una mujer me contó que antes de practicarse el aborto realizó una ceremonia en la cual envió un mensaje al espíritu del bebé que llevaba. Le comunicó que no podía proporcionarle un ambiente estable. Estaba convencida de que el mensaje fue recibido porque después del aborto tuvo un sueño, en el cual se encontró con un espíritu que le dijo: «Todo está bien.»

Los abortos de energía ocurren con mucha mayor frecuencia que los abortos físicos, y son experiencias de hombres y mujeres. Así como el aborto de un feto puede dejar enormes cicatrices emocionales y físicas, también los abortos de energía dejan su marca. Tanto en hombres como en mujeres, los abortos de energía son causa de problemas físicos, entre ellos la infertilidad. Muchas profesionales que están excesivamente dedicadas a sus profesiones tienen dificultades para quedar embarazadas. Algunos hombres en la misma situación también experimentan problemas de próstata y dificultades con su potencia sexual.

Un hombre recordaba que había invertido gran cantidad de tiempo, energía y dinero en planear una nueva empresa. Dado que no tenía suficiente dinero para ponerla en marcha solo, buscó el respaldo financiero de algunos conocidos. Basándose en la fuerza del respaldo prometido, se puso a hacer planes. Después de varios meses de pulir los detalles, fue a ver a sus socios para obtener el dinero que le habían prometido. Todos se echaron atrás. Su creación nunca vio la luz y él se sintió profundamente dolido. Según sus palabras, no pudo «parir» la idea. Durante años llevó en su cuerpo la «muerte» de su plan, como un aborto. Finalmente desarrolló un tumor maligno en el colon, que le causó la muerte años después. Su necesidad de dar a luz vida, que es igual en la psique masculina y femenina, lo hizo sufrir ese aborto de energía.

Otro hombre me contó que una vez su esposa se practicó un aborto sin que él lo supiera, porque pensaba que la decisión era sólo de ella. Cuando él se enteró, llevó en su organismo la energía de rabia y culpa de ese aborto. A consecuencia de ello se quedó impotente: su cuerpo se negó a volver a producir vida.

El desafío de administrar la energía sexual

La sexualidad y todas nuestras actitudes hacia ella están impresas en el segundo chakra. La sexualidad es un poder sin refinar, el poder para formar lazos sólidos y una unión íntima con otra persona, con la cual podemos producir y sustentar vida. Tener una pareja y formar una familia, con o sin hijos, representa para nosotros estabilidad como adultos. Encontrar una pareja para la vida también incluye formar una unión con una persona del mismo sexo. Romper las restricciones culturales que obligan a la gente a atenerse a formas reducidas y limitadas de expresión sexual ha permitido a las personas buscar compañía según sus necesidades. Así, la comunidad homosexual ha iniciado su viaje hacia la conquista de la dignidad dentro de un mundo predominantemente heterosexual.

El segundo chakra contiene el deseo de crear vida y también la capacidad para hacerlo. El embarazo y el parto unen las fuerzas «dualistas» entre dos personas de forma más tangible que cualquier otra expresión de unidad.

Además de crear vida, la relación sexual es también un medio de autoexpresión, un medio para afirmar el agrado que nos produce relacionarnos físicamente con el mundo que nos rodea. La sexualidad nos conecta con el cuerpo y las necesidades físicas, así como con la capacidad para explorar nuestros aspectos eróticos y sensuales. El erotismo sexual es una forma de liberación, no sólo emocional y física, sino también espiritual. ¿Por qué espiritual? El placer erótico es, por naturaleza, «momentáneo», es un encuentro en el cual derribamos la mayor parte de las fronteras físicas para disfrutar en toda su plenitud del contacto humano. Explorada sin vergüenza, la energía erótica puede elevar el cuerpo y el espíritu humanos a sensaciones de éxtasis, que a veces producen estados alterados de conciencia.

Las mujeres son ejemplos físicos de la forma vital continuada de la energía, que se convierte en materia mediante el embarazo y el parto. El ciclo vital femenino expresa una progresión natural de la energía sexual. En la mayoría de las mujeres, por ejemplo, la kundalini, o energía espiritual-sexual, comienza a subir naturalmente alrededor de los cuarenta años. A medida que sube, activa los chakras por donde pasa. Cualquier asunto inconcluso que esté albergado en los chakras inferiores se manifestará durante los años premenopáusicos y menopáusicos. En las mujeres que han tenido placer sexual limitado, por ejemplo, la energía kundalini obstruida, o juegos sexuales no practicados, se puede manifestar en forma de sofocos. La energía creativa no utilizada, o conflictos creativos, también podría manifestarse en forma de sofocos.

En una mujer menor de cuarenta años, los trastornos menstruales, dolores y síntomas premenstruales son indicadores clásicos de que el hecho de ser mujer, su papel en la tribu y las expectativas de la tribu respecto a ella le causan cierto tipo de conflicto. La mayoría de los problemas de menstruaciones muy abundantes e irregulares se deben a que la mujer está sometida a un estrés emocional excesivo, combinado con la creencia de que no tiene ningún poder de elección en su vida y de que sus opciones están controladas por otros. Las anormalidades hemorrágicas se exacerban cuando la mujer interioriza señales confusas de su familia o de la sociedad respecto a su placer y necesidades sexuales. Por ejemplo, una mujer puede desear placer sexual, pero al mismo tiempo sentirse culpable por ello o incapaz de pedirlo francamente. Es posible que ni siquiera tenga conciencia de su conflicto interior.

Los problemas tubáricos (o de las trompas de Falopio) y de fertilidad están centrados en la «niña interior» de la mujer, mientras que las trompas en sí mismas representan heridas de la infancia no sanadas o energía no utilizada. Se puede obstaculizar la salida de óvulos porque el ser interior de la mujer no se siente lo suficientemente «mayor», querido, maduro o sanado para ser fértil. Es posible que tras los problemas de trompas esté esta modalidad energética. Una parte de la mujer puede continuar en la prepubertad debido a una indecisión inconsciente acerca de su disposición a producir vida, si en cierto modo aún no «ha salido del huevo» ella misma.

Las energías kundalini son energías opuestas de la psique y el cuerpo. Se enrollan alrededor de la columna, desde la base, en el primer chakra, hasta la coronilla, pasando en espiral por los siete chakras. Siguiendo una tradición espiritual hindú, el yoga kundalini enseña una manera de manejar esta energía e inducir una experiencia kundalini, un estado de éxtasis espiritual al que se llega disciplinando la propia energía sexual. En lugar de la liberación normal de la energía sexual mediante un orgasmo físico, la práctica espiritual kundalini dirige la energía sexual hacia arriba, por la columna, y culmina en una unión espiritual con lo Divino. De numerosos místicos se dice que experimentaban estados alterados de conciencia durante momentos de meditación profunda en que se producía liberación orgásmica.

Normalmente, el erotismo sexual produce orgasmo, y la liberación de este voltaje de energía es esencial para la salud física, mental y psíquica. El orgasmo es una manera, ciertamente muy placentera, de eliminar los «desechos energéticos» que acumulamos a través del contacto humano corriente. El ejercicio y la creatividad son otros medios conocidos de liberación. Pero cuando la persona no tiene forma de liberarla, esta energía se queda en el organismo y, si no se la maneja conscientemente, puede producir reacciones que recorren toda la gama, desde la depresión hasta la violencia. Sin embargo, sí se producen experiencias kundalini espontáneas.

En otros tiempos, yo me habría reído de la idea de que una unión sexual condujera a un lazo espiritual. Pero en la siguiente historia las profundas verdades kundalini y las enseñanzas tántricas resultan evidentes.

Conocí a Linda hace varios años, cuando las dos estábamos invitadas en la casa de una amiga común. Yo tenía dolores premenstruales y le pregunté si tenía una aspirina, comentando de paso:

—Ya sabes cómo es esto.

—Pues no, no lo sé —dijo ella—. Jamás en la vida he tenido una regla. —Al ver mi expresión de incredulidad, añadió—: Puedes hacerme una lectura si quieres.

Eso hice. Inmediatamente recibí la impresión de que le habían hecho una histerectomía, pero la impresión era muy rara, pues la imagen era de una niña a la que le hacen la operación. Al mismo tiempo recibí la impresión de una intensa energía sexual que circulaba en un flujo muy sano por su segundo chakra, imagen que rara vez se ve en la energía de mujeres que ya no tienen sus órganos sexuales. Le expliqué mis impresiones y admití que eran muy confusas para mí.

Sonriendo, ella confirmó que le habían hecho una histerectomía. El resto de las imágenes, me dijo, adquirirían sentido cuando me contara su historia.

Linda y su marido, Steve, habían sido novios en el instituto a comienzos de los años sesenta. En aquel tiempo todavía era raro que los adolescentes se relacionaran sexualmente. Ella reconoce que temía el momento en que su relación con Steve se hiciera sexual, porque a los dieciséis años le habían diagnosticado que tenía subdesarrollados los órganos sexuales (lo cual explica por qué recibí la imagen de una niña). Le era imposible tener ciclos menstruales normales y mucho más un embarazo. Le avergonzaba sufrir ese trastorno y no se lo dijo a Steve. Temía que si él se enteraba de que no podía tener hijos no se casaría con ella, porque no era una mujer «normal». A lo mejor incluso dejaba de encontrarla sexualmente atractiva. No tenía ni idea de si podría tener relaciones sexuales con un hombre, pero deseaba muchísimo casarse con Steve.

En esa época, Linda se había aficionado a tocar el dulcémele (salterio), un instrumento de cuerda popular en Estados Unidos. Steve le hizo uno y se lo regaló la noche en que se graduaron. Esa noche hicieron el amor. Ella no le contó su secreto; le aterraba la idea de que, de alguna manera, él descubriera alguna anomalía durante el acto sexual, que para ella era el primero.

Mientras hacían el amor Linda comenzó a jadear, no tanto por pasión como por temor. Al mismo tiempo repetía mentalmente una oración, pidiéndole a Dios que les permitiera estar juntos toda la vida. En medio de esta mezcla de fervor espiritual y amor sexual, notó una oleada de energía que le recorrió todo el cuerpo y pasó al de Steve. Sintió como si ambos se hubieran convertido en un solo sistema energético, y en ese momento estuvo segura de que se casarían, aunque ella no pudiera tener hijos.

Pero a la semana de esa potente noche de graduación, Steve le anunció que deseaba marcharse por un tiempo, solo. Lo repentino de esa decisión, unido a la nueva intimidad entre ellos, la convenció de que se marchaba porque ella funcionaba mal sexualmente. Creyó que él no deseaba estar con ella, y que dejar la ciudad era su manera de decírselo. Se despidieron.

Transcurridos cuatro años, cada uno se casó con otra pareja. Curiosamente, los dos se casaron el mismo mes. Si bien Linda deseaba dar lo mejor de sí a su matrimonio, nunca había dejado de amar a Steve. En realidad, cuando se casó ya no le importaba si su incapacidad para tener hijos o llevar una vida sexual normal representaría un problema para un hombre, ni siquiera para su marido. Al año y medio de estar casada le hicieron una histerectomía porque se le estaba desarrollando un tumor en el útero.

Cuando se casaron, tanto Linda como Steve se trasladaron a ciudades distantes de su ciudad natal. Los dos matrimonios duraron cinco años y, por increíble que pueda parecer, los dos se divorciaron con una semana de diferencia. Y los dos volvieron a su ciudad el mismo mes. Durante todos esos años no se habían visto ni tenido contacto con anteriores amigos comunes.

Después de regresar a su ciudad, Linda se encontró en apuros económicos, tanto que tuvo que empeñar todas sus cosas de valor, entre ellas el preciado dulcémele, su último vínculo con Steve. Dos horas después de que Linda saliera de la casa de empeño, entró Steve a empeñar algunas de sus joyas. Vio el dulcémele y preguntó cuánto tiempo llevaba allí. Cuando le dijeron que la persona que lo había llevado prácticamente acababa de salir de la tienda, él salió a buscarla, dulcémele en mano. Esa noche Linda y Steve se reunieron y desde entonces no han vuelto a separarse. Cuando él vio el dulcémele, le dijo, al instante su cuerpo se saturó del recuerdo de ella y se sintió invadido de amor. Comprendió que se encontraba en un apuro económico desesperado, porque si no jamás lo habría empeñado.

Esa misma noche ella le explicó su problema de salud, y también su creencia de que la había dejado porque ella no era un ser sexual completo. Él le confesó que su motivo para marcharse fue que la noche de la graduación, cuando estaban haciendo el amor por primera vez, sintió una oleada de energía que le recorrió todo el cuerpo, algo que jamás había experimentado antes. Sintió como si todo su ser estuviera unido a ella para siempre, y en ese momento la sensación fue de euforia. Pero al pensarlo unos días después, la sensación lo asustó, y lo único que se le ocurrió hacer fue huir. Linda se quedó muda de asombro.

Esa misma noche decidieron casarse, y la ceremonia se celebró antes de que acabara la semana. Cuando hicieron el amor la noche de su reencuentro, sintieron de nuevo aquella oleada de energía, y esta vez los dos fueron conscientes de ella. Pensaron que sólo se debía al placer de estar nuevamente juntos, pero al continuar con regularidad su actividad sexual la energía fue aumentando. Steve había leído cosas acerca de la energía kundalini e introdujo a Linda en el concepto. Desde entonces utilizaron conscientemente esa oleada de energía, tanto para el placer físico como para el placer espiritual. Eso explicaba de sobra mi impresión de las oleadas de energía sana que circulaban por su segundo chakra a pesar de la histerectomía.

La unión sexual, con todos sus placeres físicos, también simboliza la unión espiritual de dos personas. Muy bien podría ser que la energía sexual abra una corriente de energía espiritual que forma lazos trascendentes entre dos personas profundamente enamoradas.

A Linda y Steve les permitió alcanzar ese estado de conciencia que se define como experiencia kundalini, una expresión total del poder conjunto de la sefirá de Yesod, el sacramento de la comunión y el segundo chakra o chakra relacional.

La necesidad de esforzarnos por respetarnos mutuamente suele quedar eclipsada en las relaciones sexuales, debido en gran medida a que con mucha frecuencia el miedo domina la energía sexual. Hace que los hombres tengan miedo de no ser lo suficientemente potentes o masculinos: sin embargo, la mayoría de las tribus permiten a sus niños actuar sexualmente sin ningún control hasta que alcanzan cierta «madurez». En ese momento se supone que adquirirán automáticamente la capacidad de actuar sexualmente con responsabilidad. Una percepción tribal muy común es que los jóvenes tienen que «hacer sus correrías» para después poder establecerse, lo que exime a los hombres de ser condenados o considerados responsables de su comportamiento. Al fin y al cabo, sus impulsos biológicos los dominan.

A las mujeres, en cambio, no se les da el mismo permiso para explorar su naturaleza sexual, pese a que el movimiento de liberación de la mujer ya ha cumplido tres décadas. Todavía se exige a las mujeres que se comporten, que controlen su energía sexual, mientras los hombres siguen disfrutándola. A muchas mujeres se les crea un miedo a perder el control e incluso a ser consideradas seres sexuados. Una participante en uno de mis seminarios explicaba que su madre siempre hacía que se sintiera «sucia» cuando se arreglaba para salir con sus amigas y amigos. Las insinuaciones sexuales de su madre le hacían pensar que atraer la atención de cualquier hombre equivalía a prostitución. Esa intrusión emocional de la madre era una violación de la energía de su hija.

La consideración de la energía sexual como necesaria, pero siempre «potencialmente descontrolada», contribuye muchísimo a fomentar la actitud tribal esquizofrénica que nuestra sociedad adopta hacia la expresión sexual. Anima a las mujeres a estar, actuar y vestirse sexualmente atractivas, pero si a consecuencia de eso son atacadas, a la mente social sigue resultándole incómodo culpar al violador, agresor o asesino. Todavía se examina a las mujeres que han sido violadas para ver cómo iban vestidas e investigan su vida sexual. Las mujeres a quienes su novio o marido golpea o viola reciben apoyo de grupos organizados para protegerlas, pero no de la sociedad en su conjunto. La mente social todavía pregunta a las mujeres maltratadas cosas como: «Y si es tan malo, ¿por qué no lo dejó?», queriendo decir con ello que esas agresiones son problemas que han de resolverse mediante terapia, que no son lo suficientemente graves para presentar un demanda judicial. Las condenas mínimas que reciben los violadores expresan la actitud tribal de que las violaciones sexuales siguen siendo sólo un poco ilegales, delitos menores, no comparables con las verdaderas atrocidades sociales.

El dualismo de las energías del segundo chakra lleva consigo, por un lado la opinión social de que la energía sexual está fuera de control, y por otro, el alto valor que atribuyen nuestras tribus al autocontrol. Consideramos la sexualidad una amenaza para nuestra capacidad de dominarnos y de controlar a otros. Las relaciones de cualquier tipo hacen que aflore la necesidad de protegernos, pero los lazos sexuales hacen aflorar miedos extremos, sobre todo a la traición, un miedo tan fuerte que puede poner en peligro una relación íntima.

Las ideas culturales sobre la sexualidad varían de una sociedad a otra. La historia puritana de la cultura estadounidense, combinada con el valor que damos al control sexual, contribuye enormemente al sentimiento de vergüenza por nuestro cuerpo y nuestra naturaleza sexual. En la mayoría de mis seminarios, las personas que cuentan sus casos de vida sexual insatisfactoria son tan numerosas como las que acuden por motivos de salud. Muchas dicen haber estado casadas años e incluso décadas, sin haber tenido ni una sola conversación con su cónyuge acerca de sus respectivas necesidades sexuales. Los motivos dados varían desde la vergüenza a la simple ignorancia de lo que significa tener necesidades sexuales.

Esta vergüenza sexual, tan predominante en nuestra mente tribal, influye en la necesidad de la sociedad estadounidense de generar leyes que establezcan el comportamiento sexual correcto e incorrecto. Dado que la energía natural del segundo chakra sale del yo y va hacia el «otro», su miedo característico produce la necesidad de controlar el comportamiento sexual. Así, la tribu da validez a las parejas casadas y monógamas y trata de avergonzar a las otras. Algunos estados no sólo consideran incorrectos, sino delictivos, ciertos tipos de conducta sexual, prescindiendo del hecho de que, entre adultos que han llegado a un mutuo acuerdo, la actividad sexual es voluntaria. Esta condena legal se dirige en particular a los homosexuales.

La vergüenza por la sexualidad se extiende a las enfermedades de transmisión sexual, como la sífilis, el herpes y el sida. Inevitablemente, las personas que padecen una enfermedad de transmisión sexual se sienten obligadas a ofrecer un perfil de su vida sexual, para que nadie piense que han contraído la enfermedad por mantener relaciones sexuales indiscriminadas.

Las conductas sexuales delictivas, como la violación, el incesto y el acoso sexual a los niños, son algo más que violaciones físicas; son también violaciones de la energía. Se puede violar el campo energético de una persona maltratando verbalmente o adoptando una actitud destructiva, discapacitadora.

Bill, participante en un seminario, tuvo una relación con su padre que ilustra la violación emocional o de actitud. Cuando era niño, su padre le manifestaba constantemente su desprecio diciéndole que «nunca sería nada en la vida». Él dedicó años a tratar de demostrarle a su padre que estaba equivocado, pero jamás lo consiguió. Cuando murió su padre, sin haberse retractado nunca de su condena, Bill quedó paralizado emocionalmente. Sufría de depresión crónica, no era capaz de conservar un empleo y era impotente. Aunque el desprecio de su padre iba dirigido a la potencia de su hijo en el mundo material, no a su sexualidad, la productividad económica y la sexualidad son energías del segundo chakra y, como tales, están estrechamente ligadas.

La violación y el incesto de un campo energético están motivados por el deseo de mutilar la capacidad de la persona para ser independiente y prosperar. Los órganos sexuales albergan el daño infligido por esas creencias y actos negativos. Numerosas personas que sufren de problemas sexuales, desde la impotencia y la infertilidad hasta el cáncer en los órganos reproductores, recuerdan haber sido criticadas constantemente por sus habilidades profesionales, ambiciones y logros, así como también por su apariencia física. En realidad, los padres «violaron» a sus hijos, despojándolos del poder personal que necesitaban para la salud y el éxito.

Las violaciones de energía de este tipo podrían ser incluso más comunes que la violación física y el incesto. Cuando la violación y el incesto se definen en el sentido de violaciones de energía, hombres y mujeres reconocen por igual haber sido violados. Cuando en los seminarios pregunto a los participantes: «¿Cuántos de vosotros habéis sentido violada vuestra dignidad o estima propia en el ambiente laboral o familiar?», casi todo el mundo levanta la mano.

Cuando pregunto: «¿Cuántos de vosotros sois o habéis sido violadores de energía?», la respuesta es, comprensiblemente, algo más moderada. Sin embargo, cuando las habilidades físicas de otra persona nos intimidan y adoptamos actitudes negativas hacia ella o nos enzarzamos en un combate verbal, lo que realmente hacemos es intentar violar a esa persona, despojarla de su poder. El cuerpo físico alberga las intenciones negativas en los órganos sexuales: los actos de violación de energía dañan tanto al violador como a la víctima. La violación de un ser humano envenena el sistema energético del violador y, por lo tanto, contamina su sistema biológico. Las violaciones de la energía tienen una cualidad kármica de justicia inherente que trasciende la justicia física, es decir, aunque parezca que la persona queda impune después del comportamiento delictivo, sobre todo en los casos de violación o incesto, siempre se hará justicia en el plano de la energía, haya o no testigos presenciales. Por este motivo, las enseñanzas espirituales subrayan la importancia del perdón y animan a las personas a continuar con su vida. Espiritualmente, se entiende que el orden divino es una fuerza que está en constante funcionamiento para restablecer el equilibrio cuando logramos desprendernos de la necesidad de determinar un resultado justo. El hecho de que veamos o no la acción de la justicia es irrelevante, pero se trata de una «realidad» que suele costarnos digerir.

La sexualidad es una forma de canje y, en ciertas circunstancias, incluso un tipo de moneda. Muchas personas utilizan la relación sexual como un medio para lograr un fin, y acaban sintiéndose víctimas de violación cuando sus esfuerzos por manipular fracasan. Una persona que canjea relación sexual por un puesto o un trabajo ambicionado, o la utiliza para acercarse a alguien que detenta el poder, se queda con la sensación de haber sido violada. Sin embargo, utilizar la relación sexual para lo que la persona llamaría un «canje justo» no deja la vibración energética de violación en el cuerpo.

La forma más antigua de moneda sexual es, ciertamente, la prostitución, el acto más discapacitador en que puede participar un ser humano. La prostitución de la propia energía es una violación más común que la prostitución física; muchísimos hombres y mujeres permanecen en situaciones que representan seguridad física, sintiendo al mismo tiempo que al hacerlo están vendiendo una parte de sí mismos.

La energía del dinero

Dentro de la psique de cada uno vive un elemento de la prostituta, esa parte de nosotros mismos que posiblemente podría ser dominada por la cantidad apropiada de dinero. La prostituta interior puede surgir en los tratos de negocios o en las relaciones personales, pero inevitablemente nos encontraremos con ella.

El dinero, como la energía, es una sustancia neutra que coge su rumbo de la intención de la persona. Un aspecto más fascinante del dinero, sin embargo, es que podemos imbricarlo en la psique humana a modo de sucedáneo de la fuerza vital. Por lo general, cuando una persona equipara el dinero a la fuerza vital —sustitución que suele ser inconsciente—, las consecuencias son negativas, porque cada céntimo que gasta es también un gasto inconsciente de energía. La escasez de dinero se traduce, también inconscientemente, en escasez de energía en el cuerpo.

La percepción errónea del dinero como fuerza vital, combinada con una repentina pérdida de dinero, puede activar varios tipos de crisis de salud: cáncer de próstata, impotencia, endometriosis, problemas ováricos, dolor en la parte baja de la espalda o ciática. El hecho de que tantos trastornos físicos generados por apuros económicos se manifiesten en los órganos sexuales es una expresión simbólica de la energía del falo, representada por la sefirá de Yesod: el dinero se ha equiparado a la potencia sexual.

Hasta cierto punto, todos relacionamos en la psique el dinero con la fuerza vital. El desafío es conseguir, si podemos, una relación con el dinero en la que éste esté separado de nuestra fuerza vital, pero al mismo tiempo sea atraído hacia nuestra energía de forma fácil y natural. Cuanto más impersonal es nuestra relación con el dinero, más posibilidades tenemos de hacer que su energía entre en nuestra vida cuando la necesitamos.

No podemos negar que el dinero tiene influencia en el mundo simbólico o energético. Expresiones como «Las palabras no valen, lo que cuenta es el dinero», aluden a la creencia de que lo que la gente hace con el dinero dice más sobre sus motivos que las intenciones expresadas verbalmente.

El dinero es el medio por el cual hacemos públicos nuestros objetivos y creencias íntimos. La energía precede a la acción, y la calidad de nuestras intenciones influye mucho en los resultados.

Las creencias sobre el dinero influyen también en las actitudes y prácticas espirituales. La creencia de que Dios bendice a quienes se esfuerzan por hacer el bien, recompensándolos económicamente, está muy arraigada, como lo está también la de que prestar ayuda económica a otros mediante obras de caridad nos garantiza que estaremos protegidos contra la pobreza. Estas y otras muchas creencias del mismo género reflejan la idea más elevada de que Dios se comunica con nosotros mediante nuestras finanzas y, a la inversa, de que nosotros nos comunicamos con Dios mediante actos financieros.

Que estas actitudes estén basadas en la mitología o la verdad no hace al caso. Creemos en esas sentencias, y por ese solo hecho deberíamos comprender que hemos ligado el dinero con la fe. La relación más sabia que podemos tener con el dinero es considerarlo una sustancia que la fe puede aportar a la vida.

Anteponer la fe al dinero lo baja de categoría, convirtiéndolo de jefe en servidor, que es su puesto apropiado. La fe que trasciende al dinero libera a la persona para seguir su orientación intuitiva sin conceder una autoridad innecesaria a las preocupaciones económicas. Evidentemente, mientras formemos parte del mundo físico hemos de respetar su código de honor respecto a las deudas y los pagos, y adoptar una relación sensata con el dinero, pero, aparte de eso, éste no merece más atención.

El solo hecho de comenzar a establecer esa fe es una señal de madurez espiritual. Una persona espiritualmente madura puede actuar según una orientación que a una persona motivada por el dinero le parecería tonta o arriesgada. En muchos mitos espirituales, el cielo se comunica con la persona que tiene fe y luego la dirige proveyéndola diariamente de «maná del cielo» para que pueda realizar la tarea asignada. Estos mitos tienen mucho del sentido simbólico de la sefirá de Yesod. Parte del maná recibido incluye energía económica. En ninguna parte de la literatura espiritual, que yo sepa, se cuenta el caso de alguien que haya lamentado seguir la orientación divina.

Andrew, de veintisiete años, vino a verme para que le hiciera una lectura porque tenía un sueño recurrente y necesitaba ayuda para interpretarlo. En el sueño se trasladaba a Montana. Puesto que nunca había estado en Montana, allí no tenía ni trabajo, ni casa, ni amigos, ni contactos. Trató de desechar el sueño, como si fuera una escena de película que se hubiera alojado en su inconsciente. Pero poco a poco el sueño le fue produciendo la sensación de que su único motivo para continuar en el trabajo que realizaba eran los beneficios económicos. Me preguntó cómo interpretaba yo el sueño. «Yo consideraría seriamente la posibilidad de marcharme a Montana», le contesté.

Él me dijo que jamás había estado en Montana y que no tenía el menor deseo de ir allí. Le sugerí que hiciera un viaje a Montana sólo para ver cómo le sentaba el lugar. Me dijo que lo pensaría y que me mantendría informada.

Unos seis meses después recibí noticias suyas. Seguía teniendo el mismo sueño, pero había aumentado la sensación sobre los beneficios económicos y ya lo hacía sentirse como una prostituta. Él se consideraba un hombre de honor, y cuando el sueño le insinuó que estaba comprometiendo su honor le resultó difícil soportarlo. Lo animé nuevamente a visitar Montana, aunque esta vez le dije que hiciera el viaje tan pronto como pudiese. Me dijo que lo pensaría seriamente.

A la mañana siguiente me llamó para decirme que había dejado su trabajo. Esa mañana, al entrar en la oficina, la sensación fue tan fuerte que no tuvo más remedio que actuar. Cuando anunció que se trasladaba a Montana, sus colegas creyeron que había conseguido un puesto estupendo allí. Él les dijo que no, que no sólo no tenía trabajo ni promesa de trabajo allí, sino que en realidad seguía un sueño.

Antes de que hubiera transcurrido un mes, Andrew se trasladó a Montana. Una vez allí, decidió alquilar una habitación en la casa de una pareja propietaria de un rancho. Necesitaban ayuda en los quehaceres del rancho y lo contrataron. Una cosa condujo a otra, y a medida que pasaban los meses, Andrew cada vez trabajaba más con las manos que con la cabeza, una experiencia que era nueva para él. Cuando llegó la temporada de vacaciones navideñas, decidió quedarse con sus nuevos amigos en lugar de ir a su ciudad del este. Los rancheros tenían una hija que fue a visitarlos por Navidad. Al verano siguiente, Andrew estaba casado con la hija, y durante los cinco años siguientes aprendió a administrar el productivo rancho, que finalmente heredarían él y su esposa.

Al seguir su sueño, Andrew se declaró un hombre libre, se diera cuenta o no. Sus actos fueron como una declaración ante el cielo de que para él era más importante enfrentarse a lo desconocido que comprometer su honor por la seguridad económica. A cambio recibió mucho más de lo que jamás había imaginado.

Dados los numerosos mensajes sexuales negativos que forman parte de nuestra cultura, no es fácil desarrollar una vida sexual sana, como ilustra el siguiente caso.

Allen, de veintiocho años, vino a verme para que le hiciera una lectura. Me dijo que las mujeres le daban mucho miedo y que necesitaba comprender por qué. Cuando le hice la evaluación vi que era impotente, y recibí fuertes impresiones de que él se consideraba un pervertido sexual; sin embargo, no tuve la impresión de que hubiera acosado o abusado de alguien. Su energía tampoco era la de alguien que ha sido acosado sexualmente de pequeño, por lo que las imágenes me parecieron muy confusas. Durante la conversación le expuse mis impresiones y le pregunté por qué se consideraba un pervertido sexual. Me dijo que cuando era adolescente él y otros chicos participaron en lo que él llamó una «paja en círculo», es decir, un acto de masturbación en grupo. De pronto, la madre de uno de ellos entró y se puso a gritarles que eran unos pervertidos y que debería darles vergüenza hacer eso. La mujer llamó a las madres de todos para contarles el incidente y después al director de la escuela. Les dijo que no se podía confiar en esos chicos y que había que vigilarlos para que no se acercaran a las chicas ni a los niños pequeños. Las habladurías se extendieron por toda la ciudad y durante el resto de los años escolares todos ellos fueron rechazados socialmente. En cuanto se graduó del instituto, Allen se marchó lejos, pero por entonces ya se creía un pervertido sexual.

Reconoció que era impotente y me dijo que aún no había salido con ninguna chica. Yo le comenté que esa masturbación en grupo era algo muy común, tanto que los adolescentes casi podían considerarlo un rito. «No me lo creo», replicó. Acordamos que buscaría ayuda terapéutica para trabajar ese problema y para comprender que esa experiencia no indicaba perversión sexual.

Alrededor de un año después recibí una carta de Andrew. En ella me contaba el progreso que había hecho en la terapia. Me decía que estaba empezando a sentirse «socialmente normal», lo que para él era una sensación nueva. Había comenzado una relación con una mujer con quien se sentía muy a gusto, tanto que pudo contarle su experiencia traumática. La reacción de ella fue de compasión y comprensión, no de rechazo. Allen se sentía optimista, creía que muy pronto sanaría totalmente.

Las energías del segundo chakra sacan sutilmente a la luz recuerdos de los que es necesario liberarse, provocando constantemente el deseo de tomar medidas y actuar para ser más sanos física y espiritualmente.

La energía ética

El segundo chakra es el centro ético del cuerpo. Aunque las leyes están conectadas con el primer chakra, la ética y la moralidad personal residen en el segundo chakra. La energía de la sefirá de Yesod y el sacramento de la comunión nos influyen espiritualmente para tener un sólido código ético, induciéndonos a entablar relaciones uno-uno y avisándonos intuitivamente de los peligros de traicionar nuestro código de honor.

Los órganos del segundo chakra «registran» todos aquellos actos interpersonales en los que «damos nuestra palabra», hacemos promesas y aceptamos promesas, y nos comprometemos con otras personas. Un sólido código ético personal irradia un tipo de energía perceptible. Esta parte de nuestra biología también registra las promesas que nos hacemos a nosotros mismos y todo tipo de decisiones para «remodelar» ciertos comportamientos.

El orden físico del que se encarga el segundo chakra hace que nos sintamos seguros, y sus leyes, que notemos la existencia de control en nuestro entorno. La ética y la moralidad del segundo chakra nos proporcionan un lenguaje mediante el cual podemos comunicar lo que aceptamos y lo que no aceptamos en las relaciones humanas. La ética tiene un enorme poder vinculador: buscamos la compañía de aquellas personas que comparten nuestro concepto del bien y el mal; cuando una persona se desvía de su carácter ético o moral, solemos descalificarla como compañera íntima. También necesitamos que nuestro dios sea un dios ordenado, y siempre tratamos de penetrar el código divino del bien y el mal, la recompensa y el castigo, intentando razonar por qué «les ocurren cosas malas a las personas buenas». Nos consuela creer que, si falla la justicia humana, la justicia divina se encargará de que todos reciban su «merecido».

Dado que el segundo chakra alberga todos nuestros miedos individuales de supervivencia, hemos construido un sistema jurídico externo que respalda cierta apariencia de juego limpio, esencial para nuestro bienestar. Ejercer el poder jurídico, o incluso únicamente utilizar el vocabulario jurídico, ofrece una especie de válvula de escape a las presiones que se acumulan en el segundo chakra. El sistema jurídico, al menos en teoría, es un medio para determinar la culpa y castigar las violaciones; con frecuencia, el veredicto de inocencia se considera una cuestión de honor, y la indemnización económica que recibe la víctima representa la restitución de cierta dignidad personal. Esta dinámica es la versión social de la verdad sagrada *Respetaos mutuamente*.

La necesidad de juego limpio y de ley y orden la sentimos en nuestra biología, donde observamos las leyes físicas de la salud, como el ejercicio, la buena nutrición, la regulación consciente del estrés y cierta medida de coherencia y orden. Estas leyes indican a nuestra biología que estamos físicamente a salvo y confiamos en nuestro entorno. La inestabilidad, por el contrario, mantiene constante y a toda marcha el flujo de adrenalina, y en continuo estado de alerta el mecanismo de «lucha o huida». El cuerpo no puede soportar un período prolongado de estrés sin producir reacciones biológicas negativas. Las úlceras y las migrañas son dos de los indicadores más comunes de que el caos en la vida de una persona se ha hecho insoportable.

Paul, de cuarenta y dos años, es un abogado que acudió a mí para que le hiciera una lectura, según dijo, debido a que el estrés relacionado con su trabajo lo estaba matando. Cuando le estaba haciendo la evaluación, recibí la impresión de que una energía tóxica estaba tratando de entrar en su segundo chakra, como si algo o alguien intentara dominarlo. Entonces vi que sufría de dolores crónicos, desde migrañas hasta dolores de espalda, cuello y hombros.

Cuando le comuniqué mis impresiones, él las confirmó, diciendo que desde hacía diez años sufría dolores más o menos intensos. Había recurrido a la terapia, pero no le sirvió de nada. Tomaba analgésicos como si fueran caramelos, lo cual explicaba mi impresión de que algo trataba de dominarlo: le aterraba la idea de convertirse en adicto a esos analgésicos. El origen de su dolor, le expliqué, era su implacable deseo de que todo resultara según sus planes. Su obsesión por dominar era tal que tenía que ganar en todo lo que hacía, ya se tratara de asuntos legales, deportes, juegos de cartas o incluso llegar primero a alguna parte. Le impulsaba la necesidad de dominar, y al estar tomando pastillas analgésicas lo atormentaba la posibilidad de ser dominado por algo. Para él, eso significaba perder su sentido del honor. Paul creía que si algo o alguien lo dominaba, su integridad se vería comprometida; ése era su código de honor personal.

Le sugerí que, puesto que era abogado, debería establecer un contrato consigo mismo en virtud del cual se comprometiera a reordenar su vida paso a paso. Podía lograr que su naturaleza dominante, pero honorable, trabajara con él cambiando poco a poco su necesidad de controlar los resultados. Lo más probable era que la energía generada por cada éxito que obtuviera le aliviaría el dolor. Le encantó la idea, sin duda porque él controlaría el contenido del contrato. Me dijo que haría el acuerdo inmediatamente y me enviaría una copia por fax. Y eso hizo, al día siguiente.

Pasados tres meses, me envió una nota en la que me contaba que había progresado en su curación desde que estaba «bajo contrato» para mejorar. Con el fin de vencer su necesidad de ganar, se había prohibido hacer apuestas. Sólo permitía que continuara su pasión por ganar en los asuntos jurídicos, donde fuera apropiado. Jamás se había dado cuenta, me dijo, de que todas las personas que lo conocían interpretaban su necesidad de ganar como «una naturaleza odiosamente competitiva». Le estaban desapareciendo los dolores; las migrañas eran menos frecuentes y su espalda había mejorado tanto que ya podía hacer ejercicio.

La historia de Paul expresa el sentido simbólico de comulgar con uno mismo; es decir, hacer un trato con uno mismo para adquirir salud y equilibrio. Mientras una parte disfuncional de la naturaleza de la persona influya negativamente en el resto del organismo, la energía se irá agotando, dividida en contra de sí misma. Paul fue capaz de hacer un fructífero contrato consigo mismo y sanar.

Puesto que los seres humanos por naturaleza somos una especie que busca la ley y el orden, caemos fácilmente bajo el yugo de personas que proyectan autoridad y desean dominar. Nuestro instinto de confiar en las personas con quienes vivimos y trabajamos es una prolongación de la energía del *Respetaos mutuamente*; es antinatural creer que hay que estar mirando por encima del hombro mientras tratamos de crear algo en unión con otros. Sin embargo, muchas personas hacen mal uso del poder, lo utilizan para dominar en lugar de para apoyar a los demás.

Dentro de las relaciones personales es normal crear un conjunto de normas o leyes que ambas partes están de acuerdo en seguir: nada de aventuras extraconyugales, nada de juego, ninguna compra importante sin mutuo acuerdo, etc. Sin embargo, es energéticamente destructivo establecer normas con el fin de controlar el crecimiento emocional, mental, psíquico o espiritual de otra persona. En general, si una pareja no puede ampliar sus normas y fronteras para dar cabida al crecimiento personal, la relación se desintegra. Los padres a veces violan espiritual y emocionalmente a sus hijos con el fin de establecer su autoridad paternal.

La venganza personal es otro mal uso de la energía del segundo chakra. El segundo chakra es nuestro centro de defensa propia y de armamento, concebido para ser utilizado alrededor del segundo chakra. Aunque actualmente los diarios están llenos de noticias sobre personas que emplean armas para hacer justicia, con mucha frecuencia el acto de «tomarse la justicia por su mano» tiene su origen en leyes de honor personales, psíquicas y emocionales, como el deseo de «desquitarnos» cuando alguien nos ha agraviado de alguna manera. La energía de la venganza es uno de los venenos emocionales más tóxicos para nuestro sistema biológico, y es causa de disfunciones que van desde la impotencia hasta cánceres en la zona genital.

El poder personal del segundo chakra

Si bien la creatividad, la sexualidad, la moralidad y el dinero son formas de la energía de poder del segundo chakra, es también necesario hablar del deseo de poder personal. El poder es una manifestación de la fuerza vital. Necesitamos poder para vivir, prosperar, funcionar. La enfermedad, por ejemplo, es la compañera natural de las personas impotentes. Todo lo que atañe a la vida está, de hecho, ligado a nuestra relación con esta energía llamada poder.

Sentimos una sensación de poder a la altura del primer chakra, cuando estamos con un grupo de personas a las que, en cierto modo, nos hallamos unidos como por una corriente eléctrica. Un ejemplo de este tipo de poder es el entusiasmo de los hinchas deportivos o los que participan en una campaña política; el entusiasmo une a las personas que respaldan al mismo equipo o la misma causa. El tipo de poder del segundo chakra, sin embargo, expresa esta energía en formas físicas, como el materialismo, la autoridad, el dominio, la propiedad, el atractivo sexual, la sensualidad, el erotismo y la adicción. Todas las formas físicamente seductoras que puede adoptar el poder están energéticamente conectadas con el segundo chakra. Y a diferencia del poder del primer chakra, cuya naturaleza es grupal, el segundo tiene una naturaleza uno-uno. Cada uno de nosotros, como persona individual, necesita explorar su relación con el poder físico. Necesitamos saber cómo y cuándo estamos dominados por un poder externo y, si es así, a qué tipo de poder somos más vulnerables.

El poder es la fuerza vital, y nacemos conociéndolo. Desde que somos pequeños nos ponemos a prueba y ponemos a prueba nuestra capacidad para saber qué y quién tiene poder, para aprender a adquirir poder y a utilizarlo. Mediante estos ejercicios infantiles descubrimos si tenemos lo que hace falta para adquirir poder. Si lo tenemos, comenzamos a soñar con lo que nos gustaría realizar de mayores. Pero si decidimos que somos incapaces de atraernos la fuerza vital, comenzamos a vivir en una especie de «deuda de poder». Nos imaginamos sobreviviendo solamente gracias a la energía de otras personas, no a la nuestra.

En las personas que confían en su capacidad para adquirir poder, los sueños normales suelen convertirse en fantasías de poder. En el peor de los casos, podrían llenar su mente de ilusiones de grandeza. Entonces, la mente racional se eclipsa debido a un deseo de poder que sobrepasa los parámetros del comportamiento aceptable para incorporar todos y cada uno de los medios que lleven a ese fin. El apetito de poder puede convertirse en una adicción que desafía la voluntad de Dios. El ansia de poder por el poder es tema de numerosos escritos y mitos de egos humanos que, en última instancia, son humillados por el designio divino.

El desafío para todos no es convertirnos en «célibes de poder», sino conseguir la suficiente fuerza interior para relacionarnos cómodamente con el poder físico sin vender el espíritu. Eso es lo que significa «estar en el mundo pero no ser del mundo». Nos fascinan las personas que son inmunes a las seducciones del mundo físico; se convierten en nuestros héroes espirituales.

Gandhi tenía una relación limpia con el poder. Su deseo de mejorar la vida del pueblo de la India tenía más motivaciones transpersonales que personales. En su vida personal, ciertamente sufrió grandes tormentos por el poder, concretamente en el aspecto sexual. Pero sus sufrimientos personales sólo dieron más credibilidad a sus consecuciones globales: reconoció sus imperfecciones e intentó conscientemente separar su debilidad de su trabajo social, a la vez que trataba de utilizar ese poder para evolucionar espiritualmente.

El personaje cinematográfico Forrest Gump conquistó el corazón de millones de personas principalmente debido a su comportamiento ético hacia el poder del mundo físico.

Lo curioso es que Gump no aparecía como una persona espiritual, y no rechazaba ni la actividad sexual, ni el poder, ni el dinero. Más bien conseguía todos esos objetivos gracias a su inocencia y su impermeabilidad a la contaminación del negocio de vivir. Jamás vendió su espíritu, por mucho miedo o soledad que sintiera.

Durante los seminarios, cuando pido a los participantes que definan su relación con el poder suele cambiar drásticamente la atmósfera de la sala. La tensión que se crea me hace desear profundizar más en este asunto. Muchas personas cambian de postura en el asiento para cubrir su segundo chakra. Se cruzan de piernas, por ejemplo, o se inclinan apoyando los codos sobre los muslos y sosteniéndose la cara con las manos. Me miran como diciendo: «¡Caramba! Esa pregunta es muy interesante, pero no te acerques mucho.»

Cuando ofrecen respuestas, invariablemente empiezan definiendo el poder como la capacidad de conservar el dominio sobre el propio entorno, o como el vehículo para lograr que se hagan las cosas. Después pasan a decir que es la fuerza interior necesaria para dominarse uno mismo. El rasgo más sorprendente de todas las respuestas combinadas es que la mayoría define el poder como tener un objeto, ya sea ese objeto algo del mundo externo o del yo. Si bien el poder interior se reconoce como el ideal, en la práctica es menos popular que el poder externo, en primer lugar porque el poder externo es mucho más práctico, y en segundo, porque en cierto modo el poder interno nos exige renunciar a nuestra relación con el mundo físico.

En esta fase de nuestra evolución, tanto en el plano cultural como individual, podemos reconocer que el poder externo o físico es necesario para la salud. La salud es consecuencia directa de los principios espirituales y terapéuticos que asimilamos en la vida cotidiana. La espiritualidad y la psicoterapia contemporáneas subrayan que el poder personal es fundamental para el éxito material y el equilibrio espiritual. Interviene directamente en la creación de nuestro mundo y salud personales.

David Chetlahe Paladin (su verdadero nombre) me contó su vida en 1985; murió en 1986. Su vida es un testimonio de la capacidad humana para lograr una clase de poder interior que desafía las limitaciones de la materia física. Cuando lo conocí irradiaba una especie de fuerza y poder excepcionales, y yo sabía cómo había conseguido lo que tantas personas desean conseguir. David fue uno de mis mejores maestros, una persona que dominaba la verdad sagrada *Respetaos mutuamente,* y transmitía totalmente a los demás la energía de la sefirá de Yesod y el sacramento de la comunión.

David era un indio navajo que se crió en una reserva durante los años veinte y treinta. A los once años ya era alcohólico. En su adolescencia se marchó de la reserva, vagó durante unos meses y finalmente encontró trabajo en un barco de la marina mercante. Sólo tenía quince años, pero se hizo pasar por un chico de dieciséis.

A bordo del barco se hizo amigo de un joven alemán y de otro indio estadounidense. Juntos viajaron a los puertos de escala de todo el océano Pacífico. David se dedicaba a dibujar, como pasatiempo. Uno de los temas que dibujaba eran los búnkers que estaban construyendo los japoneses en las diversas islas de los Mares del Sur. Era el año 1941.

Sus dibujos de búnkers cayeron finalmente en manos de los militares estadounidenses. Cuando fue llamado a filas, supuso que continuaría su trabajo de dibujante, pero lo enviaron a participar en una operación secreta contra los nazis. El ejército había reclutado a indios navajos y de otras tribus para formar una red de espionaje. Los agentes se situaban detrás de las líneas enemigas y transmitían información a la base principal de operaciones en Europa. Dado que todas las transmisiones por radio podían ser interceptadas, se utilizaban idiomas indios para evitar que el mensaje fuese interpretado.

En una ocasión en que David estaba detrás de la línea

enemiga, fue sorprendido por soldados nazis. Los nazis lo torturaron de muchas formas, entre otras, clavándole los pies al suelo y obligándolo a permanecer de pie durante varios días. Después de sobrevivir a ese horror, fue enviado a un campo de exterminio porque era «de raza inferior». Cuando lo estaban empujando para que subiera a un vagón de tren, notó que le metían un rifle entre las costillas para que se diera prisa. Se volvió para mirar al soldado nazi: era el joven alemán que había sido su compañero a bordo del barco mercante.

Su amigo alemán consiguió que lo trasladaran a un campo de prisioneros de guerra, donde pasó los años restantes. Tras la Liberación, los soldados estadounidenses lo encontraron inconsciente y moribundo. Transportado a Estados Unidos, David pasó dos años y medio en coma en un hospital militar de Battle Creek (Michigan). Cuando finalmente salió del coma, tenía el cuerpo tan debilitado por sus experiencias en el campo de prisioneros que no podía caminar. Le pusieron unas pesadas tablillas de refuerzo en las piernas, y con muletas lograba recorrer distancias cortas.

David decidió volver a su reserva, para dar el último adiós a su gente, antes de ingresar en un hospital para veteranos de guerra donde pasaría el resto de su vida. Cuando llegó a la reserva, sus familiares y amigos se quedaron horrorizados al ver el estado en que se encontraba. Se reunieron en consejo para decidir cómo podían ayudarlo. Después del consejo, los ancianos se acercaron a él, le quitaron las tablillas de las piernas, le ataron una cuerda a la cintura y lo arrojaron al agua. «David, llama a tu espíritu —le ordenaron—. Tu espíritu ya no está en tu cuerpo. Si no lo llamas para que vuelva, te soltaremos. Nadie puede vivir sin su espíritu. Tu espíritu es tu poder.»

Según me contó David, «llamar a su espíritu» fue la tarea más difícil de su vida. «Fue más difícil que soportar que me clavaran los pies al suelo. Vi las caras de aquellos nazis.

Reviví todos los meses pasados en el campo de prisioneros. Sabía que tenía que desprenderme de mi rabia y mi odio. Apenas podía evitar ahogarme, pero oré para dejar salir la rabia de mi cuerpo. Eso fue lo único que pedí, y mi oración fue escuchada.»

David recuperó el uso total de sus piernas y continuó con su vida. Se convirtió en chamán, pastor cristiano y sanador. También volvió a dibujar y conquistó la fama.

David Chetlahe Paladin irradiaba un tipo de poder que parecía ser la gracia misma. Tras sobrevivir a una confrontación con el lado más oscuro del poder, trascendió esa oscuridad y pasó el resto de su vida sanando y estimulando a las personas a «llamar a su espíritu» para que vuelva de las experiencias que extraen de su cuerpo la fuerza vital.

El tema central de la unión de las energías dualistas de nuestras relaciones es aprender a *Respetarnos mutuamente*. Utilizando la energía del segundo chakra, la fuerza creadora de la sefirá de Yesod y la visión simbólica del sacramento de la comunión, podemos aprender a querer y valorar las uniones sagradas que formamos entre nosotros durante todos los días de la vida.

Gran parte de la forma en que reaccionamos ante los desafíos externos está determinada por la forma en que reaccionamos ante nosotros mismos. Además de todas las relaciones que mantenemos con personas, también debemos entablar una relación sana y amorosa con nosotros mismos, tarea que pertenece a la energía del tercer chakra.

Preguntas para autoexaminarse

1. ¿Cómo define la creatividad? ¿Se considera una persona creativa? ¿Lleva hasta el fin sus ideas creativas?

2. ¿Con qué frecuencia dirige sus energías creativas por caminos negativos de expresión? ¿Exagera o adorna la «realidad» para apoyar sus puntos de vista?

3. ¿Se siente a gusto con su sexualidad? Si no es así, ¿es capaz de trabajar para sanar su desequilibro sexual? ¿Utiliza a personas para su placer sexual, o se ha sentido utilizado? ¿Es lo suficientemente fuerte para respetar sus fronteras sexuales?

4. ¿Cumple su palabra? ¿Cuál es su código de honor personal? ¿Y el ético? ¿Negocia o vende sus valores éticos según las circunstancias?

5. ¿Tiene la impresión de que Dios es una fuerza que ejerce justicia en su vida?

6. ¿Es una persona dominante o controladora? ¿Se enzarza en juegos de poder en sus relaciones? ¿Es capaz de verse claramente en circunstancias relacionadas con el poder y el dinero?

7. ¿Tiene autoridad sobre usted el dinero? ¿Adquiere compromisos que violen su yo interior para conseguir seguridad económica?

8. ¿Con qué frecuencia elige motivado por los miedos de supervivencia?

9. ¿Es lo suficientemente fuerte para dominar los miedos concernientes a lo económico y la supervivencia física, o éstos lo dominan a usted y sus actitudes?

10. ¿Qué objetivos personales aún no se ha dedicado a conseguir? ¿Qué le impide actuar para conseguirlos?

3

Tercer chakra:
El poder personal

La energía del tercer chakra, que es la del poder personal, se convierte en la vibración dominante de nuestro desarrollo durante la pubertad. Nos ayuda aún más en el proceso de individualización, de formar un «yo», un ego y una personalidad separados de nuestra identidad heredada. Este centro de energía también contiene muchos aspectos relacionados con el desarrollo del poder personal y la autoestima.

El tercer chakra completa la trilogía física del sistema energético humano. Igual que los chakras primero y segundo, se relaciona principalmente con una forma física del poder. Donde el primer chakra se hace eco del poder grupal o tribal, y el segundo se hace eco del poder que va y viene entre el yo y los demás, el tercer chakra vibra con nuestro poder personal en relación con el mundo externo.

Ubicación: El plexo solar.

Conexión energética con el cuerpo físico: Estómago, páncreas, suprarrenales, intestino delgado, vesícula biliar, hígado y la parte media de la columna, situada detrás del plexo solar.

Conexión energética con el cuerpo emocional/mental: El tercer chakra, a veces llamado plexo solar, es nuestro centro de poder personal, el núcleo magnético de la personalidad y el ego. Las enfermedades que se originan aquí son activadas por problemas relacionados con la responsabilidad hacia uno mismo, la estima propia, el miedo al rechazo y la excesiva sensibilidad a la crítica.

Conexión simbólica/perceptiva: El tercer chakra media entre la conciencia más externa (característica de los chakras primero y segundo) y la interiorización de la conciencia. El primer chakra tiene un centro de gravedad externo y siempre está situado dentro de una mente de grupo. El segundo chakra también tiene un centro de gravedad externo, pero afecta a las relaciones y sus efectos en nosotros. En el tercer chakra, sin embargo, el centro de gravedad está interiorizado en parte; la cuestión ya no es cómo nos relacionamos con las personas que nos rodean, sino cómo nos relacionamos con nosotros mismos y cómo nos comprendemos.

Conexión sefirot/sacramento: La sefirá de Nétzaj representa la cualidad divina de la resistencia y la sefirá de Hod simboliza la majestad (o integridad) de lo Divino. En el sistema chakral, estas dos cualidades forman pareja, porque dentro de la tradición cabalística las dos representan las cualidades que necesitamos para «erguirnos» como personas individuales. Así, Nétzaj y Hod se representan simbólicamente como las piernas del cuerpo. También se consideran la fuente de la profecía y el centro de la visión simbólica. El significado simbólico de Nétzaj y Hod forma un potente lazo espiritual con el sacramento de la confirmación. Este sacramento representa el surgir del «yo consciente», es decir, esa parte de la personalidad humana que es eterna y que está naturalmente alineada con lo sagrado.

Miedos principales: Miedo al rechazo, a la crítica, a parecer estúpido y a no cumplir las propias responsabilidades; todos los temores relacionados con la apariencia física, como el temor a la obesidad, la calvicie o la vejez; miedo de que otras personas descubran nuestros secretos.

Fuerzas principales: Autoestima, respeto propio y autodisciplina; ambición, capacidad para generar acción y para manejar una crisis; valor para correr riesgos; generosidad, ética y fuerza de carácter.

Verdad sagrada: La verdad sagrada del tercer chakra es *Respétate a ti mismo*, tema apoyado por las energías espirituales de las sefirot de Nétzaj (resistencia) y Hod (majestad), por el sentido simbólico del sacramento de la confirmación y el poder inherente al tercer chakra. Las energías que se unen en este chakra sólo tienen un objetivo espiritual: ayudarnos a madurar en la comprensión propia, es decir, la relación que tenemos con nosotros mismos y la forma en que nos sostenemos solos y nos cuidamos. La cualidad espiritual que confiere el sacramento de la confirmación es el respeto hacia uno mismo. Este sacramento también simboliza el paso de la infancia a la edad adulta. Todos hemos afrontado o vamos a afrontar una experiencia que nos revela nuestras fuerzas y debilidades interiores como algo al margen de la influencia de nuestros mayores. La cualidad espiritual inherente al tercer chakra nos impulsa a crearnos una identidad separada de nuestro yo tribal.

Desarrollo de la autoestima

Estas tres corrientes espirituales se fusionan para formar la voz intuitiva de nuestro plexo solar. A medida que la persona desarrolla su sentido de identidad, su voz intuitiva se va convirtiendo en su fuente natural y constante de orientación.

La forma en que uno se siente consigo mismo, si se respeta o no, determina la calidad de vida, la capacidad de triunfar en los negocios o el trabajo, las relaciones, la curación y las habilidades intuitivas. La comprensión y aceptación de uno mismo, el lazo que forma consigo es en muchos sentidos el principal desafío al que se enfrenta. La verdad es que si una persona no se gusta a sí misma será incapaz de tomar decisiones sanas. En lugar de eso, cederá a otro su poder personal para tomar decisiones, a alguien a quien desea impresionar o ante quien cree que debe ser débil para obtener seguridad física. Las personas que tienen poca estima propia entablan relaciones y se ven inmersas en situaciones laborales que reflejan y refuerzan esa debilidad.

Un hombre me contó que jamás había esperado ser amado por su pareja. Se casó solamente para tener compañía, convencido de que el amor era algo que le ocurría a otros, nunca a personas como él. Nadie nace con una autoestima sana. Esta cualidad hemos de aprenderla a lo largo del proceso de vivir, a medida que vamos haciendo frente a un desafío tras otro.

El tercer chakra en particular se hace eco de las fronteras del cuerpo físico. ¿Somos fuertes o débiles físicamente? ¿Capaces o discapaces? ¿Hermosos o llenos de cicatrices? ¿Demasiado altos o demasiado bajos? Desde el punto de vista espiritual, todas y cada una de las ventajas y limitaciones son ilusorias, meros «accesorios». Sin embargo, la aceptación o resistencia a esos accesorios es fundamental para entrar en la vida adulta espiritual. En realidad, desde la perspectiva espiritual el mundo físico no es otra cosa que nuestra aula, pero en esta aula se nos presenta el siguiente reto: dados el cuerpo, el entorno y las creencias que tiene una persona, ¿hará elecciones que fortalezcan su espíritu o elecciones que dispersen su poder en las ilusiones físicas que la rodean? Los retos del tercer chakra nos harán evaluar una y otra vez nuestro sentido de poder personal y nuestra identidad con relación al mundo externo.

Pensemos, por ejemplo, en los retos del tercer chakra de una mujer que se ve obligada a desplazarse con ayuda de una silla de ruedas. El hecho de que el mundo físico sea una ilusión no quiere decir que la silla de ruedas no exista ni que su problema físico no sea real. Más bien quiere decir que nada del mundo físico puede contener o limitar el poder del espíritu humano. Es posible que la mujer no recupere nunca el uso de sus piernas, pero de todos modos tiene el poder de decidir si esa silla de ruedas discapacitará su espíritu. Si elige sacar el mayor provecho de la vida en una silla de ruedas, lo que hace es mucho más que tomar una sana decisión psíquica; toma una decisión espiritual que hace intervenir todas las energías de las sefirot de Nétzaj y Hod.

Una vez que estaba dando un seminario de una semana de duración en México, conocí a una mujer llamada Ruth; estaba alojada en el mismo hotel que yo, pero no asistía a mi seminario. Iba en una silla de ruedas debido a la artritis que padecía, el caso de artritis más extremo que he visto.

Una mañana me levanté muy temprano y salí al patio con una taza de café para redactar algunas notas para mi charla del día. Vi que allí estaba Ruth sola, sentada en su silla de ruedas, escuchando música clásica en un viejo magnetófono. Yo la había conocido el día anterior, pero esa mañana no pude evitar quedarme mirándola, creyendo que no lo notaría porque me daba la espalda. Pensé en cómo se las arreglaría con ese cuerpo terriblemente lisiado, y obeso debido a su incapacidad para moverse. De pronto ella volvió la cabeza, sonrió y me dijo:

—Te estás preguntando cómo me las arreglo para vivir en este cuerpo, ¿verdad?

Me quedé tan sorprendida que no pude ocultarlo.

—Me has pillado, Ruth. Eso es exactamente lo que estaba pensando.

—Bueno, ven aquí y te lo diré.

Mientras acercaba mi silla a la suya, aquella mujer de setenta y cinco años me preguntó:

—¿Te gusta la música de New Age?

Yo asentí.

—Estupendo, voy a poner esta cinta de New Age mientras te lo cuento.

Con la música de fondo de Kitaro, aquella notable judía me contó su historia.

—Me quedé viuda a los treinta y ocho años, con dos hijas que mantener y pocos medios para hacerlo. Me convertí en la persona más manipuladora que te puedas imaginar. Nunca le robé a nadie, eso sí, pero me acerqué bastante a ello. Cuando mi hija mayor tenía veintidós años entró en una comunidad budista. Yo había criado a mis hijas en un hogar judío tradicional, en Nueva York, ¡y va ella y entra en una comunidad budista! Cada vez que venía a visitarme yo le decía:

»—¿Cómo has podido hacerme esto? Después de todo lo que me he sacrificado por ti, ¿cómo has podido?

»Tuvimos esa conversación unas cien veces. Un día, ella me miró y me preguntó:

»—Mamá, ¿acaso llevo la ropa sucia? ¿Me ves sucia en algo? ¿Hago algo que te ofenda?

»—Seguro que tomas drogas —le contesté—. Eso es, te han metido en el mundo de la droga.

»—Sí, he tomado drogas —admitió.

»¿Y sabes lo que le dije entonces? Le dije:

»—Dame un poco.

»Y eso hizo, me trajo un poco de LSD. Yo tenía cincuenta y cinco años y tomé ácido.

Estuve a punto de caerme de la silla. No podía imaginármela tomando LSD.

—¿Crees en los ángeles? —continuó.

—Por supuesto.

—Estupendo, porque eso fue lo que me ocurrió a continuación. Tomé el LSD y tuve una experiencia fuera del cuerpo. Me encontré flotando por encima de mi cuerpo, más liviana que el aire. Y vi a una hermosa mujer que dijo que era mi ángel.

»—Ruthie, Ruthie, ¿sabes lo difícil que es ser tu ángel? —me preguntó.

»Yo le contesté que nunca había pensado en eso, y ella me dijo:

»—Déjame que te muestre cómo te veo yo.

»Entonces me señaló a mi doble, que estaba atada con miles de cintas de caucho.

»—Así es como te veo —me dijo mi ángel—. Cada una de estas cintas es un miedo que te domina. Tienes tantos miedos que nunca puedes oírme cuando te hablo para decirte que lo tengo todo controlado. —Después añadió—: Aquí tienes unas tijeras. ¿Qué te parece si las cortas y te liberas?

»Y eso fue lo que hice. Las corté una tras otra, y cada vez que cortaba una sentía entrar en mi cuerpo una increíble oleada de energía.

»—Bueno, ¿no te sientes mejor? —me preguntó mi ángel.

»Yo le respondí que me sentía más liviana que el aire y más feliz de lo que me había sentido jamás en mi vida. Y no podía parar de reírme.

»—Ahora tienes que volver a entrar en tu cuerpo —me dijo ella—, pero antes te mostraré una cosa.

»Me mostró el futuro, y me vi artrítica. Ella no supo decirme por qué tendría que soportar esta enfermedad, sólo que tendría que hacerlo. Pero me dijo que me acompañaría en cada paso del camino. Después me puso en mi cuerpo. Le conté a mi hija lo que me había ocurrido y las dos nos reímos casi sin parar durante dos meses. Desde entonces hemos estado muy unidas. Cuando contraje esta artritis, hace diez años, pensé: "¡Ah, bueno, esto no es estar lisiada. Estaba mucho más lisiada cuando podía caminar. Tenía tanto miedo de estar sola, de cuidar de mí misma, que quería que mis hijas estuvieran siempre cerca para no tener que cuidarme yo." Después de aquella experiencia nunca más he vuelto a sentir miedo. Creo que mi enfermedad es una manera de recordarme que no tenga miedo nunca. Ahora hablo todos los días con mi ángel y sigo riéndome mucho más de lo que me reía antes.

Ojalá pudiera llevar a Ruth conmigo a todas partes para

que les contara su historia a los participantes de mis seminarios. Yo creo que Ruth y su ángel son gemelas. Su historia representa la elección de creer que el mundo no físico de la energía divina tiene más autoridad que el mundo físico de la forma y la materia. Esta elección hizo que lo que podría haber sido una discapacidad se convirtiera poco a poco en una fuente de inspiración y estímulo. Sus limitaciones se transformaron en una ventaja. Ésta es la influencia de las sefirot de Nétzaj y Hod, nuestras «piernas» espirituales.

Aumento del poder interior

«Reordenamos» nuestra vida cuando preferimos el espíritu a las ilusiones de las circunstancias físicas. Cada vez que hacemos una elección, o bien nos involucramos más en el mundo físico ilusorio o bien invertimos energía en el poder del espíritu. Cada uno de los siete chakras representa una versión o manifestación diferente de esta única enseñanza esencial. Cada vez que decidimos fortalecer nuestro poder interior, limitamos la autoridad que tiene el mundo físico sobre nuestra vida, nuestro cuerpo, nuestra salud, nuestra mente y nuestro espíritu. Desde el punto de vista de la energía, cada elección que fortalece el espíritu refuerza el campo energético; y cuanto más fuerte es el campo energético, menos conexiones hay con personas y experiencias negativas.

Conocí a Penny en un seminario, cuando ella ya había comenzado a reconstruir activamente su vida por su cuenta. Había estado dieciocho años casada con un hombre con quien tenía un negocio en sociedad. Ella era el cerebro de la empresa. Era alcohólica, lo que a su marido le venía muy bien porque también era alcohólico. Él quería que ella bebiera, porque tenerla semiconsciente le daba más dominio en el matrimonio y en el negocio.

Habitualmente, cuando ella llegaba a casa del trabajo se

ocupaba de los perros y los quehaceres domésticos. Su marido le servía una copa de vino y le decía: «Ahora descansa. Yo me encargaré de la cena.» Cuando la cena estaba lista, ella ya estaba «borracha».

Después de unos diecisiete años así, Penny se dio cuenta de que tenía un problema. Pensó en asistir a las reuniones de Alcohólicos Anónimos, pero lo reconsideró: «Vivíamos en una ciudad pequeña. Si me veían entrar en esa reunión, pronto se correría el rumor.»

Así pues, pasaba en coche por delante de Alcohólicos Anónimos, pero jamás entraba. Llegó un momento en que tocó fondo. En lugar de volver con su marido, telefoneó a una amiga y le dijo: «Necesito ayuda.» La amiga la acompañó a su primera reunión en Alcohólicos Anónimos.

La sobriedad le cambió la vida. Cuando recuperó el juicio, se dio cuenta de que nada en su mundo funcionaba y menos aún su matrimonio. Pese al miedo que tenía de romper su matrimonio, lo que también significaba dejar el trabajo, lo hizo, paso a paso. Se trasladó a otra ciudad, continuó asistiendo a las reuniones de A.A. y realizó cursos de desarrollo personal, que fue donde nos conocimos. Decidió cambiar de aspecto, se hizo otro corte de pelo y adelgazó nueve kilos. En resumen, volvió a la vida. Aunque eso la dejaba en una situación económica más vulnerable, decidió divorciarse de su marido porque era «lo que necesitaba mi espíritu para ser libre». A medida que daba estos pasos, ella y yo hablábamos sobre cada uno de ellos y sobre cómo cambiaría su vida y bienestar. Aunque el divorcio cambiaría su situación financiera, necesitaba descubrir si sería capaz de obtener ingresos sola. Decidió que creía lo suficientemente en sí misma para suponer que sí sería capaz. Estudió y trabajó para ser monitora de programación neurolingüística (PNL). Por último conoció a James, un hombre fabuloso que coincidía con ella en lo referente a la salud y el desarrollo personal. Se casaron y actualmente dan seminarios sobre desarrollo personal en Europa.

La historia de Penny nos habla de la capacidad ilimitada que tiene cada persona para transformar su vida, si hay determinación y un fuerte sentido de responsabilidad personal. Estas cualidades de poder son inherentes al tercer chakra. El compromiso de Penny con su propia curación es el sentido simbólico del sacramento de la confirmación. Se desconectó de las personas y circunstancias negativas, llamó a su espíritu y descubrió que tenía una resistencia (Nétzaj) y dignidad (Hod) infinitas, mediante las cuales logró reconstruir su vida. Dado que fue capaz de hacer frente a sus temores, fue también capaz de liberarse de ellos y hacerse poderosa, sana y próspera.

Cuanto más se fortalece el espíritu, menos autoridad ejerce en nuestra vida el tiempo lineal. Hasta cierto punto, el tiempo lineal es una ilusión del mundo físico, relacionado con la energía física de los tres primeros chakras. Para las tareas físicas necesitamos energía física; por ejemplo, cuando se trata de llevar una inspiración de pensamiento a forma, lo hacemos con pasos lineales. Pero cuando se trata de creer en nuestra capacidad para sanar, es necesario reexaminar el concepto de tiempo.

La ilusión de que curarse exige «mucho tiempo» tiene muchísima autoridad en nuestra cultura. Creerlo lo hace cierto. El Génesis dice que Yahvé «insufló un hálito de vida y el hombre se hizo un ser viviente». Cuando decidimos creer algo insuflamos nuestro hálito a esa creencia, dándole así autoridad.

Nuestra cultura cree que sanar de los recuerdos dolorosos de la infancia requiere años de psicoterapia, pero no tiene por qué ser así. Si lo creemos, podemos sanar los recuerdos dolorosos y quitarles la autoridad que tienen en nuestra vida de una forma muy rápida.

Llegamos a medir la duración del proceso de curación

por el tiempo que le atribuye la mente tribal. Por ejemplo, actualmente la mente de grupo cree que ciertos cánceres tardan seis meses en matarnos, que las personas afectadas por el sida pueden vivir entre seis y ocho años, que el luto y la aflicción por la muerte del cónyuge requiere por lo menos un año, y que la aflicción por la muerte de un hijo podría no acabar jamás. Si creemos estas estimaciones, damos poder sobre nuestras vidas a la mente tribal en lugar de ejercer nuestro poder personal. Si el espíritu de la persona es lo bastante fuerte para retirarse de la autoridad de una creencia de grupo, es suficientemente capaz en potencia de cambiar su vida, como lo demuestra la excepcional historia de Margaret.

Conocí a Margaret en un seminario que di en New Hampshire. Según sus palabras, en su hogar recibió una educación «sencilla, corriente y estricta». Sus padres filtraban todo lo que leía y decidían quienes podían ser sus amigas. Jamás le permitieron asistir a ningún espectáculo que ellos consideraran demasiado «extremista». A veces incluso tenía que leer el periódico a escondidas. Creció dominada por el miedo de sus padres a lo desconocido. Cuando llegó el momento de elegir una profesión, sus padres le dijeron que, dado que era mujer, había esencialmente dos ocupaciones posibles para ella: la enseñanza y la enfermería.

Margaret decidió ser enfermera. Poco después de graduarse en la escuela de enfermería, se casó con un hombre que, según sus palabras, era «sencillo, corriente y estricto. Me busqué una réplica de mis padres».

La pareja se trasladó a una pequeña ciudad donde ella ejerció su profesión como enfermera a domicilio. La comunidad era típicamente agradable y tenía sus personajes especiales, particularmente una mujer llamada Ollie, que por algún motivo se había ganado la reputación de «peligrosa».

Nadie hablaba con ella ni la invitaba a ninguna fiesta o acontecimiento social. Por Halloween, los niños la atormentaban. Esto sucedía desde hacía diez años.

Un día, Ollie llamó a la oficina central de enfermeras a domicilio, para solicitar asistencia. Todas las enfermeras se negaron a ir excepto Margaret.

Sintió cierta aprensión al acercarse a la casa de Ollie, pero una vez dentro se encontró, según sus palabras, «con una mujer de cincuenta años, sola, inofensiva y necesitada de afecto».

Durante el tiempo que estuvo a su cuidado, entre ellas nació una buena amistad. Cuando Margaret se sintió más en confianza, le preguntó a Ollie cuál era el origen de la reputación que tenía. Ollie se quedó callada un rato y después le contó que de pequeña «le había venido un poder, así, de repente». Ese poder curaba a personas. Su padre comenzó a vender sus servicios curativos a todos los que los necesitaban y ganó bastante dinero, hasta que «un buen día el poder sencillamente se acabó». Su padre creyó que era tozudez de ella, y trató de obligarla a golpes a hacerlo volver, pero el poder no volvió.

Cuando llegó a la mayoría de edad, Ollie se marchó de casa y se fue a una ciudad donde nadie la conocía. Allí trabajó como mujer de limpieza y a los treinta y dos años se casó. Del matrimonio nacieron dos hijos. El hijo menor enfermó gravemente de leucemia a los cinco años. El doctor les dijo que se prepararan para la muerte del niño, porque era inevitable. Entonces ella le contó a su marido lo del poder que había tenido cuando era niña, y le pidió que la acompañara en la oración. Pidió a Dios que le concediera una vez más ese don para sanar a su hijo. Se arrodilló junto a la cama del niño, oró y luego le impuso las manos. A los dos días el niño ya manifestaba señales de recuperación; a la semana era evidente que estaba recobrando la salud; a los dos meses, estaba totalmente recuperado.

El doctor les preguntó qué habían hecho, qué tratamiento le habían dado al niño. Ollie le pidió a su marido que no se lo dijera, pero él le contó exactamente todo lo ocurrido.

La reacción del médico fue decir que Ollie era «peligrosa» y le aconsejó a su marido que tuviera «cuidado con ella, que podría ser una bruja o algo así».

Cinco meses después, Ollie llegó un día a su casa y se encontró con que su marido se había marchado, llevándose a sus dos hijos. El marido solicitó el divorcio, y se lo concedieron por motivos de trastorno mental de Ollie. Aquello la desbordó. Le contó a Margaret que había tratado varias veces de ver a sus hijos, pero en vano. Desde entonces no los veía.

La amistad entre Margaret y Ollie se fue haciendo cada vez más fuerte. El «poder» de Ollie estimuló a Margaret a leer libros sobre curación, el poder de sanar y la espiritualidad. Ollie le había abierto un mundo nuevo. Cuanto más aprendía, más pensaba en sus padres, en su miedo a las ideas nuevas y en su empeño en que ella sólo aprendiera «cosas corrientes, de acuerdo con su estilo de vida corriente».

Margaret trató de contarle a su marido todo lo que estaba aprendiendo, con la esperanza de que encontrara la información tan estimulante como la encontraba ella. Pero él se sintió amenazado por Ollie y esas nuevas ideas, y un buen día le prohibió que siguiera viéndola.

Por aquel entonces Margaret ya necesitaba ver a Ollie, no sólo por lo mucho que la quería sino también porque con ella estaba aprendiendo cosas acerca del poder de sanar, que era la energía del amor de una fuente divina. Esta vez no quería dejarse dominar por los miedos de otra persona.

Margaret entró en la peor crisis de su vida, no sólo a causa de Ollie, sino porque se sentía «entre dos mundos de pensamiento». Sabía que, viera o no a Ollie de nuevo, jamás podría volver a sus primeras creencias sobre la curación y la espiritualidad. Deseaba continuar aprendiendo, y finalmente le dijo a su marido que, pensara él lo que pensase, estaba decidida a cumplir con su deber de atención domiciliaria a Ollie. Su marido comenzó a decirle cosas como: «Esa mujer te tiene hechizada. Vete a saber qué más hay entre vosotras.» El ambiente en casa llegó a un punto que se le hizo insoportable, y Margaret se mudó a un apartamento. Pensó que tal vez una separación temporal resultaría beneficiosa para el matrimonio.

Sus colegas y amigas se pusieron de parte de su marido. Le decían que iba a sacrificar su matrimonio por una loca moribunda. Nadie entendía sus motivos para hacer lo que hacía. Ella oraba «pidiendo un milagro sin restricciones», con lo cual quería decir que no le importaba cómo resolviera Dios la crisis, simplemente deseaba que acabara.

Pasados unos cuatro meses, recibió un mensaje de su marido, en el que le decía que tenían que verse. Ella creyó que iba a pedirle el divorcio, pero no, lo que quería decirle era que le habían diagnosticado cáncer de colon. Estaba asustado. Y entonces se produjo el milagro. ¿Podría Ollie sanarlo?, le preguntó. Margaret se estremeció de emoción. Inmediatamente fueron a casa de Ollie.

Ollie le explicó a él que el poder venía de Dios y que debía concentrar su atención en eso. Le hizo una imposición de manos que no duró más de diez minutos. El hombre se recuperó del cáncer de colon en tres meses. Después de eso su deseo de cuidar de Ollie se convirtió en obsesión, tanto que insistió en que se instalara en la casa de ellos, donde vivió hasta su muerte.

«Ahora a mi marido le parece poco todo lo que hace por mí o por los demás. Celebramos en casa ceremonias de curación, en las que oramos con otras personas y les ofrecemos instrucciones para sanar. Jamás hubiera creído que esto podía ocurrir. Es imposible contar las veces que mi marido me ha dicho: "Cada día agradezco a Dios en mis oraciones que tuvieras el valor de oponerte a mí y atenerte a tus creencias. Hoy estoy vivo gracias a ti."»

Sin duda alguna, los recuerdos de nuestra infancia pueden ser fuente de mucho dolor; sin embargo, es posible que, como a Margaret, se nos presenten oportunidades de utilizar ese dolor para estimularnos a hacer otras elecciones.

Autoestima e intuición

Cuando comencé a dar seminarios sobre la orientación intuitiva, mandaba hacer ejercicios interiores y prácticas de meditación a los participantes. Pero la mayoría de las personas que hacían meditación después decía que no tenía ningún éxito en el desarrollo de su intuición. Durante un seminario me di cuenta de que en realidad el problema no estaba en entrar en contacto con la intuición; en su gran mayoría, los participantes ya estaban en contacto con su intuición, pero tenían un concepto totalmente errado de la naturaleza de ésta.

Todos confundían intuición con capacidad profética. Creían que la intuición es la capacidad de vaticinar el futuro. Pero la intuición no es ni la capacidad de profetizar ni un medio para evitar una pérdida financiera o relaciones dolorosas. En realidad, es la capacidad de utilizar la información energética para tomar decisiones en el momento. La información energética la forman los componentes emocionales, psíquicos y espirituales de determinada situación. Son los ingredientes del «aquí y ahora» de la vida, no información no física proveniente de algún lugar del «futuro».

En su mayor parte, la información accesible a la intuición da a conocer su presencia haciéndonos sentir incómodos, deprimidos, angustiados y nerviosos, o, en el otro extremo, distanciados e indiferentes, como si de pronto estuviéramos separados de todos nuestros sentimientos. En los sueños de naturaleza intuitiva recibimos símbolos de cambio o de caos. Estos sueños suelen presentarse con más intensidad durante las crisis emocionales. Las sensaciones energéticas o intuitivas indican que hemos llegado a una encrucijada de la vida y que tenemos la oportunidad de influir, al menos hasta cierto grado, en la fase siguiente, mediante la decisión que tomamos en ese momento.

La intuición e independencia del tercer chakra, unidas, nos dan la capacidad para arriesgarnos, para seguir y actuar según las corazonadas o sentimientos viscerales. Evan, de veintiocho años, acudió a mí porque sufría de una grave úlcera de colon. Cuando le hice la evaluación, recibí repetidamente la impresión de un caballo que es conducido a la puerta de salida pero nunca participa en la carrera. El tercer chakra de Evan era como un agujero abierto por el cual salía energía. Daba la impresión de que no le quedaba nada de energía para sostenerse solo. De hecho, parecía haber huido de todas las oportunidades que le había ofrecido la vida porque tenía miedo de fracasar. No quería correr ni un solo riesgo que pudiera confirmar alguna intuición.

Según sus propias palabras, su vida había sido una serie de inicios falsos. Se le habían ocurrido todo tipo de negocios, pero nunca se había decidido a llevarlos adelante. Vivía analizando el mercado bursátil, en busca de una fórmula que revelara la pauta de alzas y bajas de los precios de las acciones. Obsesionado con esos informes, había acumulado datos estadísticos. En realidad, se le daba bastante bien identificar las acciones que estaban a punto de aumentar de valor. Le pregunté por qué no se lanzaba e invertía en algunas de esas acciones. «La fórmula todavía no es perfecta —me dijo—. Tiene que ser perfecta.» Sin embargo, se sentía muy amargado consigo mismo, porque sabía que habría ganado muchísimo dinero si hubiera seguido algunas de sus corazonadas. En realidad se habría hecho bastante rico. Le comenté que si lo hacía tan bien sobre el papel era muy probable que acertara en una inversión real. Me contestó que el mercado bursátil es muy voluble, y que nunca podía estar seguro de que sus corazonadas resultarían correctas.

La úlcera de colon le estaba desgarrando el cuerpo debido a su incapacidad para actuar según sus corazonadas. No lograba decidirse a invertir ni siquiera un poco de dinero en una acción. Su miedo a arriesgarse le estaba destruyendo literalmente el cuerpo, pero seguía obsesionado con un negocio que no es otra cosa que riesgo. Decirle que empleara alguna técnica de relajación habría sido tan inútil como decirle a un adolescente que llegue a casa a la hora. Lo que necesitaba era dejar a un lado su mente de ordenador y guiarse por sus instintos viscerales. Pero no se fiaba de ellos porque no le ofrecían «pruebas» de los resultados, sólo le sugerían posibilidades.

Los participantes en mi seminario también estaban en contacto con su intuición, pero suponían que intuición significa dirección clara, no sólo orientación intuitiva. Esperaban que una buena intuición les daría el poder para reordenar su vida en armonía y felicidad completas. Pero orientación intuitiva no significa seguir una voz hacia la Tierra Prometida. Significa tener autoestima para reconocer que el desagrado o confusión que uno siente en realidad lo guía para tomar el mando de su vida y hacer las elecciones que lo saquen de su estancamiento o desgracia.

Si una persona tiene poca autoestima, no puede actuar según sus impulsos intuitivos porque su miedo al fracaso es demasiado intenso. La intuición, como todas las disciplinas meditativas, puede ser enormemente eficaz, pero sólo si uno tiene la valentía y el poder personal para llevar a cabo la orientación que le da. La orientación requiere acción, pero no garantiza seguridad. Mientras que nosotros medimos el éxito por el rasero del agrado y la seguridad, el universo lo mide por la cantidad que hemos aprendido. Mientras utilicemos el agrado y la seguridad como criterio para medir el éxito, tendremos miedo de nuestra orientación intuitiva, porque por su propia naturaleza ésta nos guía hacia nuevos ciclos de aprendizaje que a veces son desagradables.

En uno de mis seminarios, una mujer llamada Sandy comentó con orgullo que había vivido seis años en un ashram en la India, perfeccionando su práctica de la meditación. Cada mañana y cada noche realizaba una hora de meditación y era capaz de recibir una orientación espiritual muy clara. Durante un momento en que estábamos solas me preguntó si yo había recibido alguna impresión de ella, acerca de dónde debería vivir y sobre cómo debería ganarse la vida. Le pregunté por qué no recibía esa información en sus meditaciones, y añadí que la orientación ocupacional no era mi especialidad. Me contestó que su orientación sólo era para asuntos espirituales. Yo objeté que su ocupación era parte de su vida y, por lo tanto, formaba parte de su espiritualidad. Me dijo que, simplemente, no podía obtener ese tipo de información.

—¿Cuál es la peor intuición posible que podrías recibir en tu meditación sobre dónde vivir y en qué trabajar? —le pregunté.

—Eso es fácil —contestó al instante—, volver a la enseñanza en el centro de Detroit. En realidad he tenido pesadillas con eso.

—En tu lugar, yo consideraría la posibilidad de hacerlo. A mí eso me parece orientación.

Al año siguiente recibí una carta de ella en la que me contaba que después del seminario se había sentido acosada por deseos de volver a la enseñanza. Los combatió enérgicamente y acabó con migrañas y trastornos del sueño. Mientras tanto se ganaba la vida trabajando de dependienta en una librería, y su salario no era muy bueno. Así las cosas, recibió una oferta para hacer sustituciones en el distrito escolar donde había trabajado antes y lo aceptó. Al segundo mes de estar allí introdujo una clase optativa de meditación para alumnos de segunda enseñanza, que se reunían dos veces a la semana después del horario escolar. La clase tuvo tanto éxito que al año siguiente la incluyeron en el programa, y Sandy, encantada, firmó un contrato para darla. Poco después le desaparecieron las migrañas y los trastornos del sueño.

Para sanar es necesario creer en uno mismo. Antes de comprender la importancia de la propia estima para desarrollar las habilidades intuitivas, yo habría afirmado que la fe es el factor más importante en la curación. Ahora equiparo la fe con la estima propia y el poder personal, porque la falta de autoestima refleja falta de fe en sí mismo y en los poderes del mundo invisible. Sin duda la fe es fundamental para manejar los problemas de la existencia cotidiana.

Un ejemplo es el de una mujer llamada Janice, que rondaba los treinta años. Me llamó porque deseaba aprender a manejar su salud. Tenía un buen número de trastornos, pero no me preguntó por qué tenía que hacerles frente; lo único que le interesaba era comenzar a sanar.

Cuando era adolescente le hicieron una intervención quirúrgica debido a una obstrucción en el colon. Cuando la conocí estaba casada, tenía un hijo y se encontraba en el hospital para que le hicieran su séptima operación abdominal. Le habían quitado la mayor parte del tracto intestinal y tendría una colostomía para el resto de su vida. Ya no podía comer alimentos sólidos; tenía que alimentarse a base de líquidos a través de un catéter que le habían insertado quirúrgicamente en la parte superior del pecho. Eso también sería permanente. Tenía que conectar el dispositivo justo antes de dormirse; durante la noche, la alimentación líquida entraba gota a gota en su cuerpo. Dado que este tipo de nutrición líquida acababa de inventarse, el seguro médico no la cubría. Los viajes, aunque sólo fueran de un fin de semana, significaban un tremendo engorro, ya que tenía que llevar mucho equipo médico. Además de todos sus problemas físicos, y a consecuencia de éstos, ella y su marido estaban acumulando una deuda insuperable.

Cuando iba de camino al hospital para ver a Janice me imaginé que estaría abrumadísima por sus circunstancias y aterrada ante el futuro. Pero, ante mi sorpresa, irradiaba una actitud positiva y energía. Deseaba aprender técnicas de energía, como la meditación o la visualización, para mejorar su salud. Durante nuestra conversación me comentó: «He de reconocer que cuando me estaban colocando el catéter sentí lástima de mí misma, por no decir que me sentí culpable. Pensé que era una carga económica para mi marido y una esposa muy poco conveniente. Después salí a caminar por los corredores del hospital y vi a personas que padecían otras enfermedades. Decidí que mi situación no era tan mala después de todo, y me dije que podía manejarla.»

Después de su última operación, volvió a la universidad para terminar la carrera de enfermería. Justo cuando estaba reorganizando su vida, su marido le pidió el divorcio. Me telefoneó y quedamos en encontrarnos.

Durante nuestra conversación me dijo: «No me sorprende en absoluto que Howard desee el divorcio. Me ha dado todo el apoyo que ha podido durante los últimos doce años, pero para él esto no ha tenido mucho de matrimonio. No puedo permitirme sentirme amargada; tengo un hijo que me necesita y estoy profundamente convencida de que la negatividad sólo aumentará mis problemas físicos. Pero estoy asustada, ¿qué puedo hacer ahora? ¿Existe una visualización que haga aparecer repentinamente el valor en las entrañas?»

Decidimos que lo prioritario para ella en esos momentos era superar el divorcio, y que debería tener todo el apoyo posible durante los meses siguientes. Cuando estaba en las últimas fases del divorcio encontró trabajo en un hospital de la localidad. Se mudó a un apartamento con su hijo de diez años y se esforzó muchísimo en entablar nuevas amistades. Dio prioridad a su vida espiritual; todas las mañanas, ella y su hijo hacían visualizaciones en las que aparecían felices, sanos y completos, acto que activaba las energías relacionadas con el tercer chakra: resistencia, vitalidad y respeto hacia uno mismo. Estaba decidida a «sostenerse sola» durante su penosa experiencia, y lo consiguió. Su enfermedad permaneció estable durante todo ese período de transición, y al año de divorciarse conoció a un hombre maravilloso y volvió a casarse. Su historia ilustra bien la capacidad del espíritu humano para trascender las limitaciones físicas y los problemas personales reaccionando con valentía ante ellos. Janice tuvo sus días malos, lógicamente, pero comprendió que la autocompasión le hacía más daño que su enfermedad física. Su actitud y la práctica espiritual diaria mantuvo su cuerpo y su espíritu en equilibrio, simbolizando el sostén energético de las sefirot de Nétzaj y Hod y el sacramento de la confirmación.

El sentido simbólico del sacramento de la confirmación es que adquirimos «vida» por dentro autorizándonos, dándonos poder interiormente. La autoestima y el poder personal consciente a veces se desarrollan en un momento memorable de la vida que significa una iniciación a la edad adulta espiritual. Tal vez en un repentino destello de comprensión, la persona ve la manera de realizar una tarea que antes le parecía abrumadora. Tal vez se ve a sí misma poderosa y comprende que es capaz de lograr objetivos de todo tipo, desde una buena forma física hasta éxito económico.

Desarrollar confianza en la propia capacidad de lograr objetivos es una de las maneras en que el poder personal se convierte en agente del cambio personal. Al mismo tiempo puede producirse un cambio similar en la vida espiritual o simbólica de la persona. La adquisición de poder interior cambia el centro de gravedad, pasando de lo externo a lo interno, lo que es señal de un pasaje o paso espiritual.

En muchas culturas se practica un rito de pasaje para la gente joven, rito que representa la entrada del espíritu en la edad adulta, por ejemplo, el *bar mitzva* y el *bas mitzva* (ceremonias religiosas mediante las cuales los chicos y las chicas entran a formar parte de la comunidad adulta) en la cultura judía, y la confirmación en la cristiana. En muchas tradiciones nativas de Estados Unidos, al menos históricamente, a los jóvenes se los enviaba lejos de la tribu durante un tiempo, a vivir solos en el desierto, para ser iniciados como guerreros. Estas ceremonias señalan el fin de la dependencia de la persona joven de la energía protectora del poder de la tribu, y su aceptación personal de la responsabilidad de su vida física y espiritual. El rito también señala el reconocimiento de esa aceptación por parte de la tribu. Una vez «iniciada», la persona joven está sujeta a las expectativas más maduras de sus amigos y familiares.

El sentido del yo más poderoso o capacitado también puede desarrollarse en fases a lo largo de la vida, en una serie de miniiniciaciones. Cada vez que avanzamos en autoestima, aunque sea un poquito, tenemos que cambiar algo en nuestra dinámica externa. Generalmente detestamos el cambio, pero una iniciación representa la necesidad de cambiar. Es posible que la persona acabe una relación porque se ha hecho más poderosa y necesita una pareja más fuerte. O tal vez deje un trabajo porque necesita salir de situaciones seguras y familiares y poner a prueba el alcance de su creatividad. Si se producen demasiados cambios a un ritmo excesivamente rápido, puede resultar abrumador, de modo que intentamos administrar la capacitación aceptando los desafíos o problemas de uno en uno. Al hacerlo así, los cambios que experimentamos forman una pauta en nuestro viaje hacia el poder personal.

Las cuatro fases del poder personal

La propia estima, o autoestima, se convirtió en una expresión popular a comienzos de los años sesenta, década de revolución que redefinió nuestra visión de la persona capacitada, autorizada. Entonces se aceptó que la propia estima es esencial para la salud de hombres y mujeres, y se redefinió la salud, incorporando la salud psíquica y la espiritual a la salud física.

Cada una de las tres décadas siguientes afinó todavía más esta nueva definición de autoestima. Las tendencias sociales de los períodos comprendidos entre los años sesenta y los noventa reflejan simbólicamente las fases de desarrollo de la autocapacitación que experimentamos cada uno como individuos. Después de la década de revolución de los años sesenta vino la década de los setenta, que fue de involución. La energía en bruto liberada durante los años sesenta, que derribó barreras externas, condujo a la tarea de los años setenta de derribar barreras internas. En esta década, la «psicoterapia» se convirtió en una palabra corriente.

Los años setenta fusionaron dos nuevas fuerzas psicológicas. En primer lugar, el potente término «yo» o «ego» se liberó de su prisión puritana, en la que el único sufijo permitido era «ismo» o «ista». Durante siglos, la palabra «egoísmo» había impedido a la gran mayoría de las personas actuar en pos de cualquier forma de desarrollo personal. Los años setenta hicieron aceptable y de uso común el prefijo «auto» (automotivado, autocuración, autoconciencia). Este simple cambio equivalió a darnos a cada uno nuestra propia llave del «jardín secreto», en el cual, con un poco de ayuda, descubriríamos que realmente podemos caminar solos.

No es de extrañar que esta fascinación por el yo se llevara al extremo. Para probar hasta dónde podía llevarnos el poder de nuestros nuevos «yoes», el tema de los años ochenta fue el consentimiento del yo: el narcisismo. La atmósfera narcisista de los ochenta nos hizo sentir como si de pronto fuéramos libres para satisfacer todos nuestros deseos físicos. Y, efectivamente, nos consentimos hasta extremos insospechados. ¿Con qué rapidez podemos hacernos ricos? ¿Con qué rapidez podemos transmitir información? ¿Con qué rapidez podemos convertir nuestro mundo en un tecnoplaneta? ¿Con qué rapidez podemos adelgazar? ¿Con qué rapidez podemos sanar? Incluso el objetivo de hacernos conscientes, anteriormente una tarea sagrada que requería toda una vida consagrada al trabajo, se convirtió en algo que parecía que se podía alcanzar en una semana, si se pagaba el dinero suficiente.

Ese autoconsentimiento llega a un punto de saturación, y cuando entramos en los años noventa el péndulo ya ha oscilado del mundo exterior al interior, dirigiendo todas esas modalidades de energía hacia la evolución personal, hacia la formación de un yo lo bastante poderoso para «estar en el mundo sin ser del mundo», un yo que sepa disfrutar de la magnificencia del mundo físico sin permitir que sus muchas ilusiones le agoten el alma.

Revolución, involución, narcisismo y evolución; éstas son las cuatro fases a través de las cuales avanzamos hacia el logro de la propia estima y la madurez espiritual. Una persona espiritualmente adulta hace participar con discreción sus cualidades espirituales interiores en sus decisiones cotidianas. Los pensamientos y actividades «espirituales» son inseparables de los otros aspectos de la vida: todos se convierten en uno.

Una persona puede pasar años en cada fase o sólo unos cuantos meses, pero, al margen de lo que dure cada fase, inevitablemente tendrá que esforzarse en resolver los desafíos particulares de su carácter, ética, moralidad y respeto propio.

Hemos de trabajar para descubrirnos, comprender por qué guardamos secretos, tenemos adicciones o culpamos a los demás de nuestros errores. Hemos de esforzarnos en comprender por qué nos resulta difícil recibir o hacer un elogio, o si sentimos vergüenza interior. Necesitamos poder enorgullecernos de nuestro carácter y nuestros logros sin sentirnos mal por ello. Necesitamos conocer los parámetros de nuestro carácter, cuánto vamos a ceder o transigir y dónde debemos fijar el límite, e incluso si fijamos un límite. La creación de una identidad propia se apoya en el autodescubrimiento, no en la herencia biológica y étnica. Esta primera fase del descubrimiento propio es la revolución.

Primera fase: Revolución

El desarrollo de la autoestima requiere un acto de revolución, o de varias minirrevoluciones, mediante el cual nos separamos del pensamiento grupal y establecemos nuestra propia autoridad. Es posible que de pronto veamos que nuestra opinión difiere de la de nuestros familiares o amistades, pero en cualquier caso tendremos dificultad para liberarnos de la energía del grupo, cuya fuerza depende del número y de la oposición contra la mayoría de las expresiones de individualidad.

El acto de encontrar nuestra voz, aunque sea en minirrevoluciones, es importante espiritualmente. La madurez espiritual no se mide por la complejidad de las opiniones de una persona, sino por su autenticidad y el valor necesario para expresarlas y mantenerlas. Al decir valor no me refiero a la tozudez intratable de dos personas enzarzadas en una discusión; esa dinámica es un juego de poder del segundo chakra. La madurez espiritual, por el contrario, es la capacidad de mantener con firmeza una opinión, dado que refleja una auténtica creencia interior.

Jerry vino a verme para que le hiciera una lectura porque tenía una úlcera. Recibí una impresión muy fuerte de que mantenía relaciones con una mujer que violaba su código moral. Noté que, por un lado, sentía la necesidad de protegerla, y por otro, se sentía decepcionado de ella y de sí mismo por no ser capaz de expresarle esos sentimientos. Cuando le expuse mis impresiones, me dijo que Jane, su pareja, era drogadicta. Cuando la conoció estaba «limpia», y al mes de conocerse se fue a vivir con él. Durante dos meses todo fue bien aparentemente, pero después el comportamiento de Jane comenzó a cambiar. Él le preguntó si había vuelto a la droga, pero ella le dijo que no, que estaba de mal humor porque deseaba dejar el trabajo pero no tenía ni idea de dónde buscar otro. Al principio él la creyó, pero luego notó que le faltaba dinero en la cartera. Se lo comentó, y ella le explicó que había cogido dinero para comprar cosas para la casa y le pidió disculpas por no habérselo dicho. Las historias de las mentiras de Jane ocuparon media hora de nuestra conversación.

Le sugerí que conectara los puntos. Jamás había tenido úlcera antes de vivir con Jane. Su problema no era Jane, le dije, sino el hecho de que deseaba angustiosamente decirle que no creía sus explicaciones. Él estuvo callado un rato y después me dijo que no deseaba creer que la causa de la úlcera fuese Jane; él había establecido un compromiso con ella, y estaba mal abandonar a una persona necesitada; además, le aterraba la idea de que lo abandonara si hablaba con ella de esto. «¿Qué prefieres perder, tu salud o a Jane?», le pregunté. Añadí que en realidad ya se estaba enfrentando a ella, pero era su úlcera la que hablaba. Dos días más tarde me llamó para decirme que le había pedido a Jane que se fuera de su casa. Me contó que, ante su gran sorpresa, se sintió aliviado por la decisión: «No creí que tuviera valor para hacerlo, pero ya no podía seguir viviendo así. Prefiero estar solo a vivir una mentira.»

Desafiar a Jane fue para Jerry una revolución personal. Esa experiencia le ayudó a comprender que necesitaba respetar sus valores personales y que era capaz de hacer la elección que le convenía.

Cuando desarrollamos este tipo de fuerza interior, aunque sea en pequeña medida, somos más capaces de hacer introspección y autoexaminarnos. De esta manera vamos reemplazando gradualmente las influencias de nuestra mente tribal o de grupo por nuestra propia guía interior o intuitiva. Una vez que ha comenzado este proceso, el siguiente paso natural es la «involución», es decir, la exploración de nuestro yo interior.

Segunda fase: Involución

Cada nuevo encuentro, deseo o propósito que tenemos le pregunta a nuestro yo interior: «¿Qué otra cosa creo? ¿Qué otra cosa pienso? Deseo conocerme. Esto es una petición de información.» Cada vez que se produce una situación nueva, la información entra a raudales en nuestras entrañas. Las personas y circunstancias nuevas nos despiertan sentimientos. En esta fase de involución evaluamos el mundo externo y si se adapta a nuestras necesidades. Con frecuencia, este autoexamen lleva a la persona a centrar la atención en su relación con Dios y la finalidad de su vida, pero primero ha de desarrollar cierto grado de vigor interior que le dé fuerzas para controlar las consecuencias del pensamiento autoexaminador. En los seminarios, algunas personas me dicen que cuando les hago ciertas preguntas de tipo autorreflexivo prefieren «escurrir el bulto» porque no desean conocerse tan bien. O tal vez dicen: «No sé, nunca he pensado en eso», a lo cual yo respondo: «Bueno, pues piénselo ahora.» ¿Por qué es tan común esta reacción? Porque el conocimiento propio induce a la elección y la acción, y muchas personas no se sienten preparadas para ninguna de esas dos cosas.

Durante uno de mis seminarios conocí a Emma, una mujer de casi sesenta años que acababa de terminar un tratamiento quimioterápico para cáncer de colon. Tenía seis hijos, todos ya adultos. Me contó que el cáncer le había servido de inspiración. Durante el período de recuperación se dio cuenta de que, aunque sus hijos la querían muchísimo, amaban más su parte «servidora». Con gran dolor por su parte, oyó comentar a cuatro de sus hijos que tenían que buscar a otra persona para que les hiciera esto o aquello, y preguntarse cuándo estaría ella lista para reanudar sus funciones. Comprendió que necesitaba reevaluar su papel en la vida y qué parte de sí misma era preciso sanar. Su revolución la condujo a un período de involución, durante el cual leyó muchísimo sobre autocuración y conocimiento propio. Comprendió que hasta ese momento había vivido para sus hijos y que necesitaba vivir para sí misma. Le llevó unos cuantos meses reunir el valor suficiente para cambiar las normas de su casa, pero las cambió. Anunció a sus hijos que ya no contaran con ella para las interminables tareas de hacer de niñera de sus hijos pequeños, que ya no prepararía siempre las comidas principales, que ya no dejaría de hacer lo que estaba haciendo para hacerles recados. En resumen, recuperó su derecho a decir que no. Sus hijos se sintieron tan dolidos y alterados por su anuncio que convocaron una reunión familiar (consejo de la tribu) para buscar una manera de doblegarla. Emma se mantuvo firme en su posición y les dijo que tendrían que adaptarse al hecho de que ella, además de ser su madre, era una persona que tenía sus necesidades y había decidido jubilarse de su papel de madre.

La historia de Emma nos muestra que la fase de involución va seguida del nacimiento narcisista de una nueva imagen de uno mismo.

Tercera fase: Narcisismo

Aunque tiene mala prensa, a veces el narcisismo es una energía muy necesaria en el trabajo para desarrollar un sentido fuerte del yo. Darnos una nueva imagen, por ejemplo, un nuevo corte de pelo, ropa nueva, tal vez incluso una nueva forma corporal mediante ejercicios, indica que se están produciendo cambios dentro de nosotros. Mientras estamos en esta fase vulnerable, es posible que nos encontremos con fuertes reacciones críticas por parte de nuestra tribu o colegas, pero la energía narcisista nos da agallas, firmeza para recrearnos, remodelarnos y cambiar nuestras fronteras ante la oposición. Los cambios que se producen en esta fase nos preparan para los cambios internos más importantes que vienen a continuación.

Gary definió bellamente esta fase durante un seminario. Nos explicó que de repente comenzó a ponerse ropa elegante para asistir a conciertos y obras de teatro, cuando antes siempre iba con tejanos y camiseta. Aunque la sola idea de romper con los hábitos de sus amigos le producía sudores fríos, pensaba que ese cambio era un importante paso en su desarrollo personal, porque deseaba saber lo que era sentirse «mirado con envidia». No es que deseara ser envidiado; simplemente quería liberarse del dominio que habían ejercido en él sus amigos al determinar una imagen que siempre proyectaba humildad. Gary contó que era homosexual. Yo le pregunté si era franco con su familia respecto a eso, y él contestó: «Todavía no. Estoy trabajando para llegar a ese grado de autoestima paso a paso. Tan pronto como me sienta lo suficientemente fuerte para vestirme como quiero, entonces trabajaré para adquirir la suficiente fuerza para ser quien quiero ser.»

Ser quien uno quiere ser capta la importancia de la cuarta fase: la evolución.

Cuarta fase: Evolución

Esta última fase en el desarrollo de la propia estima es interior. Las personas capaces de mantener sus principios, su dignidad y su fe sin comprometer ninguna energía del espíritu son personas evolucionadas interiormente, como Gandhi, la Madre Teresa y Nelson Mandela. Evidentemente, el mundo está lleno de personas mucho menos famosas que han logrado este grado de autoestima, pero el espíritu de estas tres personas se hizo cargo de su entorno físico, y ese entorno cambió para dar cabida al poder de su espíritu.

Estas tres personas, por cierto, fueron consideradas narcisistas durante alguna fase de su desarrollo. A la Madre Teresa, por ejemplo, en su primera época casi la obligaron a dejar dos comunidades religiosas, debido a que su visión del servicio a los pobres era mucho más intensa de lo que podían soportar sus hermanas. Durante ese tiempo se la consideraba ensimismada y narcisista. Tuvo que pasar por un período de profunda reflexión espiritual, y cuando llegó el momento oportuno, actuó según le indicaba su guía intuitiva. Al igual que Gandhi y Mandela, entró en una fase de evolución en la cual la personalidad se convirtió en persona: fuerza arquetípica que podría inspirar y estimular a millones de personas. Cuando el espíritu toma el mando, el mundo también se rinde ante su fuerza.

Los desafíos del viaje

Desarrollar la comprensión, la independencia y el respeto propios no resulta sencillo, aun cuando el viaje sólo conste de cuatro fases o etapas. El tercer chakra rebosa de energía: las energías de las ambiciones personales, el sentido de la responsabilidad y el respeto por nuestras fuerzas y debilidades, y también las energías de los miedos y secretos que aún no nos atrevemos a encarar. Dado que solemos estar desgarrados por conflictos personales, nos produce una gran turbación encontrarnos con el desafío espiritual de «vaciarnos para poder llenarnos», morir de cara a los viejos hábitos e imágenes propios para renacer. Sin embargo, el camino del desarrollo de la independencia y madurez es mucho más que un acto psicológico de salud. Convertirse en experto del proceso interior del conocimiento propio y de la visión simbólica es una tarea espiritual fundamental que lleva al crecimiento de la fe en uno mismo.

Me encanta la historia de Chuck porque capta la esencia espiritual del *Respétate a ti mismo*. Chuck procedía de una familia muy tradicional de la Europa del Este. La influencia de su familia era fuerte en todos los aspectos, actitudes sociales y valores religiosos. Chuck era el raro de la familia: no le gustaban los deportes ni las fiestas con cerveza y se sentía atraído por ideas y amistades liberales. Cuando estaba en segunda enseñanza ya llevaba una doble vida, manteniendo fuera del ámbito familiar sus intereses y amigos. Al acabar los estudios secundarios ya sabía que era homosexual, lo que intensificó su necesidad de esa doble vida, pues sabía que su familia sería incapaz de aceptar su homosexualidad. Dejó su casa para viajar al extranjero y enseñar en otras culturas; dominaba varios idiomas.

Cuando finalmente se estableció de nuevo en su ciudad, había recibido varias condecoraciones académicas, pero estaba deprimido. Cuando lo conocí era evidente que necesitaba dejar sus viajes externos y aventurarse dentro de sí mismo. Hablamos de su vida desde el punto de vista simbólico, reconociendo que el verdadero motivo para vivir fuera había sido que se sentía incómodo por ser el raro de la familia. Deseaba angustiosamente ser aceptado por su familia, pero sabía que aún le hacía falta aceptarse él a sí mismo. Todavía no podía vivir francamente como gay, y eso le preocupaba. «No creo que haya aceptado ser gay, cuando las únicas personas que conozco son mis amigos gay. Mi mayor temor, si exploro mis sentimientos, es descubrir que el problema de fondo es que no puedo aceptarme verdaderamente. ¿Qué puedo hacer?»

Chuck se dedicaba a estudios de misticismo y era fiel a una práctica espiritual que consistía en oración, meditación y culto en la iglesia. Le sugerí que hiciera un peregrinaje a los lugares espirituales sobre los que tanto le gustaba leer, y que dirigiera su intención espiritual hacia la aceptación de sí mismo. Me citó la frase de un amigo que le había dicho: «El peregrinaje es misticismo extrovertido, al igual que el misticismo es un peregrinaje introvertido.»

Al verano siguiente emprendió un viaje por Europa para visitar Fátima, Lourdes y varios lugares más que para él representaban lo sagrado. En cada lugar realizó una ceremonia espiritual, en la cual se liberaba de una parte de su pasado y pedía capacidad para aceptarse totalmente. Cuando volvió a casa había cambiado. Estaba libre y «vivo», del modo en que hemos de estarlo todos. Se había desprendido de su sombra y parecía irradiar luz. Una de las primeras cosas que hizo fue reunir a sus familiares y decirles que era homosexual. Estaba preparado para una reacción negativa, pero con gran alegría por su parte, ellos lo aceptaron. El viaje espiritual le había permitido conquistar la independencia de su pasado y de sus temores por el mañana, y una profunda fe en sí mismo.

Todos estamos en una especie de peregrinaje, aunque evidentemente no es necesario viajar a lugares sagrados físicos ni realizar ceremonias para liberar el pasado. Lo que sí es necesario, sin embargo, es viajar espiritualmente y desprendernos de los miedos que nos impiden reconocer la belleza de nuestra vida, y llegar a un lugar de curación y autoaceptación. Podemos hacer diariamente ese viaje en la intimidad de nuestras oraciones y meditación.

La difunta poetisa Dorothy Parker comentó una vez: «Detesto escribir. Me encanta haber escrito.» Lo mismo podría decirse del desarrollo del poder personal: una vez que hemos llegado es como el cielo, pero el viaje para llegar allí es largo y arduo. La vida nos lleva implacablemente a comprender la importancia de las palabras de Polonio en *Hamlet*: «Sé sincero contigo mismo.» Porque sin poder personal la vida es una experiencia terrible y dolorosa.

Trabajar con la intuición no nos permite evitar el desafío de encarar nuestros miedos. No hay ningún atajo para convertirse en una persona sana y completa, y desde luego las capacidades intuitivas no son la respuesta, sino sencillamente la consecuencia natural de tener autoestima.

Biológicamente estamos hechos para aprender esta enseñanza: el cuerpo prospera cuando el espíritu prospera. El tercer chakra encarna la verdad sagrada *Respétate a ti mismo*, verdad respaldada por el sentido simbólico de las sefirot de Nétzaj y Hod y por el sacramento de la confirmación. Cuando adquirimos la fuerza y el vigor que proporciona vivir con autoestima, nuestras capacidades intuitivas emergen naturalmente.

Preguntas para autoexaminarse

1. ¿Se gusta? En caso negativo, ¿qué no le gusta de usted y por qué? ¿Trabaja activamente para cambiar las cosas que no le gustan de usted?

2. ¿Es una persona sincera? ¿Tergiversa a veces la verdad? Si lo hace, ¿por qué?

3. ¿Critica a otras personas? ¿Necesita culpar a otros para protegerse?

4. ¿Es capaz de reconocerlo cuando no tiene razón? ¿Se muestra receptivo a lo que le dicen sobre usted otras personas?

5. ¿Necesita la aprobación de los demás? Si es así, ¿por qué?

6. ¿Se considera fuerte o débil? ¿Tiene miedo de cuidar de sí mismo?

7. ¿Se ha permitido estar con una persona a la que no amaba porque eso le parecía mejor que estar solo?

8. ¿Se respeta? ¿Es capaz de decidir hacer cambios en su estilo de vida y atenerse al compromiso?

9. ¿Tiene miedo a la responsabilidad, o se siente responsable de todos y de todo?

10. ¿Piensa continuamente que ojalá su vida fuera diferente? Si es así, ¿está haciendo algo para cambiarla o se ha resignado a la situación?

4

Cuarto chakra:
El poder emocional

El cuarto chakra es la estación central del sistema energético humano. Al estar en el centro, media entre el cuerpo y el espíritu y determina su salud y fuerza. La energía del cuarto chakra es de naturaleza emocional y contribuye a impulsar el desarrollo afectivo. Este chakra representa la lección espiritual que nos enseña a manifestar el amor y la compasión y a reconocer que la energía más potente que tenemos es el amor.

Ubicación: Centro del pecho.

Conexión energética con el cuerpo físico: Corazón y aparato circulatorio, costillas, pechos, timo, pulmones, hombros, brazos, manos y diafragma.

Conexión energética con el cuerpo emocional/mental: Este chakra se hace eco de nuestras percepciones emotivas, las cuales determinan la calidad de nuestra vida mucho más que las percepciones mentales. Cuando somos niños reaccionamos ante las circunstancias con toda una gama de emociones: amor, compasión, envidia, confianza, esperanza, desesperación, odio, celos y miedo. Cuando somos adultos, se nos desafía a generar en nuestro interior un ambiente y una estabilidad emocional con los cuales actuar conscientemente y con compasión.

Conexión simbólica/perceptiva: El cuarto chakra representa más que ningún otro nuestra capacidad para «abandonarnos en las manos de Dios». Con esta energía aceptamos nuestros problemas emocionales como una prolongación del plan divino, cuya intención es nuestra evolución consciente. Liberando el dolor emocional, liberándonos de la necesidad de saber por qué las cosas han ocurrido como han ocurrido, llegamos a un estado de serenidad. Para lograr esa paz interior, sin embargo, tenemos que adherirnos a la energía curativa del perdón y liberarnos de la necesidad inferior de justicia humana autodeterminada.

Conexión sefirot/sacramento: El cuarto chakra se corresponde con la sefirá de Tiféret, que simboliza la belleza y compasión que hay en Dios. Esta energía representa el corazón de lo Divino, que derrama sin cesar la fuerza vital nutritiva. El sacramento del matrimonio se corresponde con la energía del cuarto chakra. Como arquetipo, el matrimonio representa el primer y principal lazo con uno mismo, la unión interior del yo y el alma.

El desafío inherente al cuarto chakra se asemeja al del tercero, pero es más complejo espiritualmente. Mientras que el tercer chakra se centra en los sentimientos hacia nosotros mismos, el cuarto lo hace en los sentimientos hacia nuestro mundo interior, nuestra reacción emocional a nuestros pensamientos, ideas, actitudes e inspiraciones, así como en la atención que prestamos a nuestras necesidades emocionales. Este grado de compromiso es el factor esencial para entablar relaciones sanas con los demás.

Miedos principales: Miedo a la soledad, al compromiso y a «obedecer al corazón»; miedo a la incapacidad de protegerse emocionalmente; miedo a la debilidad y traición emocionales. La pérdida de energía del cuarto chakra puede dar origen a celos, amargura, rabia, odio e incapacidad de perdonar.

Fuerzas principales: Amor, perdón, compasión, dedicación, inspiración, esperanza, confianza y capacidad para sanarse uno y sanar a otros.

Verdad sagrada: El cuarto chakra es el centro del poder del sistema energético humano porque *El amor es poder divino*. Si bien generalmente la inteligencia, o «energía mental», se considera superior a la energía emocional, en realidad esta última es la verdadera motivadora del cuerpo y espíritu humanos. El amor en su forma más pura, es decir, el amor incondicional, es la sustancia de lo Divino, con su infinita capacidad para perdonarnos y responder a nuestras plegarias. Nuestros corazones están diseñados para expresar belleza, compasión, perdón y amor. Va en contra de nuestra naturaleza espiritual actuar de otra manera.

No nacemos expertos en amor, sino que nos pasamos la vida aprendiendo. Su energía es poder puro. Nos sentimos atraídos e intimidados por el amor en igual medida. El amor nos motiva, nos domina, nos inspira, nos sana y nos destruye. El amor es el combustible de nuestro cuerpo físico y espiritual. Cada uno de los desafíos de la vida es una enseñanza sobre algún aspecto del amor. La forma en que respondemos a estos desafíos queda registrada en nuestros tejidos celulares; vivimos dentro de las consecuencias biológicas de nuestras elecciones biográficas.

Aprendizaje del poder del amor

Dado el poder que tiene el amor, vamos conociendo esta energía en fases o etapas. Cada fase nos presenta una lección sobre la intensidad y las formas del amor: perdón, compasión, generosidad, amabilidad, cariño por uno mismo y los demás. Estas fases siguen el diseño de los chakras: comenzamos a conocer el amor dentro de la tribu, asimilando las numerosas expresiones de esta energía de nuestros familiares. El amor tribal puede ser incondicional, pero generalmente transmite la expectativa de lealtad y apoyo a la tribu: en el ambiente tribal el amor es una energía que se comparte entre personas de la misma clase.

Cuando despierta el segundo chakra y conocemos los lazos de la amistad, el amor se amplía para incluir a «extraños.» Expresamos el amor queriendo a personas con las que no nos unen lazos sanguíneos y compartiendo con ellas. Cuando el tercer chakra despierta, descubrimos el amor de las cosas externas, de nuestras necesidades personales, físicas y materiales, entre las cuales puede estar el deporte, los estudios, la moda, el galanteo y el emparejamiento, el trabajo, el hogar y el cuerpo.

Estos tres chakras tienen que ver con el amor en el mundo externo.

En alguna época de nuestra civilización, estas tres prácticas del amor eran lo único que requería la vida. Muy pocas personas necesitaban algo más que el amor tribal y de pareja. Pero con el advenimiento de la psicoterapia y el movimiento de la espiritualidad, el amor se identificó como la fuerza que influye y tal vez determina la actividad biológica. El amor nos ayuda a sanar a otras personas y a nosotros mismos.

Las crisis de la vida cuyo núcleo es un problema de amor, como el divorcio, la muerte de un ser querido, el maltrato emocional, el abandono o el adulterio, suelen ser causantes de una enfermedad, no sólo un acontecimiento que la precede por simple coincidencia. La curación física suele requerir la curación de los problemas emocionales.

Jack, un carpintero de cuarenta y siete años, invirtió una parte importante de los ahorros de su vida en una empresa creada por su primo Greg. Definiéndose como un «novato en los negocios», Jack me contó que Greg siempre daba la impresión de saber exactamente lo que hacía con las inversiones, y le prometió que esa importante inversión le produciría beneficios suficientes para jubilarse anticipadamente. La esposa de Jack, Lynn, tenía serias dudas respecto a invertir todos sus ahorros en una empresa que no les garantizaba los beneficios, pero Jack confiaba en su primo y creía que todo resultaría exactamente como estaba previsto.

Al cabo de cuatro meses la empresa fracasó y Greg desapareció. Dos meses después, Jack sufrió un accidente en el trabajo y se lesionó la parte inferior de la espalda. Empezó a sufrir de hipertensión, se encerró en sí mismo y se fue deprimiendo cada vez más. Asistió a uno de mis seminarios porque Lynn lo obligó a acompañarla, desesperada por sacarlo de ese estado de incapacitación.

Algunos trastornos son tan evidentes que cualquier persona desconocida puede hacer las conexiones e imaginar la causa. El estrés económico de Jack, junto con la sensación de que su primo se había aprovechado de él, sin duda le hacía arder de rabia la psique, lo cual le debilitaba la espalda y el nervio ciático. Su ira era también causa de la hipertensión, ya que no paraba de pensar en el error que había cometido al creer en las promesas de abundancia de su primo. Jack estaba «enfermo del corazón» debido a la traición de Greg y a la sensación de haberle fallado a su esposa.

Cuando mi charla llegó al tema del perdón, Jack se puso tan irritable que pidió permiso para salir de la sala. Yo no quería que se marchara porque sabía que necesitaba oír la información que iba a presentar, pero al verle la cara tuve muy claro que quedarse sólo aumentaría su malestar. Lynn le habló como si en la sala no hubiera nadie aparte de ellos dos, le cogió la mano y le dijo que, aunque se estaba castigando por lo que consideraba un acto de estupidez, ella pensaba que había actuado por amor. «Jamás creeré que un acto de amor sea recompensado con dolor —añadió—. Si cambias de perspectiva y te atienes a la verdad de que apoyaste a alguien a quien amabas porque eso era lo que te parecía correcto, entonces, de alguna manera, todo resultará bien para nosotros.»

Jack se echó a llorar, pidió disculpas balbuciendo y le dio las gracias a su esposa. Los demás participantes del seminario también estaban profundamente afectados y decidieron tomarse un descanso para darles una cierta intimidad a Jack y Lynn. Cuando estaba saliendo de la sala, Lynn me pidió que me acercara a ellos. «Creo que ya podemos irnos —me dijo—. Estaremos bien.»

Pasados unos meses contacté con Jack y Lynn para saber cómo estaban. Lynn me dijo que Jack había vuelto al trabajo y que, aunque la espalda todavía le causaba algunas molestias, ya no le dolía tanto. Tenía la tensión arterial normal y ya no estaba deprimido. Los dos se sentían notablemente liberados del desastre económico porque ambos fueron verdaderamente capaces de perdonar lo ocurrido y continuar viviendo. «No hemos sabido ni una palabra de Greg —añadió—, pero suponemos que debe de estar pensando en este desastre mucho más que nosotros.»

Esta pareja es un ejemplo del poder espiritual de la energía del corazón. La compasión que pasó del corazón de Lynn al cuerpo de Jack le dio a él el apoyo que necesitaba para perdonar a su primo, perdonarse a sí mismo y continuar con su vida.

Amarse, el camino hacia lo Divino

La expresión «Si no te amas a ti mismo no puedes amar a nadie» es muy común. Sin embargo, para muchas personas amarse a sí mismas continúa siendo un concepto vago que se suele manifestar de diversas formas materiales, como comprarse un montón de cosas por capricho o tomarse unas fabulosas vacaciones. Pero recompensarse con viajes y caprichos, es decir, utilizar el placer físico para expresarse afecto, es el amor del tercer chakra. Si bien este tipo de recompensa resulta placentero, puede obstruir el contacto con las turbulencias emocionales más profundas del corazón, que surgen cuando necesitamos evaluar una relación, un trabajo o alguna otra circunstancia difícil que afecta a nuestra salud. Amarse a sí mismo, como desafío del cuarto chakra, significa tener valor para escuchar los mensajes de las emociones y las directrices espirituales del corazón. El arquetipo al que con más frecuencia nos guía el corazón para sanar es el del «niño herido».

El «niño herido» que hay dentro de cada uno de nosotros contiene estructuras emocionales lesionadas o atrofiadas de nuestra juventud, en forma de recuerdos dolorosos, actitudes negativas e imágenes personales disfuncionales. Sin darnos cuenta, podríamos continuar actuando dentro de estas estructuras cuando somos adultos, aunque con otras modalidades. Por ejemplo, el miedo al abandono se convierte en celos, y el abuso sexual en sexualidad disfuncional, lo que suele ser causa de una repetición de las mismas violaciones con nuestros propios hijos. La imagen negativa que tiene un niño de sí mismo puede convertirse después en causa de disfunciones, como la anorexia, la obesidad, el alcoholismo y otras adicciones, o en temor obsesivo al fracaso. Estas modalidades pueden dañar las relaciones afectivas, la vida personal y profesional, y la salud. El amor a sí mismo comienza por enfrentarse a esta fuerza arquetípica del interior de la psique y liberarnos de la autoridad del niño herido. Si no se curan, las heridas nos mantienen anclados en el pasado.

Derek es un empresario de treinta y siete años que asistió a uno de mis seminarios porque deseaba resolver algunos recuerdos dolorosos de su infancia. De niño había sufrido muchísimos malos tratos. A menudo lo golpeaban y le negaban la comida cuando tenía hambre, y también lo castigaban obligándolo a ponerse zapatos demasiado pequeños para él.

En cuanto terminó la segunda enseñanza se marchó de casa, se costeó él mismo los estudios de formación profesional y después se dedicó al comercio. Cuando lo conocí estaba casado, era muy feliz en su matrimonio y tenía dos hijos pequeños. Según sus palabras, había llegado el momento de enfrentarse a los recuerdos de la infancia, que hasta ese momento había conseguido mantener a distancia, al igual que a sus padres. Su padre había muerto hacía poco, y su madre estaba deseosa de recuperar algo de su relación con él. Él accedió a verla, y en su primer encuentro le exigió que le explicara por qué ella y su padre lo habían tratado tan mal cuando era niño.

Al principio su madre negó todo maltrato, pero finalmente le echó al padre la culpa de las pocas cosas que logró recordar y dijo que si hubiera sabido que él se sentía tan desgraciado habría hecho algo para remediarlo. Después se puso emotiva y le preguntó cómo podía tratarla con tanta dureza cuando ella acababa de enviudar. Se trata una reacción bastante típica de un progenitor abusivo cuando un hijo adulto se enfrenta a él.

Derek escuchó atentamente mi charla sobre los recuerdos individuales y tribales. No creía que sus padres fueran malas personas, sino simplemente que estaban asustados y tal vez no se daban cuenta de lo que hacían. Al final del seminario me dijo que le había dado mucho en que pensar y que me lo agradecía.

Alrededor de unos cuatro o cinco meses después del seminario, Derek me envió una nota. Había decidido que la vida es demasiado corta para albergar malos recuerdos, y que prefería creer que la vuelta de su madre a su vida era una oportunidad para mostrarle una forma más amorosa de vida, mediante su propio matrimonio y la crianza de sus hijos. Continuaba viendo regularmente a su madre y creía que algún día «todo estaría bien».

La historia de Derek ejemplifica la orientación sanadora procedente de la sefirá de Tiféret, que en su caso le dijo que necesitaba reconsiderar sus recuerdos emocionales. Como siempre hace, a Derek esta orientación le llegó en el momento en que estaba lo suficientemente maduro para actuar de conformidad con ella. Seguir la propia orientación intuitiva es la forma superior de cuidado preventivo de la salud. Las energías espirituales de su corazón le avisaron de que sus recuerdos negativos podrían comenzar a dañar su salud física. El sistema intuitivo de todas las personas funciona así; es raro que no nos avise de las corrientes negativas que pueden hacernos, y nos harán, daño, o que no nos diga cómo podemos optar por liberarnos de esas energías negativas antes de que se conviertan en una enfermedad física.

Sanar es posible mediante actos de perdón. En la vida y las enseñanzas de Jesús, el perdón es un acto de perfección espiritual, pero también un acto físicamente curativo. El perdón no es una mera opción, sino una necesidad para la curación. Jesús siempre sanaba primero los sufrimientos emocionales de sus pacientes; la curación física venía naturalmente después. Si bien las curaciones de Jesús han sido interpretadas por muchos teólogos y maestros de escuela dominical como una recompensa divina por la confesión de mala conducta por parte del receptor, el perdón es un acto espiritual esencial que ha de producirse para que la persona se abra totalmente al poder sanador del amor. Amarnos a nosotros mismos significa querernos lo suficiente para perdonar a las personas de nuestro pasado, a fin de que las heridas ya no puedan hacernos daño, porque nuestras heridas no hacen daño a quien nos hirió, sino a nosotros. Desprendernos de esas heridas nos capacita para pasar de la relación infantil con lo Divino, de los tres primeros chakras, a una relación en que participamos con lo Divino en la manifestación del amor y la compasión del cuarto chakra.

Las energías del cuarto chakra nos impulsan aún más hacia la madurez espiritual que trasciende el diálogo padre-hijo con lo Divino, trasciende el pedir explicaciones de los acontecimientos, trasciende el miedo a lo inesperado. El niño herido cree que lo Divino es un sistema de recompensa y castigo, y que tiene explicaciones lógicas para todas las experiencias dolorosas. El niño herido no entiende que en todas las experiencias, por dolorosas que sean, hay percepciones y conocimiento espiritual. Mientras pensemos como niño herido, amaremos condicionalmente y con mucho miedo a las pérdidas.

Nuestra cultura en general está evolucionando hacia la curación de su insistencia en las heridas y en el ser víctimas. De todos modos, una vez que estamos dentro del poder de las heridas, nos resulta difícil ver la manera de liberarnos de ese poder negativo y avanzar para llegar a ser «no heridos» y autocapacitados. La nuestra es una «cultura del cuarto chakra» que aún no ha salido de las heridas para entrar en la edad adulta espiritual.

Despertar del yo consciente

Salimos del cuarto chakra pasando por él y aprendiendo sus lecciones. Cuando la persona entra en el interior de su corazón, deja atrás las formas conocidas de pensar de los tres chakras inferiores, en particular el corazón tribal. Se libera de la protección de explicaciones habituales como «Mi prioridad son las necesidades de mi familia» o «No puedo cambiar de empleo porque mi esposa necesita sentirse segura», y su corazón la recibe en su puerta con una sola pregunta: «¿Y yo qué?»

Esa pregunta es una invocación que nos presenta información reprimida durante años, pero bien registrada, y que en un instante puede determinarnos un nuevo camino. Podríamos intentar retroceder y entrar de nuevo en la protección de la mente tribal, pero su capacidad de consolarnos ya ha desaparecido.

Comenzamos la formidable tarea de llegar a conocernos descubriendo nuestra naturaleza emocional, no en relación con ninguna otra persona ni cosa, sino en relación con nosotros mismos. Haya o no haya otra persona que desempeñe un papel principal, uno necesita preguntarse: «¿Qué me gusta? ¿Qué amo? ¿Qué me hace feliz? ¿Qué necesito para estar equilibrado? ¿Cuáles son mis fuerzas? ¿Puedo confiar en mí mismo? ¿Cuáles son mis debilidades? ¿Por qué hago las cosas que hago? ¿Qué me hace necesitar la atención y aprobación de los demás? ¿Soy lo suficientemente fuerte para intimar con otra persona y, aun así, respetar mis necesidades emocionales?»

Estas preguntas son diferentes de las de la mente tribal, que nos enseña a preguntar: ¿Qué me gusta en relación con los demás? ¿Hasta qué punto puedo ser fuerte y seguir siendo atractivo para los demás? ¿Qué necesito de los demás para ser feliz? ¿Qué tengo que cambiar en mí para conseguir que alguien me ame?

No nos resulta fácil dedicarnos a contestar estas preguntas de autoexploración porque sabemos que las respuestas nos exigirán cambiar de vida. Antes de los años sesenta, este tipo de autoexamen era el dominio más o menos exclusivo de miembros marginales de la sociedad: místicos, artistas, filósofos y otros genios creativos. Conocer al «yo» activa la transformación de la conciencia humana y para muchos artistas y místicos la consecuencia de ello ha sido, entre otras cosas, la aparición de episodios de depresión, desesperación, alucinaciones, visiones, intentos de suicidio y trastorno emocional incontrolable, además de elevados estados de éxtasis combinados con erotismo físico y trascendental. Comúnmente se creía que el precio del despertar espiritual era demasiado elevado y arriesgado para la mayoría de las personas, y estaba destinado sólo a unos pocos «dotados».

Pero la energía revolucionaria de los años sesenta llevó a millones de personas a preguntarse: «¿Y yo qué?» Después, el movimiento de la conciencia humana introdujo a nuestra cultura por la puerta arquetípica del cuarto chakra. Desenterró los secretos de nuestro corazón y expresó los detalles de nuestra infancia herida, que aún conforman gran parte de nuestra personalidad adulta.

Comprensiblemente, la cultura del cuarto chakra ha asistido a un aumento nacional de divorcios. La apertura del cuarto chakra ha transformado el arquetipo del matrimonio en el arquetipo de la pareja. En consecuencia, la mayoría de los matrimonios contemporáneos exige un fuerte sentido del «yo» para tener éxito, y no la abdicación del «yo» que requerían los matrimonios tradicionales. El sentido simbólico del sacramento del matrimonio es que la persona primero debe estar unida con su propia personalidad y espíritu. Una vez que tiene una clara comprensión de sí misma, entonces puede crear una buena relación íntima de pareja. El aumento de divorcios es, por lo tanto, consecuencia directa del cuarto chakra, que lleva a las personas a descubrirse a sí mismas por primera vez. Muchas personas atribuyen el fracaso o la ruptura de sus matrimonios a que su cónyuge no le ofrecía ningún apoyo a sus necesidades emocionales, psíquicas e intelectuales, y en consecuencia tuvieron que buscar una verdadera pareja.

La apertura del cuarto chakra ha cambiado también nuestra conciencia sobre la salud, la curación y las causas de la enfermedad. Mientras que en otros tiempos se creía que la enfermedad tenía esencialmente su origen en los chakras inferiores, la genética y los gérmenes, ahora vemos el origen de la enfermedad en grados tóxicos de estrés emocional. La curación comienza con la reparación de las lesiones emocionales. Todo nuestro modelo médico se está reformando en torno al poder del corazón.

La siguiente historia refleja este cambio. Conocí a Perry, médico, en uno de mis seminarios. Perry tenía muchísimo trabajo en su consulta, lo que le generaba el típico grado de estrés profesional y personal. Cuando la comunidad médica se inundó de información sobre teorías y prácticas alternativas, leyó cosas sueltas por aquí y por allá, pero continuó recetando los tratamientos usuales a sus pacientes porque no sabía lo suficiente sobre tratamientos alternativos para recomendarlos.

Hace unos cinco años decidió asistir a un seminario sobre terapias alternativas. Quedó muy impresionado no sólo por la validez científica del material presentado, sino también por los estudios de casos de que hablaban sus colegas. Tan pronto volvió a su trabajo, consideró de forma diferente a sus pacientes y comenzó a hacerles preguntas sobre sus problemas personales durante los exámenes normales. Leyó libros sobre salud holística y asistió a más charlas y seminarios sobre el tema que encontraba más interesante, el componente emocional de la enfermedad. Poco a poco fue perdiendo la fe en los tratamientos de la medicina oficial. Deseaba hablar de sus sentimientos con sus colegas, pero éstos no compartían su interés. Llegó un momento en que ya no se sentía cómodo recetando medicamentos, pero todavía no se sentía lo suficientemente seguro como para recomendar simplemente que el paciente buscara otros tratamientos. Al final, le daba tanto miedo llegar a su consulta que consideró seriamente la posibilidad de dejar el ejercicio de la medicina.

Un día, a sus cincuenta y dos años, mientras se preparaba para recibir a un paciente nuevo, sufrió un ataque al corazón en su despacho. Durante su recuperación pidió ver a un psicoterapeuta y a un consejero espiritual. Recibió terapia durante varios meses, después pidió una excedencia, y en ese tiempo estudió atención médica alternativa. Finalmente fundó un centro de tratamientos donde se podían atender las necesidades psíquicas y espirituales de los pacientes, además de sus necesidades físicas.

«Tuve un ataque al corazón muy grave —dice Perry—. Siempre creeré que recuperé la salud gracias a la terapia, que me permitió entrar en mí mismo. No me di cuenta de que tenía el corazón enfermo debido a mi práctica médica hasta que el corazón literalmente enfermó. ¿Qué podía ser más evidente? Por mi propio bien necesito tratar a mis pacientes con la atención y conciencia que ahora comprendo que necesitan. También necesito cuidar de mí mismo de otra manera, de modo que ya no trabajo las horas que trabajaba antes. Ahora, cuidarme es una prioridad. Toda mi vida es más sana porque caí enfermo y decidí creer que mi ataque al corazón tenía un significado mucho mayor que el de un simple problema eléctrico en mi sistema coronario.

Trascender el lenguaje de las heridas

En esta cultura del cuarto chakra, el lenguaje de la intimidad se apoya en las heridas. Antes de los años sesenta, una conversación aceptable consistía principalmente en el intercambio de datos relativos a los tres primeros chakras: nombre, lugar de origen, trabajo y aficiones. Rara vez alguna persona revelaba detalles sobre sus deseos sexuales o las profundidades de sus tormentos psíquicos o afectivos. Nuestra cultura aún no se sentía cómoda con ese tipo de conversaciones, y carecíamos del vocabulario para ellas.

Pero desde que se convirtió en cultura del cuarto chakra, hemos adquirido una especie de fluidez terapéutica y, al mismo tiempo, creado un nuevo lenguaje para la intimidad que yo llamo «heridología». Ahora hacemos de la revelación y el intercambio de heridas la sustancia de nuestra conversación; en realidad, los utilizamos como si fuera pegamento para fortalecer la relación. En efecto, hemos adquirido tal dominio en esto que hemos convertido nuestras heridas en una especie de «moneda relacional» y la empleamos para dominar situaciones y a personas. Los incontables grupos de apoyo creados para ayudar a las personas a trabajar en sus historiales de abuso sexual, incesto, adicción y malos tratos, por nombrar unos pocos, sólo sirven para asentar más la heridología como el idioma contemporáneo de la intimidad. En el seno de estos grupos de apoyo bien intencionados, se recibe, a veces por primera vez, la necesaria validación de los daños que se han soportado. La compasión de los solícitos miembros del grupo se percibe como un largo trago de agua fresca en un día caluroso y seco.

Caí en la cuenta del predominio de este lenguaje de la heridología un día en que había quedado para comer con una amiga. La esperaba tomando café con dos hombres. Cuando llegó Mary, se la presenté a Ian y Tom, y en ese momento se acercó otro hombre para preguntarle a ella si estaba libre el 8 de junio, porque ese día su comunidad esperaba a un invitado especial y necesitaban a alguien que lo acompañara por el campus. Lo único que le preguntó era si estaba libre el 8 de junio, es decir, que bastaba con responder sí o no. Pero Mary contestó:

—¿El 8 de junio? ¿Has dicho el 8 de junio? De ninguna manera; cualquier otro día sí, pero el 8 de junio no. El 8 de junio es nuestra reunión de supervivientes de incesto y jamás nos dejamos plantadas. Nos hemos comprometido a apoyarnos mutuamente y, pase lo que pase, allí estamos. Ese día de ninguna manera. Tendrás que buscarte a otra persona, porque yo no voy a faltar a mi compromiso con este grupo. Todas tenemos un historial de compromisos no cumplidos y estamos consagradas a no tratarnos con la misma desconsideración.

—De acuerdo, muy bien, gracias —se limitó a decir Wayne, el que le había hecho la pregunta, y se marchó.

Pero yo me quedé pasmada, igual que Ian y Tom. Mary y yo nos fuimos a comer, y cuando estuvimos solas le pregunté:

—Mary, quisiera saber por qué has dado tantas explicaciones a Wayne. Lo único que te ha preguntado es si estás libre el 8 de junio. No hacía ni diez segundos que conocías a Ian y Tom, y por lo visto era importantísimo para ti que se enteraran de que de pequeña fuiste víctima de incesto y que todavía estás furiosa por eso. Querías a toda costa que esos hombres lo supieran. Desde mi punto de vista, es evidente que querías que tu historial emocional dominara la conversación en la mesa. Querías que esos dos hombres se anduvieran con cuidado contigo y te reconocieran como una persona herida. Has dado toda esa información cuando lo único que Wayne te había preguntado era si estabas libre el 8 de junio. Lo único que tenías que hacer era decir que no. ¿Por qué has tenido que explicar delante de unos extraños que eres una superviviente de incesto?

—Porque eso es lo que soy —contestó, mirándome como si la hubiera traicionado—, una superviviente de incesto.

—Eso ya lo sé, Mary. Lo que te pregunto es por qué tenías que decirlo.

Me dijo que era evidente que yo no sabía nada sobre el apoyo emocional, particularmente para las supervivientes de incesto. Le expliqué que comprendía que había soportado una infancia muy dolorosa, pero que sanar significa superar el dolor, no «comercializarlo». Como amiga, me sentía en la necesidad de decirle que se estaba dejando dominar seriamente por la autoridad de sus heridas, que es lo contrario a sanarlas realmente. Ella repuso que tendríamos que reconsiderar nuestra amistad, y cuando nos despedimos al salir del restaurante también nos despedimos de nuestra amistad.

Pero yo continué impresionada por lo que acababa de presenciar. En ningún momento había contestado a mi pregunta. Estaba absolutamente atrincherada en sus heridas, tanto que las había convertido en una especie de moneda social. Pensaba que se le debían ciertos privilegios debido a su penosa infancia: el privilegio de poder llamar al trabajo diciendo que estaba enferma cada vez que necesitaba «procesar» algún recuerdo; ayuda económica de su padre por lo que le había hecho; e infinito apoyo emocional por parte de sus amigas y amigos. Los verdaderos amigos, según Mary, eran las personas que comprendían su crisis y asumían sus responsabilidades cuando éstas le resultaban demasiado pesadas a ella.

Curiosamente, al día siguiente yo tenía que dar una breve charla en esa comunidad. Llegué temprano y me senté al lado de una mujer que había ido a escuchar mi charla.

—Hola —le dije—. ¿Cómo te llamas?

Sin volverse a mirarme me contestó:

—Tengo cincuenta y seis años y soy superviviente de incesto. Claro que eso ya lo he superado porque formo parte de un grupo de supervivientes de incesto y somos nuestro sistema de apoyo mutuo. Mi vida está llena gracias a esas personas.

Me quedé anonadada, no sólo porque esa conversación era una repetición de la que había mantenido con Mary, sino también porque sólo le había preguntado el nombre.

Las heridas, como lenguaje de la intimidad, han encontrado su campo de expresión dentro de las relaciones, además de en los grupos de apoyo para curación. De hecho, no es exagerado afirmar que nuestros ritos para la vinculación romántica casi necesitan una herida para «despegar». Un típico rito de vinculación se desarrolla más o menos del modo siguiente: Dos personas se encuentran por primera vez; se dicen sus respectivos nombres, ciudad natal y posiblemente algunos datos relativos a sus orígenes étnicos o religiosos (datos del primer chakra). A continuación la conversación pasa a temas del segundo chakra: trabajo, historias relacionales, entre ellas matrimonios, divorcios e hijos, y tal vez situación económica. Después vienen los temas del tercer chakra, generalmente referencias a las preferencias en comidas, programas de ejercicios, actividades durante el tiempo libre y posiblemente programas de crecimiento personal. Si desean establecer una relación más íntima, pasan al cuarto chakra. Una persona revela una herida que está «procesando». Si la otra persona quiere responder de un modo «vinculante», le revelará una herida que haga juego, que sea de la misma magnitud. Si las heridas hacen pareja, las personas se convierten en «compañeras de herida». En su unión entrarán las siguientes condiciones tácitas del convenio:

1. Nos acompañaremos para apoyarnos mutua y totalmente en cualquier recuerdo difícil relacionado con esta herida.
2. Este apoyo supondrá reorganizar cualquier parte de nuestra vida social, o incluso laboral, en torno a las necesidades de nuestra pareja herida.
3. Si hace falta, asumiremos las responsabilidades de nuestra pareja para demostrarle la sinceridad de nuestro apoyo.
4. Siempre animaremos a nuestra pareja a procesar sus heridas con nosotros y a tomarse todo el tiempo que haga falta para su recuperación.
5. Aceptaremos, con el mínimo roce, todas las debilidades y defectos que tienen su raíz en la herida, ya que la aceptación es esencial para la curación.

En resumen, un vínculo basado en la intimidad herida es una garantía implícita de que los miembros debilitados de la pareja se necesitarán siempre el uno al otro y siempre tendrán un paso abierto hacia el corazón del otro. En lo que se refiere a la comunicación, estos vínculos representan una dimensión totalmente nueva del amor, una dimensión orientada hacia el apoyo terapéutico y el cuidado de los compromisos mutuos hacia la curación. En cuanto al poder, las parejas jamás habían tenido un acceso mutuo tan fácil a la vulnerabilidad del otro, ni tanta aceptación franca del uso de las heridas para ordenar y dominar las relaciones íntimas. La heridología ha redefinido totalmente los parámetros de la intimidad.

La intimidad herida ha encontrado muchísimo apoyo en la comunidad de curación holística, particularmente en la literatura sobre las conexiones entre dolor emocional y enfermedad, y entre la curación de traumas emocionales y la recuperación de la salud. Se han creado grupos de apoyo en torno a todos los tipos posibles de traumas emocionales, desde incesto hasta abusos durante la infancia, violencia doméstica y aflicción por tener un familiar en la cárcel. Los programas de entrevistas en televisión adquieren popularidad haciendo públicos los detalles de las heridas de las personas. (Actualmente no sólo vivimos dentro de nuestras heridas, sino que además nos divierten con las heridas de otras personas.) El sistema jurídico ha aprendido a convertir las heridas en poder económico: en Estados Unidos los anuncios televisivos animan a la gente a entablar demandas judiciales como forma de hacer frente a sus lesiones y agravios.

Antes de los años sesenta, madurez y fuerza significaban guardarse para sí los dolores y la vulnerabilidad. Ahora, en cambio, las definimos como la capacidad de la persona para mostrar a otra sus debilidades interiores. Si bien la intención original de estos grupos de apoyo era ofrecer una experiencia de actitud sustentadora y compasiva a la persona que estaba atravesando una crisis, nadie esperaba que esto continuara hasta que la persona se hubiera recuperado de la crisis. Simplemente pretendían ser como un bote salvavidas para atravesar un río de transición.

Pero muy pocos miembros de estos grupos han querido bajarse del bote cuando han llegado a la otra orilla. En su lugar, han convertido una fase de transición en un estilo de vida a jornada completa. Una vez que han aprendido a hablar el lenguaje de la heridología, se les hace dificilísimo renunciar a los privilegios que acompañan al estar herido en nuestra cultura del cuarto chakra.

Sin un programa establecido para la curación, corremos el peligro de hacernos adictos a lo que consideramos apoyo y compasión; comenzamos a creer que necesitamos más y más tiempo para «procesar» las heridas. Dado que se ve el vencimiento del plazo para este apoyo, los miembros de estos grupos suelen aferrarse a él con una desesperación que más o menos quiere decir: «Jamás me iré de aquí porque es el único lugar donde he encontrado apoyo. En mi mundo ordinario no cuento con ningún apoyo; por lo tanto seguiré viviendo "en proceso" y entre personas que comprenden lo que he sufrido.»

El problema de estos sistemas de apoyo es la dificultad para decirle a una persona que ya ha recibido suficiente apoyo y que necesita continuar con el asunto de vivir. En muchos sentidos este problema refleja nuestra comprensión tergiversada de la compasión. La compasión, emoción del cuarto chakra y una de las energías espirituales contenidas en la sefirá de Tiféret, es la fuerza para respetar el sufrimiento de otra persona a la vez que se devuelve el poder a la propia vida. Dado que durante mucho tiempo nuestra cultura no ha dado tiempo para sanar el corazón, y ni siquiera reconocía la necesidad de darlo, ahora compensamos excesivamente ese fallo no fijando ningún límite de tiempo en torno a esa curación. Nos hace falta crear un modelo de relación íntima sana, que sea poderosa y esté capacitada pero continúe siendo vulnerable. En estos momentos definimos «sano» o «sanado» como lo contrario de «necesitado»; por lo tanto, estar sano o sanado significa ser totalmente autosuficiente, siempre positivo, siempre feliz, siempre seguro de sí mismo, y no necesitar jamás a nadie. Con razón son pocas las personas que se consideran «sanadas».

El camino hacia el corazón poderoso

La curación es sencilla, pero no fácil. Los pasos son pocos, pero exigen un gran esfuerzo.

Primer paso: Comprométase a curarlo todo, llegando

hasta la fuente u origen del dolor. Esto significa entrar en el interior y llegar a conocer las heridas.

Segundo paso: Una vez «dentro», identifique y examine las heridas. ¿Se han convertido éstas en una forma de «poder» en su vida actual? Si ha convertido sus heridas en poder, afronte los motivos por los cuales tal vez podría tener miedo de sanar, porque liberarse de un pasado doloroso es mucho más difícil que hablar de los recuerdos. Cuando identifique sus heridas, procure que alguien «dé fe» de ellas y de la influencia que han tenido en su desarrollo. Necesita al menos una persona, tal vez terapeuta o amiga, que sea capaz de trabajar con usted de esta manera.

Tercer paso: Una vez que haya expresado verbalmente sus heridas, observe cómo las utiliza para influir en las personas de su entorno, y también en sí mismo, o incluso para dominarlas. ¿Alguna vez las ha utilizado como pretexto para cancelar una cita, por ejemplo, diciendo que no se encuentra bien cuando en realidad está perfectamente? ¿Alguna vez ha intentado dominar a una persona diciéndole que sus actos le recuerdan a sus padres? ¿Se ha dado permiso para abandonar una tarea, o ni siquiera intentarla, pensando lúgubremente en su pasado y por lo tanto favoreciendo una depresión? ¿Tiene miedo de perder sus conexiones íntimas con ciertas personas de su vida si sana? ¿Le da miedo tener que dejar atrás algo o mucho de su vida familiar si elige sanar? Hay que responder con sinceridad a estas preguntas, porque forman el grupo de motivos más importantes por los cuales las personas tienen miedo de recuperar la salud.

Cuando se observe durante el día, fíjese en el vocabulario que elige, su uso de la terminología terapéutica, la fluidez con que utiliza el lenguaje de la heridología. Después formule nuevas formas de conversar con los demás que no estén sujetas al poder de las heridas.

Cambie su vocabulario, incluso para hablar consigo mismo. Si cambiar la forma de hablar le resulta difícil, reconozca que es mucho más difícil soltar el poder que le viene de la herida que hablar del recuerdo de la experiencia dolorosa. Una persona que no puede zafarse del poder de la herida es adicta a las heridas, y cuesta tanto superar esta adicción como cualquier otra. No tenga miedo de buscar ayuda terapéutica para dar este paso o cualquiera de los otros.

Cuarto paso: Identifique lo bueno que puede venirle, y le ha venido, de sus heridas. Comience a vivir dentro de la conciencia de aprecio o valoración y gratitud; si es necesario, «simúlelo hasta que lo logre». Inicie una práctica espiritual y aténgase a ella. No se tome a la ligera su disciplina espiritual.

Quinto paso: Una vez que haya establecido una conciencia de valoración, puede dedicarse al desafío del perdón. Por atractivo que parezca el perdón en teoría, es un acto muy poco atractivo para la mayoría de las personas, principalmente porque la verdadera naturaleza del perdón sigue entendiéndose mal. Perdonar no es, como muchos creen, decirle a quien nos ha hecho daño: «Todo está bien, no pasa nada.» Perdonar es un acto de conciencia muy complejo, un acto que libera la psique y el alma de la persona de la necesidad de vengarse y de la percepción de sí misma como una víctima. Más que exonerar de culpa a quien nos ha causado daño, perdonar significa liberarnos del dominio que ejerce sobre nuestra psique el hecho de considerarnos víctimas. La liberación que genera el perdón llega en la transición hacia un estado más elevado de conciencia, no sólo en teoría, sino energética y biológicamente. De hecho, las consecuencias de un auténtico acto de perdón rayan en lo milagroso. En mi opinión, el perdón podría contener la energía que genera los milagros.

Evalúe lo que necesita hacer para perdonar a otros y, si es necesario, para perdonarse a sí mismo. Si necesita hablar con alguien para cerrar el asunto, asegúrese de que no lleva el mensaje de acusación escondido debajo de la manga. Si lo lleva, no está auténticamente dispuesto a olvidar y pasar a otra cosa. Si necesita exponer sus pensamientos de cierre en una carta, hágalo, pero asegúrese también en este caso de que su intención es recuperar su espíritu atascado en el ayer, no enviar otro mensaje de rabia.

Finalmente, invéntese una ceremonia oficial en la cual llama a su espíritu para que vuelva del pasado y se libera de la influencia negativa de todas sus heridas. Tanto si prefiere un rito como una oración en privado, formule su mensaje de perdón de algún modo «oficial» para establecer un nuevo comienzo.

Sexto paso: Piense con amor. Viva con aprecio y gratitud. Invite al cambio a que entre en su vida, aunque sólo sea con su actitud. Y recuérdese continuamente el mensaje de todos los maestros espirituales que valen: Mantenga su espíritu en el momento presente. En el lenguaje de Jesús: «Deja a los muertos y tú sigue con tu vida.» Y como enseñaba Buda: «Sólo existe el ahora.»

Lo curioso respecto a la curación es que según con quien uno hable puede llegar a creer que, o bien no hay nada más fácil, o bien no hay nada más complicado.

El cuarto chakra es el centro del sistema energético humano. Todo lo que ocurre en nuestra vida y a su alrededor se decide al calor de nuestro corazón. Todos tendremos experiencias que nos «partirán el corazón» y lo dejarán abierto de par en par. Al margen de la forma en que se nos parta el corazón, la elección será siempre la misma: ¿Qué voy a hacer con este dolor? ¿Lo voy a utilizar como pretexto para dar más autoridad al miedo, o puedo liberarme de la autoridad del mundo físico mediante un acto de perdón? Esta pregunta, contenida en el cuarto chakra, se nos presentará una y otra vez en la vida hasta que la respuesta que demos sea nuestra liberación.

Las energías sutiles de la sefirá de Tiféret y el sacramento del matrimonio nos impulsan continuamente a descubrirnos y amarnos a nosotros mismos. Este amor es la clave esencial para encontrar la felicidad, que según nuestra convicción está fuera de nosotros, pero que los textos espirituales nos recuerdan que sólo la encontramos dentro. A muchas personas les asusta conocerse porque están convencidas de que el conocimiento propio significa que tendrán que vivir solas, sin sus actuales amistades y parejas. Si bien el efecto a corto plazo del conocimiento propio puede ser causa de cambios, el desarrollo a largo plazo, alimentado por la conciencia, no por el temor, será más satisfactorio. No tiene sentido querer ser consciente intuitivamente y después trabajar para impedir que esa conciencia nos altere la vida. El único camino hacia la conciencia espiritual pasa por el corazón. La verdad no es negociable, sea cual sea la tradición que se elija como medio para conocer lo Divino. El amor es poder divino.

Preguntas para autoexaminarse

1. ¿De qué recuerdos emocionales todavía necesita sanar?
2. ¿Qué relaciones de su vida necesitan curación?
3. ¿Alguna vez utiliza sus heridas emocionales para dominar situaciones o a personas? Si es así, descríbalas.
4. ¿Alguna vez se ha dejado dominar por las heridas de otra persona? ¿Qué siente respecto a dejar que eso vuelva a ocurrir? ¿Qué pasos está dispuesto a dar para impedir ser dominado de esa manera otra vez?
5. ¿Qué temores tiene respecto a volver a estar sano emocionalmente?
6. ¿Relaciona salud emocional con no necesitar una relación íntima?
7. ¿Cómo entiende el perdón?

8. ¿A qué personas le falta aún perdonar y qué le impide liberarse del dolor que usted relaciona con ellas?

9. ¿Qué ha hecho usted que necesite perdón? ¿Qué personas están trabajando para perdonarlo?

10. ¿Qué entiende por una relación íntima sana? ¿Está dispuesto a dejar de utilizar sus heridas para abrirse a una relación así?

5

Quinto chakra:
El poder de la voluntad

El quinto chakra contiene las dificultades de rendir la voluntad y el espíritu a la voluntad de Dios. Desde el punto de vista espiritual, el objetivo supremo es la entrega total de nuestra voluntad personal en las «manos de lo Divino». Jesús y Buda, así como otros grandes maestros, representan el dominio de este estado de conciencia, la unión completa con la voluntad divina.

Ubicación: La garganta.

Conexión energética con el cuerpo físico: Garganta, tiroides, tráquea, esófago, paratiroides, hipotálamo, vértebras cervicales, boca, mandíbulas y dientes.

Conexión energética con el cuerpo emocional/mental: El quinto chakra se hace eco de los numerosos problemas emocionales y mentales que se presentan durante el aprendizaje de la naturaleza del poder de elección. Todas las enfermedades están relacionadas con el quinto chakra, porque la elección interviene en todos los detalles de la vida y, por lo tanto, en todas las enfermedades.

Conexión simbólica/perceptiva: El desafío simbólico del quinto chakra es progresar mediante la maduración de la voluntad, comenzando por la percepción tribal de que todo y todos los que lo rodean tienen autoridad sobre uno, pasando por la percepción de que sólo uno tiene esa autoridad, hasta la percepción final de que la verdadera autoridad proviene de alinearse con la voluntad de Dios.

Miedos principales: Los miedos relacionados con el poder de voluntad existen en todos los chakras. Tememos no tener autoridad o poder de elección en la vida, primero dentro de la tribu, y después en nuestras relaciones personales y profesionales. Además tememos no tener autoridad sobre nosotros mismos, perder el control en lo que se refiere a nuestras reacciones ante sustancias, el dinero, el poder, el dominio emocional de otra persona sobre nuestro bienestar. Y finalmente tememos la voluntad de Dios. La idea de entregar su poder de elección a una fuerza divina sigue siendo la mayor dificultad para la persona que desea hacerse consciente.

Fuerzas principales: Fe, conocimiento propio y autoridad personal; capacidad de tomar decisiones sabiendo que, sea cual fuere la decisión que tomemos, somos capaces de atenernos a nuestra palabra, con nosotros mismos y con los demás.

Conexión sefirot/sacramento: El quinto chakra se corresponde con las sefirot de Jésed, que representa el amor o la clemencia de Dios, y de Gueburá, que representa el juicio de Dios. Estas dos sefirot son los brazos derecho e izquierdo de Dios, que describen la naturaleza equilibrada de la voluntad divina. El sentido de estas sefirot es que lo Divino es clemente y que sólo Dios tiene derecho a juzgar las elecciones que hacemos. La sefirá de Jésed nos recuerda que debemos emplear palabras amables para comunicarnos con los demás, y la sefirá de Gueburá, que debemos hablar con respeto e integridad. El sacramento de la confesión se corresponde con el quinto chakra, y simboliza el hecho de que todos somos responsables de la forma en que utilizamos nuestro poder de voluntad. Mediante el sacramento de la confesión se nos ofrece la oportunidad de rescatar a nuestro espíritu de las «misiones negativas» a que lo hemos enviado como consecuencia de nuestros pensamientos o actos negativos.

Verdad sagrada: El quinto chakra es el centro de las elecciones y sus consecuencias, del karma espiritual. Cada elección que hacemos, cada pensamiento y sentimiento que tenemos, es un acto de poder que tiene consecuencias biológicas, medioambientales, sociales, personales y mundiales. Estamos donde están nuestros pensamientos, y así, en nuestra responsabilidad están incluidas nuestras aportaciones energéticas.

¿Qué elecciones haríamos si pudiéramos ver sus consecuencias energéticas? Sólo podemos acercarnos a este tipo de previsión ateniéndonos a la verdad sagrada *Entrega tu voluntad a la voluntad divina.* Las lecciones espirituales contenidas en el quinto chakra nos enseñan que los actos motivados por una voluntad personal que confía en la autoridad divina producen los mejores efectos.

Nuestros pensamientos y actitudes también se benefician de aceptar la orientación superior. Una mujer que tuvo una experiencia de cuasi muerte piensa que cada elección que hace tiene un efecto energético en la totalidad de la vida, porque cuando se encontraba en ese estado intermedio entre la vida y la no vida física vio todas las decisiones que había tomado en su vida y las consecuencias que habían tenido sus actos en ella misma, en otras personas y en la vida en general. Se le reveló que esa orientación estaba constantemente tratando de penetrar su conciencia. Ya eligiera comprarse un vestido o ir al médico para hacerse un reconocimiento, ninguna de sus decisiones era tan insignificante como para que lo Divino la pasara por alto. En el caso de la compra de un vestido, por ejemplo, vio las consecuencias energéticas inmediatas de esa «venta» en la larga cadena de personas que habían participado en su creación y distribución. Ahora pide orientación antes de tomar cualquier decisión que deba tomar. Comprender las consecuencias energéticas de nuestros pensamientos, creencias y actos podría obligarnos a tener un nuevo grado de sinceridad. Nos sería imposible mentir, ya sea a nosotros mismos o a otras personas. La curación auténtica y completa exige ser sincero con uno mismo. La incapacidad de ser sinceros obstaculiza la curación tan seriamente como la incapacidad de perdonar. La sinceridad y el perdón rescatan nuestra energía, o espíritu, de la dimensión energética «del pasado». Nuestro quinto chakra y sus lecciones espirituales nos enseñan que el poder personal está en nuestros pensamientos y actitudes.

Las consecuencias del miedo

Las consecuencias energéticas más onerosas se producen como consecuencia de actuar por miedo. Incluso en el caso de que actuar por temor nos lleve a lo que deseamos, generalmente también produce efectos secundarios no deseados. Estas sorpresas nos enseñan que actuar por miedo transgrede nuestra confianza en la orientación divina. Claro que todos vivimos, al menos periódicamente, en la ilusión de que estamos al mando de nuestra vida. Nos afanamos por obtener dinero y posición social para tener más poder de elección y así no vernos obligados a someternos a las decisiones que toman otros por nosotros. La idea de que para tener conciencia hay que rendir la voluntad personal a lo Divino está en conflicto directo con todo lo que hemos llegado a creer que mide el poder de una persona.

Así pues, es posible que repitamos el ciclo miedo-sorpresa-miedo-sorpresa hasta que lleguemos a orar diciendo: Tú eliges, yo te sigo. Una vez que entonamos esa oración, en nuestra vida puede entrar una orientación, acompañada de interminables actos de sincronismo y coincidencia: la «intromisión» divina en su mejor aspecto.

Emily es una maestra de enseñanza básica de treinta y

cinco años que, poco después de obtener su título, hace trece años, perdió la pierna izquierda debido a un cáncer. Durante su rehabilitación volvió a vivir con sus padres. Lo que ellos imaginaban que sería un período de un año se convirtió en un decenio, porque Emily no recuperó la independencia, sino que se deprimió y cada vez le asustaba más la perspectiva de cuidar de sí misma. Redujo tanto su actividad física que no se aventuraba más allá de la manzana donde estaba su casa. A medida que transcurría el tiempo se iba atrincherando más en la casa de sus padres, hasta que llegó un momento en que dejó totalmente de salir, aunque sólo fuera por placer.

Sus padres sugirieron que se sometiera a una terapia, pero nada tuvo ningún efecto en ella. «Lo único que hacía, año tras año —me contó su madre—, era sumirse en la idea de que la pérdida de la pierna le había impedido casarse y formar una familia, o llevar cualquier otro tipo de vida sola. Se sentía "marcada" por su experiencia con el cáncer y a veces comentaba que ojalá volviera el cáncer a "completar su trabajo".»

A raíz de la enfermedad de su hija, la madre se interesó por los tratamientos alternativos. Cuando nos conocimos, ella y su marido estaban tratando de reunir valor para pedirle a Emily que se fuera a vivir sola, porque era necesario que aprendiera a atender a sus necesidades físicas y a sanar su estado psíquico. Necesitaba volver a confiar en su poder de voluntad.

Los padres le alquilaron y amueblaron un apartamento, y Emily se fue a vivir en él, enfadada y asustada. Les dijo que se sentía abandonada. Antes de que transcurriera un mes conoció a una vecina, Laura, que vivía sola con su hijo de diez años, T. J. El niño siempre llegaba del colegio antes que su madre volviese del trabajo. Emily lo oía trajinar por la casa, sentarse a ver la televisión y prepararse merienda mientras esperaba casi tres horas solo la llegada de su madre.

Una tarde, al regresar de la tienda, se encontró con Laura, que volvía del trabajo. Comenzaron a hablar de T. J., y Laura le comentó lo preocupada que estaba por sus trabajos escolares y por todo el tiempo que pasaba solo en casa. Casi sin darse cuenta, Emily se ofreció no sólo a hacerle compañía a T. J., sino también a orientarlo y asistirlo en sus trabajos escolares, ya que ella era profesora titulada. Laura aceptó encantada, y a la tarde siguiente Emily comenzó a asistir a T. J.

A las pocas semanas, en el bloque de apartamentos ya se había corrido la voz de que había una «profesora maravillosa» que estaba dispuesta a supervisar y cuidar a los niños a su vuelta del colegio. Emily se vio desbordada por las peticiones de los padres que regresaban tarde a casa. Le preguntó al administrador del complejo de apartamentos si había alguna sala disponible para tres horas por la tarde. Se encontró la sala, se establecieron las condiciones económicas y, a los tres meses de haber dejado la casa de sus padres, Emily «volvió a la vida».

Cuando Emily me contó su historia, se refirió varias veces a la espontaneidad con que se había ofrecido a hacer de tutora de T. J. El ofrecimiento «se le escapó de la boca» antes de que ella tuviera tiempo de pensarlo; si lo hubiera pensado, dice, jamás se habría ofrecido a colaborar. Esa circunstancia le hizo pensar por un momento que se trataba de un «mandato» del cielo para que cuidara y asistiera a T. J. en sus trabajos escolares. Finalmente decidió creer que el mandato iba dirigido a ella; que debía hacer de tutora de T. J. y de los otros once niños que habían puesto a su cuidado para volver a la enseñanza el siguiente otoño.

Sea cual fuere el motivo, Emily tuvo la fuerza moral de reconocer la orientación. En cuanto comenzó a cuidar de otros, venció el miedo de no ser capaz de cuidar de sí misma. Comprendió que era una prueba viviente de que Dios atiende a las necesidades de las personas, y renovó su fe.

La fe

La esencia del quinto chakra es la fe. Tener fe en alguien entrega una parte de nuestra energía a esa persona; tener fe en una idea entrega una parte de nuestra energía a esa idea; tener fe en un miedo entrega una parte de nuestra energía a ese miedo. Mediante esta entrega de energía quedamos imbricados —mente, corazón y vida— en sus consecuencias. Nuestra fe y nuestro poder de elección son, de hecho, el propio poder de la creación. Somos los canales por medio de los cuales la energía se convierte en materia en esta vida.

Por lo tanto, la prueba espiritual inherente a toda nuestra vida es el reto de descubrir qué nos motiva a hacer las elecciones que hacemos, y si tenemos fe en el miedo o en lo Divino. Todos necesitamos hacernos estas preguntas, bien como tema del pensamiento espiritual o bien a consecuencia de una enfermedad física. Llega un momento en que todos nos preguntamos: ¿Quién está al mando de mi vida? ¿Por qué las cosas no resultan como quiero? Por mucho éxito que tengamos, en algún momento tomamos conciencia de que nos sentimos incompletos. Algún acontecimiento, relación o enfermedad que no entraba en nuestros planes nos hará ver que no basta el poder personal para superar una crisis. Estamos destinados a tomar conciencia de que nuestro poder personal es limitado. Estamos destinados a preguntarnos si en nuestra vida actúa alguna otra «fuerza» y a plantearnos las siguientes preguntas: ¿Por qué ocurre esto? ¿Qué quieres de mí? ¿Qué debo hacer? ¿Cuál es mi finalidad?

Adquirir conciencia de nuestras limitaciones nos dispone a considerar otras opciones que de otro modo no habríamos elegido. En los momentos en que nuestra vida nos parece más descontrolada podríamos abrirnos a una orientación que antes no habríamos acogido bien. Entonces es posible que nuestra vida avance en direcciones que no habíamos previsto. La mayoría acabamos diciendo: «Jamás pensé que haría esto, o viviría aquí, pero aquí estoy, y todo marcha bien.»

Podemos llegar a esa rendición utilizando la visión simbólica, a fin de considerar la vida solamente como un viaje espiritual. Todos hemos conocido a personas que se han recuperado de circunstancias terribles, y han atribuido el hecho a haber dejado las cosas en manos de lo Divino. Y todas esas personas han compartido la experiencia de decir a lo Divino: «No se haga mi voluntad, sino la Tuya.» Si esa oración es lo único que se necesita, ¿por qué le tenemos tanto miedo?

Nos aterra la idea de que reconocer la voluntad divina y, por lo tanto, rendir nuestra voluntad a una voluntad superior, nos va a alejar de todo lo que nos proporciona agrado o comodidad física. Así pues, nuestra voluntad se resiste a la orientación divina: la invitamos a entrar, pero nos esforzamos en obstaculizarla totalmente. Una y otra vez veo en mis seminarios a personas que se enfrentan a ese dilema; desean orientación intuitiva, pero tienen miedo de lo que les dirá esa voz.

Tengamos presente que nuestra vida física y nuestro camino espiritual son una misma cosa. Disfrutar de la vida física es un objetivo tan espiritual como el de lograr un cuerpo físico sano. Ambas cosas son una consecuencia de seguir la orientación divina al hacer elecciones sobre cómo vivir y de actuar movidos por la fe y la confianza. Rendirse a la autoridad divina significa liberarse de las ilusiones físicas, no de los placeres y comodidades de la vida física.

Las energías del quinto chakra nos guían hacia esa rendición. La sefirá de Jésed transfiere al quinto chakra la energía divina de la grandeza mediante el amor, que nos orienta a ser lo más amorosos posible en todas las circunstancias. A veces, el mayor acto de amor es abstenernos de juzgar a otra persona o a nosotros mismos. Una y otra vez se nos recuerda que juzgar o criticar es un error espiritual. Desarrollar la disciplina de la voluntad nos permite abstenernos de pensar o expresar pensamientos negativos acerca de otras personas y de nosotros mismos. No juzgando, logramos la sabiduría y vencemos nuestros temores. La sefirá de Gueburá nos enseña a liberarnos de la necesidad de saber por qué las cosas ocurren como ocurren y a confiar en que, sea cual fuere ese motivo, forma parte de un designio espiritual superior.

Marnie, de cuarenta y cuatro años, es sanadora, una sanadora auténticamente ungida, que empezó su trabajo después de una «noche oscura del alma» de siete años, durante la cual tuvo que sanarse ella sola. A los treinta años trabajaba de asistenta social en Escocia, llevaba una vida activa, tenía muchas amistades y disfrutaba enormemente con su trabajo. De pronto le comenzaron unos dolores que, según le dijeron, «no eran diagnosticables».

Mes tras mes, los dolores fueron en aumento. Unas veces era dolor de espalda, otras, en las piernas, y otras, terribles migrañas. Finalmente el dolor la obligó a pedir una excedencia en el trabajo. Estuvo casi dos años yendo de un especialista a otro, pero ninguno consiguió explicarle ese dolor crónico y la ocasional pérdida de equilibrio, ni recetarle ningún tratamiento eficaz.

Marnie fue cayendo en una depresión cada vez más profunda. Sus amigos le recomendaron que recurriera a terapeutas alternativos, en los que ella no había creído jamás. Un día fue a visitarla una amiga cargada de libros sobre tratamientos alternativos, entre los cuales estaban los escritos de Sai Baba, un maestro espiritual que vivía en la India. Ella leyó los libros, pero rechazó las ideas, considerándolas cosas que «sólo mentes sectarias pueden creer».

Seis meses de dolores la obligaron a retractarse de esas palabras, y viajó a la India para tratar de conseguir una audiencia personal con Sai Baba. Pasó tres semanas en su ashram, pero no logró verlo en privado. Regresó a Escocia, sintiéndose aún más abatida que antes. Poco después de su regreso tuvo una serie de sueños en los cuales se le hacía una sola pregunta: ¿Eres capaz de aceptar lo que te he dado?

Al principio pensó que los sueños eran una simple consecuencia de su viaje a la India y de sus numerosas conversaciones sobre la naturaleza de la voluntad de Dios para las personas. Una amiga le sugirió que interpretara los sueños como si realmente fueran una pregunta espiritual. «No tenía nada que perder —dice ella—, así que ¿por qué no?»

La siguiente vez que tuvo el sueño contestó: «Sí, acepto lo que me has dado.» Inmediatamente, se sintió bañada de luz y por primera vez desde hacía años se vio libre de dolor. Despertó con la esperanza de que su enfermedad habría desaparecido, pero no fue así. De hecho, en los cuatro años siguientes fue empeorando. Pensaba una y otra vez en el sueño, afirmándose en la creencia de que en realidad no era un sueño, pero continuó sintiéndose amargada y desesperada, pensando a veces que Dios le pedía que sufriera sin ningún motivo.

Cuenta que una noche, mientras lloraba, llegó a la «rendición». Creía que desde que diera la respuesta en el sueño había estado en ese estado de conciencia, pero esa noche comprendió que no. «Aquello no era rendición, sino resignación. Había una actitud que decía: "De acuerdo, lo haré; ahora recompénsame haciendo que me sienta mejor." Y esa noche me di cuenta de que tal vez nunca me sentiría mejor, y de que si me ocurría eso, ¿qué le diría a Dios? Me rendí completamente y dije: "Elijas lo que elijas para mí, sea. Simplemente, dame fuerzas."»

En el acto le desapareció el dolor y sintió las manos calientes, no con un calor normal, corporal, sino con «calor espiritual». De inmediato supo que ese calor que circulaba por sus manos tenía el poder de sanar a otras personas, aunque, paradójicamente, quizás ella no pudiera «beber de ese pozo». Entonces se rió francamente de su trastorno, porque era «exactamente igual a las historias de los místicos de antaño que había leído. Pero ¿quién habría pensado que yo iba a tener sus aptitudes?».

Ahora Marnie es una sanadora muy querida y respetada. Aunque su cuerpo físico ha mejorado bastante de ese dolor no diagnosticable, todavía pasa momentos difíciles. Sin embargo, según sus palabras: «Dado lo que soy y sé actualmente, volvería a sufrir todo ese dolor, por el privilegio que tengo ahora de sanar a otros.» Yo encuentro impresionante y admirable su historia, debido a su profunda comprensión de la diferencia entre rendición y resignación, y porque vivió el mito según el cual una vez que le hemos dicho a Dios que sí, todo funciona perfectamente. Decir sí a una enfermedad o un trastorno es la primera parte, un acto que puede cambiar o no nuestro problema; la segunda es decir sí al tiempo decidido por Dios.

El acto de la confesión rescata al espíritu de las consecuencias de nuestras elecciones. A medida que aprendemos más acerca de nuestra naturaleza, llegamos a comprender lo mucho que el espíritu continúa adherido a los acontecimientos y pensamientos negativos, pasados y presentes. La confesión es mucho más que el reconocimiento público de una mala conducta. En su sentido energético es el reconocimiento de que hemos tomado conciencia y, por lo tanto, superado un miedo que antes tenía el mando sobre nuestro espíritu. En su sentido simbólico, la confesión libera a nuestro espíritu de los miedos y pensamientos negativos del pasado. Continuar adheridos a los acontecimientos y pensamientos negativos es tóxico para la mente, el espíritu, los tejidos celulares y la vida.

El karma es la consecuencia energética y física de las elecciones que hacemos. Las elecciones negativas generan situaciones que se repiten para enseñarnos a hacer elecciones positivas. Una vez que aprendemos la lección y hacemos una elección positiva, la situación no vuelve a repetirse porque nuestro espíritu ya no está adherido a la elección negativa que fue causa de la lección. En las culturas occidentales, este tipo de lección kármica se reconoce en dichos sociales como «El que siembra, recoge» o «Nada se hace impunemente». El acto de confesión significa que nos reconocemos responsables de lo que hemos creado y que hemos comprendido el error de nuestras elecciones. Por lo que se refiere a la energía, este rito libera al espíritu de los dolorosos ciclos de aprendizaje y lo reorienta hacia las energías creativas y positivas de la vida.

La confesión es tan esencial para nuestra salud mental, corporal y espiritual que no podemos evitarla. La necesidad de purgar el espíritu de los recuerdos cargados de culpa es más fuerte que la necesidad de guardar silencio. Un funcionario de prisiones me comentó: «A muchos delincuentes los descubren porque tienen que decirle aunque sea a una persona lo que hicieron. Y aunque en el momento sólo haya sido por alardear, de todos modos es una forma de lo que yo considero confesiones callejeras.»

Los psicoterapeutas se han convertido en los confesores de los tiempos modernos. Con ellos tratamos de resolver nuestros conflictos psíquicos y emocionales, explorando sinceramente los lados oscuros y superando los miedos de nuestra naturaleza y nuestra psique. Cada vez que derrotamos a la autoridad que ejerce un miedo en nuestra vida y lo reemplazamos por un mayor sentido de nuestro poder personal, la dulce energía de la curación entra a raudales en nuestro sistema energético. Expresado en el lenguaje de la confesión, estos importantes actos terapéuticos equivalen a llamar a nuestro espíritu para que vuelva de las misiones negativas a las que lo hemos enviado.

Sabiendo que el quinto chakra nos enseña el modo de utilizar nuestra voluntad y registra las órdenes que damos a nuestro espíritu, la pregunta es: ¿Cómo nos las arreglamos con las enseñanzas del quinto chakra?

Entre la cabeza y el corazón

Dado que el centro de la voluntad está situado entre las energías del corazón y las de la mente, necesitamos aprender a equilibrar nuestras reacciones a sus impulsos. Por lo general, cuando somos niños se nos dirige hacia una de estas dos energías gobernantes: normalmente, se dirige a los niños para que utilicen la energía mental, y a las niñas para que se dejen llevar por el corazón.

La energía mental potencia el mundo externo, mientras que la energía del corazón potencia nuestro ámbito personal. Durante siglos, nuestra cultura ha creído que la energía emocional debilita la capacidad de tomar con rapidez las decisiones mentales necesarias, y que la energía mental es prácticamente inútil en el ámbito emocional. Hasta los años sesenta, esta separación se consideraba aceptable. En esa década, en la que el corazón se encontró con la mente, se redefinió este concepto: una persona equilibrada es aquella que actúa con el corazón y la mente al unísono.

Si la mente y el corazón no se comunican con claridad entre sí, uno dominará al otro. Cuando nos dirige la mente, sufrimos emocionalmente porque convertimos en enemiga la información emocional; queremos dominar todas las situaciones y relaciones, y mantener la autoridad sobre las emociones. Si nos dirige el corazón, tendemos a mantener la ilusión de que todo marcha bien. Dirija la mente o el corazón, la voluntad no estará motivada por la sensación de seguridad interior, sino por el miedo y el inútil objetivo de controlar. Este desequilibrio entre la cabeza y el corazón convierte a la persona en adicta. Desde el punto de vista energético, cualquier comportamiento motivado por el miedo al crecimiento interior equivale a una adicción. Incluso comportamientos que normalmente son sanos, como el ejercicio y la meditación, por ejemplo, pueden ser adicciones si se emplean para evitar el dolor, el conocimiento o la intuición personal. Cualquier disciplina se puede convertir en un tenaz obstáculo entre la conciencia y el inconsciente, que dice: «Quiero orientación, pero no me des ninguna mala noticia.» Incluso tratamos de controlar la propia orientación que estamos buscando. Acabamos por vivir en un ciclo, aparentemente infinito, de desear el cambio temiendo al mismo tiempo ese cambio.

La única manera de abrirnos paso a través de ese obstáculo es tomar decisiones en las que intervenga el poder unido de la mente y el corazón. Es fácil continuar con un hábito que nos obstaculiza, alegando que no sabemos qué hacer a continuación. Pero eso rara vez es cierto. Cuando estamos atrapados por un hábito, se debe a que sabemos exactamente lo que deberíamos hacer a continuación, pero nos aterra hacerlo. Para romper la repetición de los ciclos de nuestra vida sólo hace falta tomar una firme decisión que apunte hacia el mañana, no hacia el ayer. Las decisiones que dicen «Se acabó, no continuaré aceptando este tipo de trato», o «No puedo seguir aquí ni un solo día más; debo marcharme», contienen el tipo de poder que une las energías de la mente y del corazón, y la vida comienza a cambiar casi instantáneamente a consecuencia de la autoridad presente en ese intenso grado de elección. De acuerdo que asusta dejar los contenidos de la vida que conocemos, aun cuando esa vida sea terriblemente triste. Pero es que el cambio asusta, y esperar a tener esa sensación de seguridad antes de hacer un cambio sólo produce más tormento interior, porque la única manera de obtener esa sensación de seguridad es entrar en el remolino del cambio y salir por el otro lado sintiéndose vivo de nuevo.

Eileen Caddy, fundadora junto con otras dos personas de la comunidad espiritual de Findhorn, en el norte de Escocia, ha tenido una interesante vida de cambios y desafíos mientras aprendía a confiar en la orientación divina y a rendirse a sus directrices. Recibió la orientación, que ella atribuye a la voz de «Cristo», de dejar a su primer marido y sus cinco hijos e iniciar una relación con un hombre llamado Peter Caddy. Aunque siguió esta orientación, los años siguientes fueron muy tumultuosos, debido en parte a que en aquella época Peter estaba casado. Finalmente Peter dejó a su esposa, se casó con Eileen y se hizo cargo de la administración de un hotel en decadencia de la ciudad de Forrest, al norte de Escocia. Tuvieron tres hijos y, siguiendo la orientación de Eileen, muy pronto Peter convirtió ese hotel modesto en uno de cuatro estrellas. Durante esos años el contacto de Eileen con sus otros cinco hijos fue mínimo, pero su guía le dijo que acabaría reconciliándose con ellos, lo que resultó cierto. Como los dos llegaron a comprender, la guía de Eileen provenía de un lugar espiritual profundo.

Cuando el hotel estaba en el apogeo de su éxito, Peter fue despedido, ante la sorpresa de todo el mundo. Esto fue una conmoción para él y para Eileen, ya que jamás había supuesto que el trabajo de Peter sería recompensado con el despido. Pero entonces su guía le dijo a Eileen que alquilaran una caravana en un parque para caravanas de la localidad llamado Findhorn. Allí se les ordenó hacer un jardín, sugerencia aparentemente absurda, dado el clima, la situación geográfica y el mínimo de luz solar. De todos modos, ellos hicieron lo que se les ordenaba, y muy pronto se les unió una mujer llamada Dorothy McLean.

Al igual que Eileen, Dorothy era una intermediaria, pero su orientación provenía de «energías naturales» que le indicaron la forma de colaborar con ellos de modos cocreadores. Las energías naturales prometieron que exagerarían el crecimiento de las plantas durante siete años exactos, para demostrar lo que se puede realizar cuando las fuerzas espirituales, humanas y naturales de la vida funcionan unidas.

El jardín prosperó exactamente como les habían prometido. Las plantas alcanzaron proporciones inauditas. Muy pronto, los rumores sobre la existencia de este jardín «mágico» se extendieron, y personas de todas partes del mundo viajaron a ese remoto lugar para verlo con sus propios ojos. Nadie quedó desilusionado; incluso los horticultores escépticos tuvieron que reconocer que el jardín era espectacular.

Cuando les preguntaban acerca del origen de esa magnífica producción, Dorothy, Peter y Eileen decían la verdad: «Seguimos la voluntad de lo Divino.»

Finalmente se formó una comunidad en torno al jardín. Eileen comenzó su extraordinaria práctica de meditar desde la medianoche hasta las seis de la mañana en el lavabo público, que era el único lugar donde podía estar sola. Su pequeñísima caravana, escasamente suficiente para alojar a una persona, ya albergaba a seis. Todas las mañanas, Eileen salía y transmitía a Peter las instrucciones que había recibido durante la noche. Él las cumplía al pie de la letra, y se encargaba de que los miembros de la nueva comunidad también lo hicieran. Se construyeron casas, se crearon hábitos de vida, y pronto estuvo en pie y en marcha una floreciente comunidad.

Pasados los siete años, tal como se había vaticinado, las plantas volvieron a su tamaño normal. Eileen recibió la orden de no dar más orientación a Peter y dejar que él buscara su camino según su propia voz. Esa novedad afectó a la relación entre ambos e indujo a Peter a buscar orientación en otras personas de la comunidad, quienes competían para influir en Peter. Como consecuencia de ello, se organizó un gran caos, y Eileen se deprimió. Finalmente Peter le dijo que se marchaba, que la abandonaba a ella y a la comunidad, y que en realidad nunca había estado enamorado de ella. Aniquilada emocionalmente por esta revelación de Peter y por el divorcio, se preguntó cómo podía ser eso la recompensa por seguir la orientación divina.

Actualmente, Eileen dice que sus problemas y su desesperación, incluso el divorcio, se debieron a su «resistencia a

Dios». Aunque seguía la orientación que recibía, en realidad no deseaba hacerlo y, por lo tanto, la mayor parte del tiempo estaba en conflicto. Necesitaba aprender a tener fe y confianza en la «conciencia de Cristo», como llama ella a su guía. Ésa era su misión espiritual personal.

Ahora dice que la fuerza de Dios es una realidad interior que la dirige siempre. Está consagrada a un camino de servicio y piensa que sus recompensas han sido numerosas: «Tengo una familia en el sentido arquetípico. Estoy rodeada por una comunidad que es mi familia. Tengo un hermoso hogar, una relación amorosa con todos mis hijos y una relación íntima con Dios. Me siento profundamente bendecida.»

El vínculo de Eileen con la energía de «Cristo» refleja un camino místico contemporáneo. Su vida ha abarcado los caminos espirituales antiguo y nuevo: el antiguo, en el que el dirigente espiritual aceptaba las penurias y la contemplación solitaria en calidad de intermediario entre los demás y Dios; y el nuevo, en el que la persona vive dentro de la comunidad espiritual.

Eileen vive con las pruebas, bendiciones y recompensas de la orientación divina. Su vida está llena de milagros y de frecuentes sincronismos.

Entregar la propia voluntad a la orientación divina puede ser causa de experiencias difíciles a la vez que de un gran conocimiento e intuición. La persona puede experimentar el doloroso final de muchas fases de su vida, entre ellas matrimonios y ocupaciones. Pero aún no he conocido a nadie que piense que el resultado final de unirse con la autoridad divina no haya valido la pena. Ninguna historia capta mejor esta experiencia que la lección original de rendición, la historia de Job.

Job era un hombre que tenía una enorme fe en Dios y grandes riquezas, y que se enorgullecía de ambas cosas. Satán le pidió permiso a Dios para poner a prueba a Job, asegurando que él era capaz de hacerle perder la fe. Dios aceptó. Lo primero que hizo Satán fue hacerle perder sus posesiones y a sus hijos, pero Job continuó fiel a Dios, creyendo que si ésa era su voluntad, debía aceptarla. Después Satán le envió una enfermedad, y su esposa le recomendó que «reprendiera a Dios» por aumentar sus desgracias. Job continuó siendo fiel a Dios. Su esposa murió.

Sus amigos Elifaz, Bildad y Sofar fueron a visitarlo para manifestarle su compasión, y discutieron sobre la naturaleza de la justicia divina. Ellos creían que Dios jamás castigaría a un «hombre justo»; por lo tanto, Job tenía que haber hecho algo que constituía una ofensa para los cielos. Job alegó su inocencia y les dijo que sus sufrimientos formaban parte de la experiencia universal de la injusticia.

Cuando Job comenzó a pensar que, después de todo, tal vez Dios era injusto al hacerlo sufrir, intervino un joven llamado Elihú y reprendió a Job y sus amigos por creerse capaces de conocer la «mente de Dios» y por pensar que Dios les debía una explicación por sus decisiones.

Finalmente, Dios le habló a Job y lo instruyó sobre la diferencia entre voluntad humana y voluntad divina. Le preguntó: «¿Dónde estabas tú cuando yo creé la Tierra? [...] ¿Acaso has dado tú órdenes a la mañana y enseñado su lugar a la aurora?»

Job comprendió que desafiar la voluntad de Dios era una locura y se arrepintió. Informó a sus amigos sobre la verdad que había aprendido: que ningún mortal puede conocer jamás la mente de Dios, que el único acto verdadero de fe es aceptar todo lo que Dios nos pide y que Dios no le debe a ningún mortal una explicación de sus decisiones. Entonces puso su voluntad en las manos de Dios diciendo: «Una vez hablé; no volveré a hablar.» Dios le dio otra familia y duplicó sus posesiones terrenas.

Una y otra vez, los problemas a los que nos enfrentamos nos inducen a preguntar: ¿Cuál es la voluntad de Dios para mí? Con frecuencia pensamos que la voluntad de Dios para nosotros es una tarea, un trabajo, un medio de acumular poder para nosotros. Pero la verdad es que la voluntad divina nos llevará primero y principalmente a aprender acerca de la naturaleza del espíritu y de Dios.

El acto más importante de voluntad al que podemos consagrar nuestro espíritu es elegir vivir según estas normas:

1. No hacer ningún juicio.
2. No tener ninguna expectativa.
3. Renunciar a la necesidad de saber por qué las cosas ocurren como ocurren.
4. Confiar en que los acontecimientos no programados son una forma de dirección espiritual.
5. Tener el valor de tomar las decisiones que necesitamos tomar, aceptar lo que no podemos cambiar y tener la sabiduría para ver la diferencia entre ambas cosas.

Preguntas para autoexaminarse

1. ¿Qué es para usted tener «fuerza de voluntad»?
2. ¿Quiénes son las personas de su vida que tienen dominio sobre su fuerza de voluntad y por qué?
3. ¿Intenta dominar a otras personas? Si es así, ¿quiénes son esas personas y por qué necesita dominarlas?
4. ¿Es capaz de expresarse sinceramente cuando necesita hacerlo? En caso negativo, ¿por qué?
5. ¿Es capaz de advertir cuándo está recibiendo orientación y de actuar según ésta?
6. ¿Confía en la orientación que no presenta ninguna «prueba» sobre su resultado?
7. ¿Qué miedos tiene en relación con la orientación divina?
8. ¿Pide orientación para sus planes personales o es capaz de decir: «Haré lo que el cielo me ordene hacer»?

9. ¿Qué le hace perder el dominio de su fuerza de voluntad?
10. ¿Regatea consigo mismo cuando sabe que necesita cambiar pero va postergando el hacerlo? Si es así, identifique esas situaciones y sus motivos para no desear actuar.

6

Sexto chakra:
El poder de la mente

El sexto chakra está relacionado con la capacidad mental y de razonamiento y con la habilidad psíquica de evaluar las creencias y actitudes propias. El chakra mental se hace eco de las energías de la psique, las fuerzas psíquicas conscientes e inconscientes. En la literatura espiritual oriental este chakra es el «tercer ojo», es decir, el centro espiritual en el cual la interacción entre la mente y la psique puede conducir a la visión y sabiduría intuitivas. Este chakra es el de la sabiduría.

Los retos del sexto chakra son abrir la mente, desarrollar una mente impersonal, rescatar el propio poder de las «verdades falsas» y artificiales, aprender a actuar guiados por la orientación interior, y discernir entre los pensamientos motivados por la fuerza y los motivados por el miedo.

Ubicación: El centro de la frente.

Conexión energética con el cuerpo físico: El cerebro y el sistema neurológico, el sistema nervioso central, las glándulas pituitaria y pineal, los ojos, los oídos y la nariz.

Conexión energética con el cuerpo emocional/mental: El sexto chakra une a la persona con su cuerpo mental, inteligencia y características psíquicas. Las características psíquicas son una combinación de lo que sabemos y lo que creemos que es cierto, una combinación única de realidades, miedos, experiencias y recuerdos personales que están en constante actividad dentro del cuerpo energético mental.

Conexión simbólica/perceptiva: El sexto chakra pone en marcha las lecciones que nos conducen a la sabiduría. Llegamos a la sabiduría a través de las experiencias de la vida y adquiriendo la capacidad perceptiva y discernidora de la objetividad. La visión simbólica es en parte una «objetividad» aprendida, un estado mental que trasciende las influencias de la «mente personal», o «mente de principiante», y que puede llevar al poder y percepción profunda de la mente «impersonal» o abierta, receptiva.

Conexión sefirot/sacramento: La sefirá de Biná, que representa el entendimiento divino, y la sefirá de Jojmá, que representa la sabiduría divina, se corresponden con el sexto chakra. Biná es la matriz de la Madre Divina, que recibe de Jojmá la simiente para concebir, lo que se llama «el principio». La unión de estas dos fuerzas engendra las sefirot inferiores. Biná y Jojmá simbolizan la verdad universal de que el «pensamiento» existe antes que la «forma», y de que la creación comienza en la dimensión energética.

Biná y Jojmá nos estimulan a ser conscientes de lo que creamos, a utilizar por completo la mente al ordenar a la energía que se convierta en materia. Esta perspectiva es la que las relaciona con el sacramento cristiano del orden sagrado o sacerdotal.

En su sentido simbólico, el sacramento del orden representa la tarea que la persona está llamada a realizar como servicio a los demás. Desde el punto de vista arquetípico, el reconocimiento por parte de los demás de que alguien tiene percepción y sabiduría únicas es lo que le induce a servir a sus semejantes, en calidad de madre, sanador, profesor, atleta o amigo leal. El sacerdocio, evidentemente, es el papel tradicional de quien recibe el sacramento del orden. Pero, en su sentido simbólico, este sacramento es cualquier experiencia u honor mediante el cual la comunidad reconoce que se beneficia del camino interior de servicio de la persona tanto como ella misma. Este factor de beneficio mutuo identifica la vocación o llamada a ser «ordenado». La belleza del sentido simbólico del orden sacerdotal es que honra la verdad de que todo el mundo es capaz de hacer importantísimas aportaciones a la vida de otros, no sólo mediante su profesión sino, lo que es más importante aún, mediante la calidad que llega a adquirir como persona. Simbólicamente, el sacramento del orden trata de reconocer la aportación que hace el espíritu de la persona a la vida de otros, más que la contribución que realiza con su trabajo o sus tareas.

Miedos principales: Resistencia a mirar el interior y desenterrar los propios miedos; miedo a la verdad cuando la razón está obnubilada; miedo al juicio sensato y realista; miedo a depender del consejo exterior, a la disciplina; miedo al propio lado oscuro y a sus atributos.

Fuerzas principales: Capacidades y habilidades intelectuales; evaluación de las percepciones consciente e inconscientes; receptividad a las inspiraciones; generación de grandes actos de creatividad y razonamiento intuitivo: inteligencia emocional.

Verdad sagrada: La verdad sagrada contenida en el sexto chakra es *Busca solamente la verdad*. Ésta nos impulsa a buscar continuamente la diferencia entre verdad e ilusión, las dos fuerzas que están presentes en todo momento. Separar la verdad de la ilusión es más una tarea de la mente que del cerebro. El cerebro gobierna el comportamiento del cuerpo físico, pero la mente gobierna el comportamiento del cuerpo energético, que es nuestra relación con el pensamiento y la percepción. El cerebro es el instrumento físico mediante el cual el pensamiento se traduce en acción, pero la percepción, y todo lo relacionado con ella, como el tomar conciencia, es una característica de la mente. Al tomar conciencia, la persona es capaz de distanciarse de sus percepciones subjetivas y ver la verdad o sentido simbólico de una situación. Distanciarse no significa dejar de amar; significa acallar las voces motivadas por el miedo. La persona que ha conseguido una postura interior de distanciamiento u objetividad tiene un sentido del yo tan completo que las influencias externas no ejercen ninguna autoridad en su conciencia. Esta claridad de mente y del yo es la esencia de la sabiduría, que es uno de los poderes divinos del sexto chakra.

Aplicación de la objetividad

¿Cómo se aplica la objetividad a la propia vida en la práctica? La historia de Pete nos muestra un modo práctico de utilizar esta habilidad. Pete me pidió que le hiciera una lectura cuando estaba atravesando una serie de crisis personales. Después de diecisiete años de matrimonio, su esposa le había comunicado que ya no lo amaba y deseaba el divorcio. Comprensiblemente, él se sintió aniquilado, como también sus cuatro hijos. Le sugerí que durante tan sólo un momento intentara considerar su vida desde un punto de vista distanciado, objetivo. Yo imaginé que su esposa se estaba redefiniendo más allá de su papel de cuidadora de hijos y de casa. Cuando era pequeña había tenido que ocuparse de sus hermanos menores; se casó a los diecisiete años y fue madre a los dieciocho. En esos momentos, a sus casi cuarenta años, estaba despertando a sí misma y sus necesidades, y posiblemente tenía una aventura extraconyugal. Le dije a Pete que era muy posible que su esposa estuviera aterrada por lo que sentía y que, si tuviera un vocabulario más terapéutico, tal vez habría podido explicar las nuevas energías emocionales que estaba experimentando en lugar de dejarse dominar por el miedo. Su aventura amorosa era una manera de huir de lo que ocurría en su interior. Probablemente no quería al hombre con el que estaba liada, aunque tal vez ella no lo sabía en esos momentos. Decidió tener una aventura porque no se le ocurrió otra manera de dejar a su marido e hijos. La opción de buscar ayuda terapéutica no formaba parte de su cultura o de su proceso de pensamiento.

Le dije que, por difícil que le resultara aceptarla, la realidad era que, en ese momento de su vida, su esposa habría reaccionado de la misma manera fuera quien fuese su marido, porque estaba pasando por un proceso de autodescubrimiento que no tenía nada que ver con él. Ella no sabía que había entrado en una experiencia de «noche oscura». Pete debería esforzarse por no tomarse como una ofensa personal sus rechazos y su enfado porque, aunque ciertamente era él el blanco de su rabia emocional, ella estaba mucho más furiosa con su propia confusión que con él.

Pete fue capaz de asimilar esta información y trabajar con ella. Aunque él y su esposa decidieron divorciarse, cada vez que se sentía sumido en la aflicción y el sufrimiento por la desintegración de su familia, lograba volver a un modo más impersonal de considerar su crisis. No mucho después de nuestra conversación se enteró de que su esposa había tenido un romance con un amigo suyo, y de que la relación ya había acabado. Comprendió que su esposa no estaba enamorada del otro hombre, sino que intentaba encontrar una salida para su propia confusión. Le dije que lo más probable era que continuara tratando de resolver su crisis buscando otra pareja, pero que eso nunca funcionaría. Todas las relaciones estaban destinadas al fracaso, porque encontrar otra relación, y por lo tanto convertirse nuevamente en cuidadora de casa, no era la solución para su problema. Finalmente se vería obligada a zambullirse en su interior y trabajar para sanar el verdadero origen de su sufrimiento.

Adquirir objetividad y conciencia significa lograr que ciertas percepciones de la mente entren en el cuerpo. Esto supone fusionarse con las percepciones que son ciertas y vivirlas para que su poder y nuestra energía se conviertan en una misma cosa.

Tomemos, por ejemplo, esta verdad: «El cambio es constante.» Mentalmente podemos asimilar esta enseñanza sin demasiada dificultad. Pero cuando se produce un cambio en nuestra vida, cuando notamos que envejecemos, por ejemplo, o mueren personas queridas, o cuando las relaciones pasan de ser íntimas y amorosas a frías y distantes, esta verdad se convierte en aterradora. Con frecuencia necesitamos años para recuperarnos de algunos cambios, porque esperábamos que aquello, sea lo que fuere, continuara siempre igual. Todo el tiempo sabíamos que cambiaría, pero no podemos evitar esperar que la energía del cambio no pase por esa parte de nuestra vida.

Aun cuando la verdad «El cambio es constante» nos parezca una enemiga que barre una parte feliz de nuestra vida, los períodos de soledad llegarán a su fin y comenzará una nueva parte de la vida. La promesa contenida en «El cambio es constante» es que a los fines siempre siguen nuevos comienzos.

La conciencia es la capacidad para soltar lo viejo y abrazar lo nuevo, con el conocimiento de que todas las cosas acaban y comienzan en el momento oportuno. Es difícil aprender a convivir con esta verdad porque los seres humanos buscamos estabilidad, es decir, la ausencia de cambio. Por lo tanto, tomar conciencia significa vivir por completo en el momento presente, sabiendo que ninguna situación ni persona será exactamente igual mañana. Cuando se produce el cambio, nos esforzamos en interpretarlo como una parte natural de la vida y en «fluir con él», como recomienda el *Tao Te Ching*, y no en contra de él. Intentar que las cosas sigan siempre igual es inútil, además de imposible. Nuestra tarea es aportar lo mejor de nuestras energías a cada situación, comprendiendo que influimos en lo que vamos a experimentar mañana, pero que no lo controlamos.

Después de una charla sobre la objetividad o el distanciamiento, mis grupos suelen responder diciendo que la objetividad les parece demasiado fría e impersonal. Pero ésa no es una percepción correcta de la objetividad. Durante un seminario les pedí a todos los participantes que pensaran en una situación que les pareciese tremendamente amenazadora. Un hombre dijo que le resultaría muy difícil llegar una mañana a la oficina y enterarse de que la dirección de la empresa le había quitado todas sus responsabilidades. Le sugerí que se imaginara liberado de su aferramiento a ese trabajo y capaz de crearse cualquier opción que quisiera; que visualizara su trabajo solamente como una gota de energía en su vida, no como un mar, y que por él circulaba un torrente de poder creativo. Después le dije que se imaginara que entraba en la oficina y le comunicaban que estaba despedido; ¿cómo reaccionaría entonces? Él se echó a reír y dijo que, dada la imagen mental que en ese momento tenía de sí mismo, ser despedido no le importaría nada en absoluto. Se sentiría perfectamente bien porque sería capaz de atraerse su próximo puesto de empleo.

Ése es el significado de la objetividad: la comprensión de que ninguna persona ni grupo de personas pueden determinarnos el camino en la vida. Así, cuando se produce un cambio es porque una dinámica mayor nos está empujando para que avancemos. Podría parecer que un grupo de personas conspiró para hacer que nos despidieran de un trabajo, pero eso es la ilusión. Si uno elige creer esa ilusión, quedará cautivo de ella, tal vez incluso para toda la vida. Pero si no hubiera sido el momento oportuno para un cambio, la «conspiración» no habría tenido éxito. Ésa es la verdad superior de este cambio de vida, y la visión simbólica que acompaña a la objetividad nos permite verla.

Lógicamente, nadie se despierta una mañana y anuncia: «Creo que hoy voy a tomar conciencia.» Nos impulsa el deseo de ampliar nuestros parámetros mentales mediante los misterios que nos encontramos. Todos experimentamos, y continuaremos experimentando, relaciones y acontecimientos que nos inducen a reexaminar nuestra compresión de la realidad. El diseño mismo de nuestra mente nos impulsa a preguntarnos por qué las cosas son como son, aunque sólo sea dentro de nuestra propia confusión personal.

Danny me pidió ayuda porque le habían diagnosticado cáncer de próstata. Lo único que me pidió fue: «Simplemente, ayúdeme a descubrir qué hago y pienso que no debería hacer ni pensar.»

Cuando evalué su energía, vi que era un bienhechor profesional para todos menos para sí mismo. Le pregunté qué le gustaría hacer en esos momentos. «Me gustaría dejar mi trabajo de vendedor, irme a vivir al campo, cultivar mis alimentos y trabajar de carpintero», dijo. Después hablamos de las consecuencias de un cambio así: él tenía sus compromisos con la empresa en la que trabajaba, era miembro activo de numerosos grupos y, por encima de todo, su familia se sentía a gusto con su estilo de vida; todas esas relaciones acabarían. A continuación añadió: «Desde hace muchísimo tiempo he tenido la idea de que quiero pensar otras cosas. No quiero tener cifras de venta en la cabeza. Quiero pensar en otras cosas, en la naturaleza, por ejemplo. Lógicamente, la naturaleza no me va a pagar las facturas, así que en realidad nunca he hecho nada al respecto. Pero siento esta llamada a vivir de otra manera. He tenido este sentimiento durante mucho tiempo, pero ahora siento la necesidad de seguirlo.»

Le dije que estaba lleno de orientación y que debería seguirla; al seguir sus sentimientos, se le abriría todo un nuevo mundo, un mundo en el que su salud mejoraría. Dos meses después me llamó para decirme que su familia estaba a favor del traslado y que al verano siguiente se irían al suroeste. Jamás se había sentido mejor, añadió, y sabía que nunca volvería a tener un tumor maligno en su cuerpo.

Danny estuvo dispuesto y fue capaz de desmontar su vida como vendedor y abrazar una nueva vida. Al liberarse de su percepción de sí mismo y de su ocupación, también se liberó de la idea de que su poder en el mundo físico era limitado. Al seguir su voz interior, se abrió a la evaluación de su realidad interior: ¿De qué va la vida? ¿Qué estoy destinado a hacer? ¿Qué es importante aprender? Fue capaz de decir: «El mundo exterior no ejerce tanto poder sobre mí. Elijo hacer caso a mi mundo interior.»

Así es como tomamos conciencia: surge un misterio, actuamos y a continuación surge otro misterio. Cuando decidimos detener ese proceso, entramos en un estado suspendido en el cual nos alejamos cada vez más de la fuerza vital. Sin embargo, el progreso desde la mente personal hacia la mente objetiva puede ser muy natural y fácil.

En un seminario conocí a una mujer llamada Karen, a la que habían despedido de tres trabajos en menos de un año. No pudo evitar preguntarse si el origen del problema era algo que había en ella. Y una vez planteada la pregunta quiso conocer la respuesta. Después de tomarse tiempo para conocerse, comprendió que ella misma se había causado los problemas. No había sentido el menor interés por ninguno de los tres trabajos. Lo que en realidad deseaba era un cambio de profesión. Eso fue una revelación. Actualmente participa en muchas actividades diferentes y cada experiencia le ayuda a descubrir nuevas aficiones y aversiones, nuevas ambiciones y nuevos miedos. Para ella ésa es la progresión natural de la vida consciente. Cuando recuerda cómo era «antes de que le entrara la luz», le maravilla que lograse pasar un día sin pensar en las cosas que daban sentido a su vida. «La vida inconsciente es justo eso: inconsciente. Uno ni siquiera se da cuenta de que no se da cuenta de algo. Simplemente piensa en las cosas básicas de la vida: alimento, ropa, dinero. Jamás se le ocurre preguntarse con qué finalidad fue creada. Y entonces, cuando se hace la pregunta, no puede dejar de repetirla una y otra vez. Eso siempre lleva a otra verdad.»

La conciencia y su conexión con la curación

Durante las cuatro últimas décadas se ha escrito mucho sobre el papel de la mente en la salud. Nuestras actitudes tienen un papel importantísimo en la creación y la destrucción de la salud corporal. La depresión, por ejemplo, no sólo afecta a la capacidad para sanar, sino que deteriora directamente el sistema inmunitario. El enfado, la amargura, la rabia y el resentimiento obstaculizan el proceso de curación, cuando no lo impiden totalmente. La voluntad de sanar tiene un enorme poder, y sin ese poder interior una enfermedad suele salirse con la suya. Gracias a esta nueva forma de entender, el poder de la conciencia está recibiendo un lugar oficial en el modelo médico de la salud y la enfermedad.

Es sorprendente cuántas personas reconocen que la experiencia de una enfermedad las motivó a dirigir su atención hacia el interior y a examinar atentamente sus actitudes y estilo de vida. Todas describen esencialmente el mismo proceso de recuperación: el viaje desde la mente personal hacia la mente impersonal.

Al principio, al enterarse del diagnóstico, el miedo les invade la mente. Pero, como dice la mayoría, una vez que se enfrentan consigo mismas, comprenden que ya presentían que algo iba mal, aunque descartaban ese presentimiento por miedo. Eso es importante, porque nuestra orientación intuitiva nos avisa cuando hay una fuga de poder en el cuerpo. Cuando el miedo va disminuyendo poco a poco, se vuelven hacia dentro para revisar el contenido de su mente y su información emocional. Así es como estas personas comienzan el proceso de adquirir una coherencia mental y emocional, o de tomar conciencia de la distancia que existe entre lo que piensan y lo que sienten. La curación exige la unión de la mente y el corazón, y por lo general es la mente la que debe ajustarse a los sentimientos, que con mucha frecuencia no hemos respetado en nuestras decisiones cotidianas.

Así, las personas exponen las medidas que han tomado para reorganizar su vida, dando voz creadora a sus sentimientos en sus actividades diarias.

La historia de Sylvia ilustra este viaje a la conciencia de corazón y mente. Le diagnosticaron cáncer de mama y le extirparon los dos pechos. El cáncer se le había extendido también a algunos ganglios linfáticos. Habría sido natural que pensara constantemente en el cáncer, pero ella se separó de la idea del cáncer y se concentró en el estrés que había contaminado su energía. Revisó sus miedos y el dominio que ejercían en su psique, y reconoció que le aterraba estar sola. El cáncer se le había desarrollado poco después de divorciarse. Habría sido natural que se centrara en su sentimiento de soledad y en su amargura por el divorcio, pero se comprometió a encontrar algo de valor cada día de su vida. Resolvió no pensar en el ayer, sino apreciar todas las cosas buenas que le habían ocurrido y dejar que se marcharan las experiencias dolorosas, entre ellas el divorcio. Con frecuencia sentía tristeza por su situación, pero, en lugar de vivir en esa tristeza, lloraba y después pasaba a otra cosa. Luego comenzó a ayudar a otras personas a recuperarse del cáncer, lo cual dio a su vida un nuevo sentido y finalidad. Desde la perspectiva simbólica, se convirtió en «ordenada», es decir, que el poder que transmitía a otras personas le era devuelto mediante el reconocimiento y la gratitud de aquellos a quienes ayudaba. Jamás había experimentado ese grado de valía personal. A los seis meses su organismo estaba libre de cáncer.

Un aspecto de tomar conciencia es vivir en el momento presente y apreciar cada día. Sylvia fue capaz de separarse de su pasado y crearse una nueva vida que tenía sentido y finalidad: ésta es la definición de hacerse impersonal respecto a una crisis de la vida personal. Aunque había enfermado de cáncer, se apoyó en la verdad de que un espíritu poderoso es capaz de sanar un cuerpo enfermo, de que la mente impersonal ejerce autoridad sobre la experiencia personal. Una y otra vez he sido testigo de que la curación es cuestión de tomar conciencia, no de la enfermedad, sino de la fuerza vital que antes nunca se ha abrazado.

La conciencia y la muerte

¿Significa esto que las personas que no se curan no han conseguido ampliar su conciencia? No, en absoluto. Pero la idea de que han fracasado se ha convertido en un aspecto muy polémico del pensamiento holístico. Un mecanismo mental insiste en considerar todas las situaciones como si fueran buenas o malas, victorias o derrotas. Cuando el cuerpo de una persona no sana de una enfermedad, es posible que se llegue a la conclusión errónea de que esa persona simplemente no se esforzó lo suficiente.

Morir no significa no haber sanado. La muerte es una parte inevitable de la vida. La realidad es que muchas personas sí se curan de sus tormentos emocionales y psíquicos, y por lo tanto mueren «sanadas».

La historia de Jackson ilustra lo que significa morir conscientemente. Jackson vino a verme para que le hiciera una lectura porque tenía un tumor maligno en el cerebro. El dolor era constante e intenso. Viviera o muriera, deseaba hacer todo lo posible para convertirse en un ser completo, sano. Hablamos de todos los asuntos inconclusos que logramos identificar en su vida, desde relaciones que necesitaban un cierre hasta los temores a los que necesitaba enfrentarse. Incluso pensó en notas de agradecimiento que debería haber enviado. Su atención estaba concentrada en completarse, pero con el siguiente énfasis: no iba a completar su vida, sino un asunto inconcluso con su grado de conciencia. Se preguntaba continuamente: «¿Qué se supone que he de aprender de esta vida?» Cada vez que se le ocurría una intuición o una respuesta, ponía manos a la obra. Advirtió, por ejemplo, que jamás le había explicado a su ex esposa por qué quiso divorciarse de ella. Simplemente, un día le dijo que estaba harto de estar casado y que deseaba liberarse de ese compromiso. Sabía que ella se había quedado aniquilada y confusa, y aunque le pidió una explicación, él se negó deliberadamente a darle ninguna. Comprendió que ese comportamiento era un hábito, porque su ex esposa sólo era una de las varias personas a las que había herido de esa manera, aunque se trataba de la víctima más afectada. Reconoció que en su momento había disfrutado de la sensación de poder que experimentaba cuando veía la confusión que generaba al abandonar a personas o situaciones. Su capacidad para crear caos lo hacía sentirse importante. Pero en estos momentos deseaba crear claridad. Escribió a todas las personas a las que consideraba víctimas de sus actos, explicándoles su comportamiento y pidiéndoles perdón. Una y otra vez, examinó su lado oscuro y dio todos los pasos necesarios para sacar a la luz su oscuridad. De todos modos iba a morir, pero me dijo que todo estaba bien porque creía que había completado las lecciones de su vida.

El objetivo de tomar conciencia no es burlar a la muerte ni hacerse inmune a la enfermedad, sino ser capaz de afrontar todos y cada uno de los cambios de la vida y el cuerpo sin miedo, tratando solamente de asimilar el mensaje de la verdad contenido en ellos. Considerar la ampliación de la conciencia —por ejemplo, mediante la meditación— como un seguro contra la enfermedad física es interpretar mal su finalidad. El objetivo de tomar conciencia no es dominar lo físico, sino dominar el espíritu. El mundo y el cuerpo físicos nos sirven de maestros en el camino.

De acuerdo con esta percepción, sanar el miedo a la muerte y a morir es un aspecto de la serenidad que el espíritu humano es capaz de lograr a través del viaje hacia la toma de conciencia. Cuando una persona que ha conseguido ampliar la conciencia atravesando el puente entre este mundo y el siguiente habla de su consuelo al saber que la vida continúa, se disuelven inmediatamente algunos de nuestros miedos. Yo tuve esa oportunidad cuando conocí a Scott y Helen Nearing. Relato su historia porque ellos contribuyeron a mi conocimiento sobre la naturaleza de la conciencia humana y sobre el poder para sanar las percepciones que obstaculizan nuestra capacidad para vivir en la verdad.

Scott y Helen Nearing

Scott y Helen Nearing son conocidos por sus aportaciones al movimiento medioambiental y por promover un estilo de vida autosuficiente. En su juventud fueron considerados rebeldes por su modo de vivir «de vuelta a la tierra», cosa inaudita en los años treinta, cuando formaron equipo. Construyeron su casa a mano y vivían de las frutas y verduras que cultivaban ellos mismos. Durante más de setenta años vivieron en armonía con la tierra, y Helen continuó ese estilo de vida hasta hace muy poco; murió en 1995 a los noventa y un años. Ambos generaron un torrente de artículos y charlas destinados a lograr que las personas respetaran el medio ambiente y vivieran de forma autosuficiente; entre sus libros figura *Living the Good Life*, en el que explican los beneficios de un estilo de vida que exprese un constante aprecio de la abundancia de la naturaleza. Sus ideales y conciencia de que existe un ciclo superior de causa y efecto divinos continúa estimulando a innumerables personas en la actualidad. Scott murió a comienzos de la década de los ochenta, a los cien años. Tuve el privilegio de conocer a Helen cuando asistió a uno de mis seminarios, y me contó la decisión de morir que había tomado su marido. Hizo la elección conscientemente cuando se dio cuenta de que ya no era capaz de vivir de una manera que apoyara su crecimiento espiritual.

«Un día, Scott entró en casa con leña para el hogar; la dejó en el suelo y me anunció que le había llegado la hora de morir. Me dijo que lo sabía porque ya no era capaz de llevar a cabo sus tareas y cumplir con sus responsabilidades. Me dijo que había "sabido" muy dentro de sí mismo que era su hora de morir. Añadió que daría la bienvenida a la muerte no comiendo. Durante tres semanas estuve a su lado mientras él permanecía en la cama, sin comer. No le ofrecí comida ni traté de hacerle cambiar de opinión, porque comprendí la profundidad con que había hecho su elección.»

Scott Nearing murió a las tres semanas de haber decidido morir debido a su incapacidad para llevar una vida autosuficiente, que era el tema de su vida de un siglo. «Yo quiero hacer lo mismo —comentó Helen— cuando me sienta incapaz de cuidar de mí misma. Morir no es algo que haya que temer. Simplemente, uno acoge el momento de marcharse y coopera con él no comiendo. Lo único que haces es abandonar el cuerpo. No es tan terrible.»

Scott y Helen lograron un grado de conciencia y elección personal que tal vez sea controvertido, pero es que toda su vida fue controvertida. El modo en que eligieron morir desafía las profundas creencias tribales sobre entrometerse en el proceso de la muerte, y también la creencia religiosa de que la hora de morir sólo está en manos de Dios. Esto podría muy bien ser cierto, pero, si somos capaces de reconocer que nos ha llegado la hora, ¿no somos libres para colaborar con ese conocimiento? Tal vez Scott, debido a sus esfuerzos por vivir casi impersonalmente, de acuerdo con ideales que sólo contenían verdad, había conquistado la bendición de que se le comunicara «interiormente» que le había llegado la hora. En lugar de desintegrarse a causa de una enfermedad, colaboró con su intuición y se marchó de esta vida totalmente consciente hasta el último momento. ¿No es eso tomar conciencia? Morir conscientemente es sin duda una de las muchas bendiciones de haber vivido una vida consciente. Mientras escribía estas páginas, en septiembre de 1995, murió Helen. Sufrió un ataque al corazón mientras conducía. Me había dicho que dejaría esta vida cuando hubiera terminado su siguiente libro. Cumplió su palabra.

Tememos tanto a la muerte que probablemente en nuestra mente tribal ésta se halle dominada por la superstición. Scott y Helen deberían ser recordados por aumentar nuestro conocimiento sobre la autosuficiencia, pero también por haber sido dos personas que tenían una fe total en la continuación de la vida más allá de nuestra forma física.

Sogyal Rimpoché

Sogyal Rimpoché es un profesor famoso y el autor de *El libro tibetano de la vida y de la muerte*. Se ha ganado internacionalmente el apodo de «el Rimpoché risueño» porque su personalidad irradia sentido del humor.

Lo conocí en 1984 en su casa de París. Jamás había estado con él, pero había leído muchísimo acerca de los maestros tibetanos y tenía muchos deseos de comprobar si todo lo que había leído era válido, por ejemplo, que muchos maestros tibetanos han trascendido las leyes normales del tiempo y el espacio, y que algunos son capaces de levitar y de correr a velocidades de hasta más de sesenta kilómetros por hora. También había leído que siempre que a un maestro tibetano se le pregunta sobre su «poder», él invariablemente «desvía» el interés por su persona hablando de algún otro maestro evolucionado.

Cuando iba de camino hacia la residencia de Sogyal, me pregunté qué comeríamos. Como no tenía ni la menor idea sobre las costumbres sociales tibetanas, me planteaba todo tipo de cosas ridículas, por ejemplo, si tendría que meditar durante horas antes de comer. Resultó que Sogyal encargó comida china, y nos la comimos directamente de los envases, sentados en el suelo de su oficina.

Cuando me pareció que el ambiente era apropiado para hablar de cosas más serias, le pregunté:

—¿Es verdad que puede levitar?

Él se echó a reír, histéricamente podría añadir, y después contestó:

—Ah, no, yo no, pero mi maestro sí podía.

—¿Es verdad que gracias a sus prácticas meditativas es capaz de correr a velocidades no normales?

Esta pregunta le provocó otro ataque de risa y volvió a contestar:

—Ah, no, yo no, pero mi maestro sí.

Sus respuestas me confirmaron lo que había leído: que al ser entrevistado, un maestro tibetano desvía la atención que suscita su poder hacia el de otra persona. Entonces se me ocurrió que a lo mejor él me leía la mente y sabía exactamente lo que había leído y de dónde provenían mis preguntas. Finalmente le dije:

—No tengo más preguntas. ¿Hay algo que quiera decirme?

—Me gustaría contarle cómo murió mi maestro. Convocó a sus astrólogos y les dijo que le hicieran la carta astral, determinando el momento idóneo para que él retirara su espíritu de las energías de la tierra. Su espíritu era poderosísimo y quería marcharse sin causar ningún tipo de consecuencias energéticas. Es posible que usted no sepa estas cosas, pero cuando un espíritu cualquiera se va de la tierra influye en todo el campo energético. Y cuando se va un espíritu muy poderoso, la influencia sobre la tierra es aún más fuerte.

»Así pues, sus astrólogos determinaron el día y la hora idóneos para su muerte física. Entonces él les dijo a sus alumnos que ese día y a esa hora se marcharía. Y eso fue exactamente lo que hizo. Ese día meditó con sus alumnos, los bendijo, y después cerró los ojos y liberó a su espíritu de su cuerpo.

Le pregunté si su maestro había elegido morir porque estaba enfermo.

La pregunta le produjo nuevamente un ataque de risa casi incontrolable.

—¿Enfermo? ¿Y qué tiene que ver la enfermedad con eso? Al igual que nacemos en el momento idóneo para que nuestra energía entre en la tierra, también hay un momento idóneo para dejar la tierra. Mi maestro no estaba enfermo. Estaba completo. No tenemos por qué morir con dolor y enfermedad. La mente consciente es capaz de liberar el espíritu del cuerpo sin tener que soportar el dolor del deterioro físico. Esta elección la podemos hacer todos.

Sogyal definió el estado de dominio espiritual como la consecución de un grado de conciencia que «no conoce conflictos con lo Divino», de modo que las elecciones de la persona son las mismas que las elecciones divinas. Su maestro, dijo, vivió en un estado de conciencia en el que ya no existía el dilema de la elección, es decir de creer que una elección es mejor que otra. Todas las elecciones eran las correctas, según explicó Sogyal, en el estado de perfección que había alcanzado su maestro. Dijo que su maestro fue un ejemplo de mente iluminada, en su vida y en su muerte.

Desarrollo de la mente impersonal y la visión simbólica

Los Nearing y Sogyal Rimpoché han aprovechado el poder de la mente impersonal. Pero explicar la conciencia sobre el papel tiene sus limitaciones, debido a las cualidades inefables de la espiritualidad. Como dice el koan* zen: «Si se puede decir qué es, no es eso.»

Recuerdo claramente a la profesora que me introdujo en

* Máxima, dicho, proverbio. *(N. de la T.)*

el pensamiento budista e hindú. Para el examen final, nos llevó a los cinco alumnos a pasar un fin de semana en un lugar de retiro y nos explicó las reglas: estaba prohibido hablar, y usar o mirar cualquier tipo de reloj. Durante la noche despertaba a un alumno, éste adoptaba una postura yóguica, y entonces ella le hacía preguntas: ¿Cómo habla un cristiano de la naturaleza de Dios? ¿Cómo habla un budista de la naturaleza de la realidad? ¿Cuál es la verdad de la vida eterna? ¿Cuál es la finalidad de esta vida? Las preguntas eran profundas e incisivas. Lo que evaluaba no era la calidad de las respuestas, sino nuestra adhesión a cualquier escuela de pensamiento en particular. Si notaba que estábamos adheridos a una forma de verdad más que a otra, no habíamos aprendido la lección de su clase: toda verdad es la misma en el plano de la verdad propiamente dicha. Que la verdad se «acultura» es una ilusión. En su opinión, esto es la esencia de lo que significa tomar conciencia: buscar la verdad separada de su forma social o cultural. Cuando miro hacia atrás y pienso en su influencia en mí, creo que ella sentó las bases de mi capacidad para la visión simbólica.

¿Cómo podemos trabajar con la mente para agudizar nuestro sistema mental perceptivo y adquirir la habilidad de penetrar las ilusiones? Como ocurre con todos los objetivos, es necesaria cierta disciplina para hacer un progreso apreciable. El caso siguiente representa la manera equivocada de emprender la tarea de tomar conciencia.

Oliver era un hombre de negocios muy próspero, pero había llegado a un momento de su vida en que deseaba hacer algo que tuviera más sentido. Trató de trabajar en diversos proyectos que representaban actividades sociales muy útiles, pero ninguno le pareció adecuado para él. Oró pidiendo orientación respecto a qué hacer con su vida. Finalmente concertó una entrevista con un maestro espiritual de fama internacional. La visita fue de diez minutos, durante los cuales el maestro le dijo que su tarea consistía en «esperar y disponerse». Así pues, «esperó»; esperó en París, en Roma, en Oriente. Esperó en hoteles de primera categoría y bebiendo capuchinos en la Riviera. Finalmente llegó a la conclusión de que «esperar» era inútil. Volvió a revisar los proyectos y firmó cheques para respaldarlos. Pero su corazón continuó vacío. En mi opinión, el maestro espiritual le dio la única instrucción que no podía seguir comprando algo. Si hubiera sido capaz de «esperar» en el sentido espiritual, entrar en su «interior» y aceptar los pasos que se le pedía dar, por humildes que fueran, habría comenzado a recibir su respuesta.

En muchos sentidos, el desafío espiritual de «esperar» para transformarse en una persona diferente aporta más al mundo que financiar un nuevo hospital. Esto puede resultar difícil de entender. No estamos acostumbrados a valorar lo que no podemos ver, y no podemos ver el poder que emite una psique sana. Así, aquellas personas cuyo trabajo es «esperar para hacerse» suelen considerarse inútiles.

Pero «esperar para hacerse» es el sentido simbólico de ser «llamado a ordenarse», es decir, permitir que lo Divino despierte esa parte del espíritu que contiene la esencia de lo que la persona es capaz de aportar a los demás y a sí misma. La mujer que después sería conocida con el nombre Peace Pilgrim (Peregrina de la Paz) representa este proceso espiritual de permitir que lo Divino abra una puerta.

Peace Pilgrim, que fue el único nombre que usó esta mujer durante los veinticinco últimos años de su vida, llevó una vida humilde y profundamente espiritual, durante la cual oró pidiendo que se le mostrara un camino de servicio. A los cincuenta y dos años escuchó a su guía interior, que le ordenó que caminara continuamente por el país en favor de la paz. Ésas fueron las instrucciones de su «ordenación». Así pues, sin llevar nada más que lo puesto, comenzó a caminar, y «caminaba hasta encontrar un lugar donde le dieran un sitio para descansar y comía lo que le ofrecieran». Su vida se convirtió en una afirmación del poder de confiar totalmente en que Dios proveerá nuestras necesidades.

Durante sus veinticinco años de peregrinaje, Peace Pilgrim influyó en la vida de centenares de miles de personas, a las que su increíble compenetración con la intervención divina producía un respeto reverencial. La oí contar dos historias que me conmovieron profundamente. Una vez iba por un camino rural y la temperatura bajó muy rápidamente. No iba preparada para ese repentino cambio ni estaba cerca de ningún lugar donde pudiera encontrar refugio, y hacía un frío intenso. Entonces oyó una voz que le decía: «Métete debajo del siguiente puente.» Siguió el consejo y bajo el puente encontró una caja lo bastante grande para meterse dentro. Dentro de la caja había una almohada y una manta. Cuando me contó esta historia, dio por sentado que yo entendería que esas cosas habían sido colocadas allí por Dios.

Comentó que durante su vida había pasado por ciclos de aprendizaje sobre el conflicto. Primero tuvo que experimentar conflictos externos y después internos. Cuando finalmente entregó su vida a Dios, fue bendecida con el don de aprender sin conflictos. Peace Pilgrim llegó a ser una fuente de sabiduría infinita, que es la esencia de la sefirá de Jojmá, y de entendimiento y razonamiento divinos, que es la esencia de Biná. Se convirtió en la personificación del espíritu ordenado y en una experta en visión simbólica. Vivía en total armonía y confianza con lo Divino.

Sus instrucciones a los demás, de conformidad con la naturaleza de la verdad, eran muy sencillas: «No como alimentos basura ni pienso pensamientos basura», lo que significa que hay que respetar el cuerpo, la mente, y el espíritu.

Desarrollar la mente impersonal es tarea de toda la vida, en parte porque es un desafío muy importante y en parte porque nos lleva a las profundidades de nuestras ilusiones y miedos. Tenemos que reconstruirnos de dentro hacia fuera, proceso que siempre produce numerosos cambios en nuestra vida. Aún no he conocido a la persona que al seguir un camino de despertar consciente no haya tenido que pasar por un período de «espera», durante el cual su interior se reconstruye. Y como ocurre en todos los asuntos del espíritu, una vez que se inicia el camino no hay vuelta atrás.

Las siguientes instrucciones ofrecen un punto de partida para desarrollar la mente impersonal y lograr la visión simbólica, es decir, la capacidad para penetrar las ilusiones y comprender el poder energético que actúa entre bastidores. Preparé estas instrucciones teniendo presente las sefirot que se corresponden con el sexto chakra, Jojmá y Biná. Seguir estos pasos podría servirle para lograr la visión simbólica y aumentar su capacidad para llegar a la dimensión del razonamiento divino.

- Adopte una práctica de introspección y esfuércese en tomar conciencia de lo que cree y por qué.
- Mantenga la mente abierta y aprenda a percatarse de cuándo se le está «cerrando».
- Interprete la actitud defensiva como un intento de impedir la entrada de intuiciones nuevas en su campo mental.
- Reconozca que todas las situaciones y relaciones tienen importancia simbólica, aunque no logre entender inmediatamente cuál es.
- Ábrase para recibir orientación e intuiciones a través de los sueños.
- Trabaje para liberarse de cualquier pensamiento que fomente la autocompasión o la rabia, o que culpe a otra persona de cualquier cosa que le haya ocurrido.
- Practique la objetividad. Tome decisiones basándose en las mejores evaluaciones que pueda hacer en el momento inmediato, en lugar de esforzarse en conseguir un resultado concreto.
- Absténgase de emitir cualquier juicio, no sólo aquellos di-

rigidos en contra de personas y situaciones, sino también los que atañen al alcance o la importancia de las tareas. Recuérdese constantemente la verdad superior de que no es posible ver todas las realidades y detalles de ninguna situación, ni visualizar las consecuencias a largo plazo de sus actos.

- Aprenda a reconocer cuándo está influido por un miedo. Inmediatamente, distánciese de ese temor observando su influencia en su mente y emociones; después, tome decisiones que debiliten la influencia de ese miedo.

- Sepárese de todos los valores que apoyen la creencia de que una vida próspera significa lograr determinados objetivos. Considere la vida próspera como un proceso de lograr el autodominio y la capacidad de aprovechar los desafíos que le presenta la vida. Visualice el éxito como una fuerza energética, no una fuerza física.

- Actúe siguiendo su guía interior, y renuncie a la necesidad de «pruebas» de que su guía interior es auténtica. Cuantas más pruebas pida, menos probable es que reciba alguna.

- Centre toda su atención en el momento presente; absténgase de vivir en el pasado o de preocuparse por el futuro. Aprenda a confiar mucho más en lo que no puede ver que en lo que puede ver.

Tomar conciencia

Tomar conciencia no es nada fácil. Mi vida era mucho más sencilla antes de conocer el sentido más profundo de la elección, del poder de elección que acompaña al hecho de responsabilizarse. Entregar el poder a una fuente externa puede parecer mucho más fácil, al menos por el momento. Pero cuando se sabe, uno no puede continuar engañándose por mucho tiempo.

Mi corazón se conmueve ante las personas que trabajan

arduamente para liberarse de sus actitudes negativas y recuerdos dolorosos. «Dime cómo y lo haré», me dicen. Siempre estamos buscando la meditación fácil, el ejercicio fácil que nos saque de la niebla u oscuridad, pero la conciencia no funciona así. Lo irónico es que hay un camino sencillo, pero no es fácil: desprenderse. Desprenderse de lo que se cree que debe ser la vida y adherirse a la vida que trata de abrirse paso hacia la conciencia.

Muchísimas personas que luchan por encontrar su camino están en ese estado necesario pero desconcertante de espera. Algunas de ellas están deseosas de permitir que la voluntad divina gobierne su vida, pero continúan atormentadas por el miedo a perder toda la comodidad en el plano físico si realmente se entregan. Así, están suspendidas en una posición de espera hasta que tienen la fuerza suficiente para desprenderse de ese miedo y adherirse a la verdad más profunda de que «todo irá bien», tal vez no «bien» según nuestra definición, pero ciertamente sí según la definición de Dios.

Toby me pidió que le hiciera una lectura porque sufría de una grave depresión, de artritis y de impotencia. Cuando le evalué la energía, recibí la impresión de que su salud se había debilitado desde el momento en que cumplió cincuenta años. En realidad, creía que al cumplir cincuenta años habrían acabado los mejores años de su vida. Cuando le expuse mis impresiones, contestó: «Bueno, es cuestión de mirar alrededor. ¿Ve alguna oportunidad de trabajo para hombres de mi edad? Ahora vivo en el constante temor de que me van a quitar el puesto para dárselo a una persona más joven, y ¿qué haré entonces?»

Le sugerí que comenzara un programa de ejercicios físicos, concentrándose en fortalecer su cuerpo físico. Necesitaba hacer algo para sentir que le volvía el poder al cuerpo y, por extensión, a su vida. Ante mi sorpresa, aceptó la sugerencia. Llevaba un tiempo postergando el momento de ir a un gimnasio, pero accedió a hacerlo.

Después le dije que leyera algunos libros budistas sobre las ilusiones y que empezara a considerar la edad y el tiempo como ilusiones. Esa sugerencia lo detuvo en seco.

—¿Cómo puede ser una ilusión el tiempo?

—Se puede tomar la decisión de no envejecer según la medida corriente del tiempo —le contesté—. Se puede decidir tirar el calendario y dar lo mejor de sí a cada día.

Se echó a reír.

—Me encantaría pensar que eso funciona.

—Entonces, inténtelo. Siempre puede volver a ser un anciano. La posibilidad está siempre ahí. Pero intente lo otro primero. —Luego, debido al tono animado que noté en su voz le pregunté—: ¿Se da cuenta de que en estos momentos no ha estado deprimido?

Él permaneció callado unos instantes.

—Tiene razón. No he notado para nada mi depresión.

—¿Ha sentido algún dolor artrítico en estos momentos?

—Tendría que decir que no, no en estos momentos. Pero, claro, estos dolores van y vienen.

—Pero en estos momentos, mientras piensa en la posibilidad de sentirse libre y bien nuevamente, no está deprimido ni siente dolor, ¿verdad?

—Sí, es verdad.

—Entonces, supongamos que cuantas más opciones mentales positivas se dé y más medidas positivas tome, mejor se sentirá, y recuperará su poder y también su energía sexual.

—De acuerdo, pero ¿y si no puedo mantener esa perspectiva positiva? Entonces me volverá todo, ¿verdad?

—Sí.

—Lo que quiere decir es que yo estoy al mando de mis estados de ánimo y de mi artritis, y que la depresión aumenta el dolor. O sea, que yo estoy al mando de todo esto.

—Pues, así parece.

—Usted debería haber sido abogada —comentó—. Me

ha dado muchísimo en que pensar. Intentaré hacerlo lo mejor posible —añadió.

Cuatro meses después recibí una postal de Toby. Él y su esposa estaban haciendo un crucero. La postal decía: «Lo estamos pasando estupendamente, de día y también de noche.»

No es frecuente que una sola conversación pueda cambiar por completo la vida de una persona. Pero Toby estuvo dispuesto a revisar sus actitudes y a reconocer que estaba eligiendo vivir en la negatividad.

Cuando una persona se adhiere con tanta disposición a la energía de la sabiduría, no puedo dejar de imaginar que las fuerzas espirituales contenidas en nuestros campos energéticos, como Jojmá, la sefirá de la sabiduría, están esperando la oportunidad de penetrar en nuestra conciencia.

Carrie, de treinta y cuatro años, me llamó por teléfono y se presentó diciendo:

—Me pasa algo.

—Vale, ¿qué?

—No soy capaz de hacer mi trabajo. No soy capaz de pensar. No soy capaz de hacer nada.

Le exploré la energía y al instante vi que, expresado en lenguaje simbólico, su mente no estaba «dentro» de su cuerpo. Las imágenes que la llenaban no tenían nada que ver con su vida actual; estaban inmersas en una vida espiritual sola en alguna región remota del país.

—¿Qué lee? —le pregunté.

Ella me enumeró una lista de libros, todos relacionados con la espiritualidad. Después me dijo:

—Vivo pensando que mi lugar está en Nuevo México. Fui hace un año para un retiro y tuve la maravillosa sensación de que tenía que trasladarme a vivir allí. No conozco a nadie en Nuevo México, pero no puedo quitarme la idea de la cabeza.

Hablamos de la intensidad de esos sentimientos y le expliqué, utilizando el sentido simbólico del sacramento del orden sacerdotal, que a veces las personas son llamadas a lugares, y que seguir ese sentimiento podría ser una decisión juiciosa.

Ella se echó a llorar, diciendo que la aterraba marcharse y la aterraba quedarse.

—Tengo la impresión de que mi vida está allí y de que lo único que necesito es marcharme, pero no tengo ni idea de qué me espera allí.

Le pregunté qué la había motivado a ir a ese retiro. Me contestó que se había sentido inspirada por la biografía de una mujer que le dijo a Dios: «Simplemente, muéstrame la verdad. No deseo ninguna otra cosa en mi vida.» Al parecer, la mujer llevó una vida extraordinaria después de haber hecho esa oración.

—No soy misionera —dijo Carrie—, pero quiero vivir una vida auténtica. No creo que esté haciendo eso como abogada en Detroit. Respeto a las personas con quienes trabajo, y agradezco la oportunidad de ayudar a la gente mediante mi trabajo, pero me siento vacía y ya no puedo soportarlo.

—Yo no soy quién para decirle a nadie dónde debe vivir —le dije—, pero creo que usted necesita seguir esa voz que oye.

Carrie se trasladó a Nuevo México. Abandonó el ejercicio de la abogacía y, ante su gran sorpresa, una vez instalada en su nueva casa, se sintió atraída por la profesión de comadrona, ocupación en la que jamás se le había ocurrido pensar cuando estaba en Detroit.

Me escribió varias veces para mantenerme al corriente de sus cosas, y en todas las cartas expresaba la sensación de que le estaba entrando vida en el cuerpo. En una carta decía: «Siento que me entra una corriente de energía cada vez que estoy junto a una mujer embarazada. Cuando vivía en Detroit la desechaba, atribuyéndola a pura imaginación, pero ahora creo que en este universo existe una especie de fuerza consciente que apoya la vida, y que esa fuerza circula por nosotros.»

Desde mi punto de vista, Carrie había encontrado su camino como persona ordenada. Siempre me maravillan las personas cuya vida está tan llena de la presencia de la orientación.

El viaje hacia la toma de conciencia suele ser más atractivo en teoría que en la práctica. Buscar la conciencia teóricamente, en libros y conversaciones, nos permite fantasear con llegar a la tierra prometida sin tener que hacer ningún cambio real en la vida. Incluso la promesa de que esa tierra existe puede producir una fabulosa sensación de realización. Hasta cierto punto, eso es justamente lo que hacen las personas «adictas a los seminarios y talleres»: elevarse en la euforia de la conversación, para después volver a su casa y a su vida exactamente como las dejaron.

Una vez, el escritor británico Graham Greene esperó dos años y medio para celebrar una entrevista de quince minutos con el padre Pío, un místico católico que residía en un monasterio italiano. El padre Pío tenía reputación de ser un «santo viviente» por varias razones, entre ellas llevar los «estigmas», es decir, las «heridas de Cristo», que se le imprimieron en el cuerpo cuando era un joven sacerdote. El día establecido, Greene asistió primero a la misa que celebró el místico. La entrevista iba a comenzar después de la misa, pero Greene salió de la iglesia, se dirigió al aeropuerto y cogió el avión de regreso a Londres. Cuando le preguntaron por qué no se había presentado para celebrar la entrevista, contestó: «No estaba preparado para afrontar la manera en que ese hombre podía cambiar mi vida.»

Finalmente, sin embargo, la mente se nos sobrecarga de información y llega el día en que ya no podemos estar a la vez en dos planos diferentes de percepción. Por mucho que lo intentemos, no podemos estar eternamente «visitando» la verdad para luego volver a la ilusión. En algún momento del proceso, el propio cambio nos empuja a avanzar.

Hace unos años conocí a un hombre llamado Dan, que asistió a un seminario sobre la conciencia y las prácticas empresariales. Según cuenta, se sintió muy estimulado por la presentación, que se centró en la aplicación de los principios de la salud holística a los negocios, como por ejemplo, tener una actitud positiva y combinar las fuerzas de la mente y el corazón. Durante varias semanas después del seminario, hizo partícipes a sus compañeros de trabajo de los conocimientos que había recibido. Creía que su entusiasmo sería contagioso y que todos se sentirían estimulados a aportar más conciencia personal a sus trabajos.

La primera oportunidad para poner a prueba oficialmente su nuevo optimismo se presentó cuando la empresa decidió llevar a cabo un nuevo proyecto. Les dijo a sus compañeros que «visualizaran» éxito y abundancia. Incluso los reunió el primer día del nuevo proyecto para meditar juntos. Su jefe lo convocó para decirle que le agradecería que mantuviera alejada de la empresa su recién descubierta «magia».

Resultó que el proyecto no tuvo éxito, y entonces Dan y sus nuevas ideas fueron objeto de implacables críticas, tanto que se marchó de la empresa. Durante varios meses estuvo sumido en una confusión y desesperación creciente. Un buen día, se encontró con una ex compañera de trabajo y ésta le dijo que, mientras él bullía de nuevas ideas, algunos empleados habían manifestado su preocupación de que hubiera entrado en una secta.

Durante esa conversación, Dan cayó en la cuenta de que había cometido un error de juicio. Simplemente porque él estaba dispuesto a vivir de acuerdo con un conjunto de reglas interiores, había supuesto que todos los demás estarían también dispuestos. Pues no lo estaban. Había deseado que su ambiente se convirtiera inmediatamente en un ejemplo vivo de los conceptos aprendidos en el seminario, en gran parte porque sabía que le resultaría difícil continuar trabajando allí con unas normas interiores tan diferentes a las normas externas de la empresa. Finalmente aceptó que no podía haber recibido un regalo mejor que la motivación para abandonar su situación, para poder encontrar un ambiente de trabajo más apropiado. Poco después se puso en marcha en pos de su nueva vida.

Tomar conciencia significa cambiar las reglas según las cuales vivimos y las creencias que conservamos. Nuestros recuerdos y actitudes son literalmente las reglas que determinan la calidad de la vida y la fuerza de los lazos con los demás. Un cambio de conciencia siempre incluye un período de aislamiento y soledad, en el cual nos acostumbramos al nuevo grado de verdad. Y después, siempre encontramos nuevos compañeros. Nadie se queda solo durante mucho tiempo.

La expansión al dominio de la conciencia siempre utiliza las energías de las sefirot de Jojmá y Biná, combinadas con el deseo innato de encontrar el camino ordenado, camino de servicio que nos permite aportar la mayor capacidad de la mente, el cuerpo y el espíritu.

Preguntas para autoexaminarse

1. ¿Qué creencias lo impulsan a interpretar de modo negativo los actos de los demás?
2. ¿Qué comportamientos negativos surgen continuamente en sus relaciones con los demás?
3. ¿Qué actitudes suyas le quitan poder?
4. ¿Qué creencias que sabe que no son ciertas sigue aceptando?
5. ¿Tiene tendencia a criticar? Si es así, ¿qué situaciones o relaciones tienden a hacer aflorar esa tendencia?
6. ¿Busca disculpas por comportarse de modo negativo?
7. ¿Recuerda ocasiones en las que se vio enfrentado a un grado de verdad más profundo del que estaba acostumbrado a oír y encontró intimidante la experiencia?

8. ¿Cuáles de sus actitudes y creencias le gustaría cambiar? ¿Está dispuesto a comprometerse a hacer esos cambios?

9. ¿Se siente a gusto pensando en su vida desde una perspectiva impersonal?

10. ¿Le asustan los cambios que podrían producirse en su vida si abrazara sinceramente un estilo de vida consciente?

Séptimo chakra:
El conector espiritual

El séptimo chakra es el que nos conecta con nuestra naturaleza espiritual y la capacidad para incorporar la espiritualidad a nuestra vida y permitirle que nos guíe. Si bien todo el sistema energético está animado por el espíritu, el séptimo chakra está directamente orientado a la búsqueda de una relación íntima con lo Divino. Es el chakra de la oración. Es también nuestra «cuenta corriente de gracia», el banco donde depositamos la energía que amasamos mediante pensamientos y actos de bondad, y mediante actos de fe y de oración. Nos capacita para adquirir una intensa conciencia interior mediante la meditación y la oración. El séptimo chakra representa nuestra conexión con la dimensión trascendental de la vida.

Ubicación: Coronilla.

Conexión energética con el cuerpo físico: El séptimo chakra es el punto de entrada de la fuerza vital humana, que se derrama sin cesar en el sistema energético humano, proveniente del macrouniverso, de Dios o del Tao. Esta fuerza nutre el cuerpo, la mente y el espíritu. Se distribuye por todo el cuerpo físico y por los seis chakras inferiores, conectando todo lo físico con el séptimo chakra. La energía de este chakra influye en la energía de importantes sistemas corporales: el sistema nervioso central, el sistema muscular y la piel.

Conexión energética con el cuerpo emocional/mental: El séptimo chakra contiene la energía que genera la devoción, los pensamientos inspiradores y proféticos, las ideas trascendentes y las conexiones místicas.

Conexión simbólica/perceptiva: El séptimo chakra contiene la forma más pura de la energía de la gracia o *prana*. Este chakra almacena la energía generada por la oración y la meditación y protege nuestra capacidad para la visión simbólica. Es el centro de energía para el conocimiento, la visión y la intuición espiritual que trasciende la conciencia humana corriente. Es el dominio místico, dimensión de una compenetración consciente con lo Divino.

Miedos principales: Los miedos relacionados con temas espirituales como «la noche oscura del alma»; miedo al abandono espiritual, pérdida de la identidad y pérdida de la conexión con la vida y las personas que nos rodean.

Fuerzas principales: Fe en la presencia de lo Divino y en todo lo que esa fe representa en la propia vida, por ejemplo, guía interior, intuición para sanar y un tipo de confianza que eclipsa los miedos humanos corrientes; devoción.

Conexión sefirot/sacramento: La sefirá conectada con el séptimo chakra es Kéter, que significa «corona». En las tradiciones espirituales orientales este chakra se llama «chakra de la coronilla». Kéter representa la «nada», la energía de la que surge la manifestación física. Se cree que es eterna, que no tiene principio ni fin. El sacramento cristiano relacionado con el séptimo chakra es el de la extremaunción (o último rito), que es el que se administra a los moribundos. En su sentido simbólico, la extremaunción representa el proceso de rescatar el espíritu de los diversos «rincones» de la vida donde todavía hay «asuntos inconclusos», o la liberación de pesares que continúan tirando de la conciencia, por ejemplo, palabras que deberían haberse dicho y no se dijeron, o palabras que se dijeron y no deberían haberse dicho. Entre los asuntos inconclusos también están las relaciones que querríamos que hubieran acabado de otra manera o los caminos que querríamos haber tomado pero no tomamos. En el momento de cerrar nuestra vida llevamos conscientemente esos recuerdos a un punto final, aceptando las elecciones que hicimos y liberándonos de la sensación de que las cosas podrían o deberían haber sido de otra manera. Eso es lo que significa «llamar de vuelta al espíritu» para dejar este mundo y regresar completos a la dimensión espiritual.

Es posible que las últimas palabras de Jesús, cuando estaba en la cruz, iniciaran este sacramento. Jesús dijo a su madre y a su discípulo Juan: «Mujer, he ahí a tu hijo; Juan, he ahí a tu madre.» Y dirigiéndose a Dios, dijo: «Perdónalos, porque no saben lo que hacen», y «Todo está acabado, en tus manos encomiendo mi espíritu.» Estas palabras representan el cierre consciente de la propia vida y la preparación para volver a una identidad espiritual eterna.

Desde una perspectiva simbólica diferente, la extremaunción representa un rito que debería formar parte regular de la vida humana. En muchos momentos de la vida nos encontramos ante encrucijadas en las que necesitamos dejar «morir» una fase anterior. Cuanto menos nos aferramos al mundo físico, más cerca nos colocamos para acceder conscientemente a la energía de Kéter o chakra de la coronilla, nuestra conexión trascendente con lo Divino.

Verdad sagrada: La energía del séptimo chakra nos mueve a desear una conexión íntima con lo Divino en todo lo que hacemos. Este deseo espiritual de conexión es muy diferente del deseo de conexión con una religión. La religión es ante todo una experiencia de grupo cuya principal finalidad consiste en proteger al grupo, en especial de las amenazas físicas: enfermedad, pobreza, muerte, crisis sociales e incluso la guerra. La religión tiene sus raíces en las energías del primer chakra. La espiritualidad, por su parte, es una experiencia individual orientada a liberarnos de los miedos del mundo físico y buscar una relación con lo Divino. La verdad sagrada de este chakra es *Vive en el momento presente*.

La búsqueda de una conexión espiritual personal estremece el núcleo mismo de nuestro ser. La oración, consciente o inconsciente, para llegar a conocer directamente lo Divino reza más o menos así: «Ya no deseo estar protegido dentro del grupo ni deseo tener un filtro mediador que me sirva de guía. Ahora quiero que Tú entres directamente en mi vida y elimines de ella todo obstáculo, sea una persona, un lugar o un trabajo, que me impida formar una unión íntima Contigo.» Como escribe Meister Eckhart en su libro *The Soul Is One with God*, el fin último del místico es: «Dios es amor, y quien vive en el amor vive en Dios y Dios en él.»

Al buscar la unión con lo Divino, pedimos que se eliminen de nuestra vida todas las «ilusiones» físicas, psíquicas y emocionales. Una vez que comienza el proceso de eliminación, despierta una voz interior que de inmediato empieza a competir con todas las autoridades externas de nuestra vida, lo que puede sumirnos en un torbellino interior o incluso en una «esquizofrenia espiritual».

Un hombre, asistente social, vino a verme porque había notado la presencia de ángeles a su alrededor. Se sentía abrumado por la sensación de que en realidad no hacía nada para ayudar a las personas pobres y desesperadas con las que se relacionaba en su trabajo. «Una noche llegué a casa, me arrodillé y le dije a Dios: "¿Estás de verdad con estas personas? ¿Escuchas sus plegarias? Están desesperadas, y yo me siento impotente." Al día siguiente estaba hablando con una mujer, tratando de ayudarla a hacer frente a las dificultades de su vida; de pronto vi un ángel junto a ella. El ángel sonreía. Me quedé atónito. Continué hablando con ella como si no pasara nada raro, pero no pude evitar que me invadiera una ridícula sensación de éxtasis. Le repetí una y otra vez:

"De verdad, créame, todo va a ir bien." Entonces ella me dijo: "¿Sabe?, le creo, sinceramente le creo." Después se marchó sonriendo. Ahora veo ángeles en todas partes. Ojalá pudiera decirle a todo el mundo que estamos rodeados por el cielo. Antes de esa experiencia estaba desesperado. Tenía fe, pero al mismo tiempo estaba desesperado. Sé que parece una contradicción, pero no lo es. Simplemente deseaba hacer más, desde el fondo del corazón.»

Despertar espiritual

Se han escrito muchos libros sobre la naturaleza del viaje espiritual personal, pero uno de los primeros continúa siendo el más conocido: *La noche oscura del alma*, escrito en el siglo XVI por san Juan de la Cruz. En esta obra clásica, el autor habla de las fases de separación de la mente tribal o de grupo (las palabras son mías) que son necesarias para formar un vínculo total y consciente con lo Divino. En cada fase se presentan experiencias de exquisita trascendencia mística, así como sentimientos de depresión, locura y extraordinaria soledad desconocidos para la experiencia humana normal.

Dentro de la tradición católica, la obra de san Juan de la Cruz dio permiso a las personas, hasta cierto punto, para separarse de las experiencias religiosas de grupo y buscar el desarrollo espiritual personal. La vida monástica se había convertido en el modo de trascender los parámetros religiosos corrientes de entender a Dios para encontrarse directamente con lo Divino. En los siglos siguientes, cuando los europeos conocieron otras culturas, quedó claro que en todas las culturas la oración intensa y la exploración y disciplina personales conducían a experiencias místicas.

En calidad de dirigentes religiosos oficiales, los monasterios y ashrams «contienen» el poder de lo Divino dentro de muros bien guardados. Las personas que decían tener visiones, oír voces, mantener comunicaciones telepáticas insólitamente intensas y realizar curaciones mediante la oración y el contacto, al mismo tiempo ayunaban hasta llegar a estados de casi inanición, meditaban durante semanas seguidas y caían en depresiones que habrían llevado al borde del suicidio a los mortales normales. Los observadores, incluso los de dentro del monasterio, mantenían las distancias con algunos de esos místicos por temor a que «el ojo de lo Divino» se fijara en ellos. Era bien sabido que muy pocas personas eran capaces de soportar el «contacto directo» con el cielo.

En los años sesenta, el Concilio Vaticano II marcó un cambio decisivo en el mundo religioso occidental. Esa reunión de la jerarquía católica romana acabó con muchas tradiciones centenarias e inició una nueva libertad espiritual para todas las personas, independientemente de sus antecedentes religiosos. La sola palabra «católico» lleva implícita la idea de universalidad de pensamiento, símbolo particularmente potente si consideramos que la religión católica romana fue la primitiva iglesia cristiana. Ahora bien, por medio del Concilio Vaticano II esta estructura de poder transmitía un mensaje de liberalismo espiritual universal.

Personas de todo el mundo comenzaron a poner en tela de juicio los límites de sus tradiciones religiosas y a explorar las enseñanzas espirituales de las otras. Las mujeres desearon ordenarse; los cristianos acudieron en tropel a los monasterios budistas y los ashrams hindúes; los budistas y los hindúes buscaron las enseñanzas cristianas; los líderes religiosos de tradiciones orientales y occidentales celebraron reuniones oficiales. Las barreras entre Oriente y Occidente fueron derribadas, no sólo por personas legas rebeldes, sino también por eruditos, como el monje trapense Thomas Merton, que en su obra clásica *The East-West Journal* expresó la necesidad de una exploración mutua de las verdades del budismo y el cristianismo.

Para las personas de orientación espiritual, esta nueva libertad significó un cambio decisivo en el concepto de la capacidad de «conocer a Dios», que tuvo consecuencias revolucionarias no igualadas desde la rebelión de Martin Lutero. A medida que los «no ordenados» adquirían las habilidades necesarias para interpretar el sentido más profundo de las escrituras, la educación de la gente debilitó el papel de los líderes religiosos ordenados u oficiales. Se desmoronaron simbólicamente los muros de los monasterios, que durante tanto tiempo habían contenido la forma más intensa de «luz divina». En efecto, en los años cincuenta los chinos invadieron el Tíbet, obligando al Dalai Lama a huir de su casa monástica. Si bien este exilio del dirigente espiritual del país ha sido el capítulo más doloroso de la historia tibetana, las enseñanzas del Dalai Lama y de otros maestros dotados han entrado e influido en las comunidades espirituales del mundo. La luz divina fue liberada para entrar en la vida de incontables «místicos sin monasterio», personas laicas que se adhieren a enseñanzas extraordinarias espirituales en la intimidad de su vida.

El paso de religión a espiritualidad no es simplemente una moda cultural. Es una reorganización arquetípica de nuestra comunidad planetaria, que ahora puede entrar en las verdades universales accesibles mediante la visión simbólica. En la visión simbólica interviene un sexto sentido, la intuición, que percibe las conexiones entre todos los sistemas energéticos vivientes.

En uno de mis seminarios, una mujer habló de su conexión con la naturaleza. «Todos los días, cuando me preparo para trabajar en mi jardín, rezo una oración para invocar la ayuda de los espíritus guardianes de la naturaleza, e inmediatamente noto que esos seres energéticos están a mi lado. Si hace unos años alguien me hubiera dicho que yo iba a decir estas cosas, lo habría considerado un loco. Pero hace ocho años, después de presenciar un desastre medioambiental, me sentí abrumada por la aflicción, una aflicción que hasta ese momento no había sentido nunca en mi vida. No lograba liberarme de ella, hasta que una tarde, paseando por el bosque, oí una voz que me pareció que venía de abajo, a la altura de mis rodillas. "Auxilio, ayúdanos", dijo la voz. Me eché a llorar porque en el fondo del corazón entendí que era el reino de la naturaleza el que me hablaba. Esa noche llamé a mi jefe y le presenté mi dimisión como jefa de sección. Ni siquiera pensé cómo iba a mantenerme. Simplemente, tenía que hacer lo que me pedía esa voz. Después recé una oración pidiendo que se me revelara un camino para ayudar a la naturaleza. A las dos semanas, una persona a la que sólo conocía superficialmente me preguntó si me interesaría comenzar una empresa de cultivo y venta de hierbas. Ése fue el comienzo de mi vida por lo que a mí respecta.»

Esa percepción intuitiva de conexión nos está llevando, como planeta, hacia una comprensión holística de la salud y la enfermedad, del medio ambiente y su biodiversidad, y de las prioridades sociales de servicio y caridad. Este movimiento dirigido a trabajar como «un mundo» es una extensión de la liberación de la luz divina para que entre en el mundo. Se diría que la humanidad está «bajo órdenes» para madurar espiritualmente hasta alcanzar un grado de visión y servicio holísticos, y que se nos han abierto numerosísimos caminos de servicio para cumplir esas órdenes.

Jim, de cuarenta y cuatro años, presidente de la Fundación Gorbachov, presidente de la Asociación Internacional de Política Extranjera y presidente y gerente de la Corporación Diomedes, es un místico que trabaja en el ámbito político mundial para unir a personas y países y hacer del mundo un lugar mejor. Jim es también teólogo, y obtuvo el doctorado en teología en la Universidad de Cambridge. Entre sus logros figura haber inspirado a Mijail Gorbachov a poner en marcha la Fundación Gorbachov, crear un puente espacial para los astronautas estadounidenses y los cosmonautas de la antigua Unión Soviética, y promover el Primer Foro Mundial, encuentro que reunió a numerosos líderes mundiales, como George Bush, Margaret Thatcher y Mijail Gorbachov, con poderosas voces del espíritu, como Deepak Chopra y Thich Nhat Hanh, para hablar de una nueva visión para nuestra sociedad mundial. Jim es un hombre estimulado por la visión y el poder del espíritu humano.

Nacido en China, hijo de misioneros estadounidenses, explica así su primera experiencia espiritual:

«A los cinco años entré por casualidad en un templo budista de una pequeña aldea de Taiwan, donde por primera vez vi a un monje meditando. Me quedé contemplándolo y vi que una mosca le recorría la cara; lo que me cautivó fue que el monje no movió ni un solo músculo. La mosca se alejó de su cara, voló un momento y volvió a posarse; el monje continuó sin moverse. Me di cuenta de que ese hombre estaba en otra parte. Me senté en el templo y continué observándolo; lo único que se me ocurría pensar era: "¿Dónde estará?"

»El sábado siguiente, cuando mi padre estaba predicando durante el servicio religioso, comprendí que yo no creía en lo que predicaba. De pronto supe que Oriente era un tesoro de verdad, que era una cultura que debía ser respetada, no convertida. Después me enviaron a un internado protestante y a los siete años me castigaron con azotes porque no estaba de acuerdo con lo que enseñaban las misioneras sobre Dios. Durante esa experiencia me volvió a la mente la imagen del monje, recordándome que había un lugar adonde podíamos ir que estaba más allá del espacio y del tiempo. Esa imagen me ayudó a sobrevivir en el internado.

»A los nueve años empecé a discutir sobre temas teológicos. Recuerdo que salí en defensa de una chica católica llamada Jackie, que también era alumna del internado. Los otros alumnos le dijeron que iría al infierno porque era católica, y yo dije que nadie que cree en Dios va al infierno. Dije que no importaba que fuera católica. A causa de eso me castigaron aislándome durante dos semanas. Poco después, una de las madres del colegio reunió a los otros niños en una sala para darles caramelos. Desde la sala contigua oí que les decía que podían coger más caramelos si se comprometían a no jugar conmigo hasta que yo aceptara a Cristo. Nuevamente me vino a la mente la imagen del monje, recordándome que hay un lugar más allá de las circunstancias adonde se puede ir para sobrevivir al mundo exterior.

»Una vez que empecé a ir a ese lugar, comencé a aprender las virtudes: que cuando uno se enfrenta a la estrechez de miras, su tarea consiste en formar parte de la Luz, proteger a los demás, resistirse a aquellos cuyas ideas son negativas. De esa comprensión nació el concepto de justicia social que es ahora mi vida. Creo que somos canales por medio de los cuales el Espíritu realiza tareas para impulsar el desarrollo humano. Eso es lo único que he hecho con mi vida. Creo que mi vida y mi trabajo espirituales comenzaron porque me negué a olvidar la autenticidad de la experiencia con ese monje. De alguna manera, el día que lo vi debí de ir con él a ese lugar interior. Desde entonces nunca he vuelto a la conciencia ordinaria. Creo que a veces necesitamos meditar, a veces necesitamos orar y a veces necesitamos enfrentarnos a nuestros problemas en la calle, por así decirlo. Otras veces tenemos que adorar la creación y la multiplicidad de la Divinidad. Ésa es la tarea del espíritu humano.»

Jim vive como un místico contemporáneo. Cuando reunió a los líderes mundiales en el Primer Foro Mundial, para «considerar atentamente la siguiente fase del desarrollo humano», fue un modelo de todo el potencial del espíritu humano y de la capacidad de una persona armada de fe para influir en la curación de este planeta.

La crisis espiritual y la necesidad de devoción

Los «síntomas» de una crisis espiritual son casi idénticos a los de una crisis psíquica. De hecho, dado que una crisis espiritual afecta a la psique, un «místico principiante» podría no percatarse de que sufre una crisis de naturaleza espiritual y creer que su dilema es psicológico. Sin embargo, los síntomas de una crisis espiritual son claros y de tres tipos.

Generalmente, la crisis comienza con una sensación de ausencia de sentido y finalidad, que la persona no puede remediar simplemente barajando los componentes externos de su vida. El anhelo es mucho más profundo, no lo puede satisfacer un aumento de salario o una promoción, ni un matrimonio o una nueva relación. Las soluciones corrientes no ofrecen ningún atractivo. Por supuesto, hay personas que nunca han encontrado sentido ni finalidad a su vida, pero probablemente estas personas esperan, equivocadamente, que la vida les deje el «sentido» en la puerta. Las quejas continuas y la falta de ambición no indican que se haya producido una crisis espiritual. Las personas que padecen una crisis espiritual tienen la sensación de que algo está tratando de despertar en su interior, pero no saben verlo.

Sentir miedos nuevos y raros es el segundo síntoma de una crisis espiritual. Estos miedos no son corrientes, como lo son el miedo al abandono y a envejecer, sino que producen la sensación de estar desconectándose de la propia identidad. «Ya no sé muy bien quién soy ni lo que deseo de la vida» es una expresión común de la persona saturada de la energía del séptimo chakra.

El tercer síntoma es la necesidad de experimentar devoción por algo superior a uno. Los innumerables libros actuales de psicología, que explican las necesidades humanas, rara vez hablan de nuestra necesidad fundamental de devoción; sin embargo, necesitamos, biológica y energéticamente, estar en contacto con una fuente de poder que trasciende las limitaciones y confusiones humanas. Necesitamos comunicarnos con una fuente de milagros y esperanza. La devoción entrega una parte de nuestra conciencia a nuestro yo inconsciente eterno, lo que a su vez nos conecta directamente con una presencia divina. Incluso encuentros breves y fugaces con esa presencia y su infinito poder ayudan a nuestra conciencia a liberarse de sus miedos, y el poder humano deja de gobernar nuestra atención.

La necesidad de devoción a un poder superior ha encontrado numerosos sucedáneos nada apropiados: devoción a una empresa, a un partido político, a un equipo deportivo, a un programa de ejercicios, incluso a una banda callejera. Todos estos sustitutos terrenos finalmente decepcionan al devoto. Por mucho ejercicio que hagamos, envejeceremos. Tal vez nos mantengamos sanos mientras los hacemos, pero de todos modos envejeceremos. Y gran parte de la angustia que sienten las personas cuando tienen que dejar empresas a las que han servido lealmente durante años, sin duda se produce porque su lealtad contenía una devoción inconsciente. Suponemos que nuestras devociones a cosas terrenas y a personas nos devolverán una clase de poder capaz de solucionar todos nuestros infortunios, pero ningún ser u organización humanos poseen ese poder.

Ningún gurú, pastor religioso ni sacerdote puede administrar la energía de los devotos durante mucho tiempo sin provocar alguna forma de escándalo. No estamos hechos para ser devotos a un ser humano; debemos dirigir la devoción hacia arriba para que nos lleve con ella.

La ausencia de sentido, la pérdida de identidad y la necesidad de devoción son los tres síntomas más fuertes que indican que la persona ha entrado en la «noche oscura». Ciertamente estas características son similares a los dilemas psíquicos comunes que experimenta la gente. Sin embargo, cuando su origen es espiritual, uno no tiene motivos para culpar a otras personas de causarle la crisis. Se da cuenta de que la causa de su crisis está en su interior. La insuficiencia de los componentes externos de la vida de la persona es la consecuencia de la crisis espiritual, no la causa.

Un buen director espiritual puede ayudar a la persona a pasar por esa «noche oscura», muchos de cuyos retos suponen enfrentarse a intensos problemas psíquicos. La psicoterapia estándar buscaría la causa analizando las pautas negativas en sus relaciones, desde la infancia hacia delante. Si bien también resulta muy útil identificar esas pautas negativas en la orientación espiritual, el director espiritual investiga, prioritariamente, el contenido del diálogo interior de la persona respecto a asuntos del espíritu, por ejemplo:

- ¿Qué preguntas se ha hecho orientadas a una mayor comprensión de la finalidad de su vida?
- ¿Qué miedos tiene relativos a su comprensión de Dios?
- ¿Ha pensado que su vida carece de sentido cuando la evalúa dentro de un contexto espiritual?
- ¿Qué fantasías espirituales tiene? Por ejemplo, ¿cree que la búsqueda de un camino espiritual le hace ser superior a otras personas, o que Dios se fija más en usted que en otras personas no tan entregadas a un camino espiritual como usted?
- ¿Ha pedido, en la intimidad de sus oraciones o pensamientos, conocer los motivos por los que le resulta difícil tener fe en Dios?
- ¿Piensa que de alguna manera se ha equivocado en las decisiones personales que ha tomado?
- ¿Tiene conciencia de haber violado alguna vez sus normas espirituales?
- ¿Ha deseado ser sanado?
- ¿Ha deseado conocer a Dios de un modo más profundo que como lo conoce ahora?

Estas preguntas no son las que hace la psicología. La persona puede abrirse más a recibir las respuestas reorganizando su vida de modo que elimine los obstáculos mentales y emocionales. Al principio esa reorganización le hará sentirse peor, cuando esté experimentando la «noche oscura del alma», durante la cual llegará a conocer los contenidos de su mente y corazón, enfrentará sus miedos y creencias, explorará conscientemente su lado oscuro y desafiará a los falsos dioses que no renunciarán a su autoridad sobre su psique humana sin dar batalla.

La enfermedad suele ser catalizadora de la transformación espiritual y de la «noche oscura». Per, que ahora tiene cuarenta y nueve años, diseña barcos transoceánicos, profesión que le ha reportado un enorme éxito financiero. Durante años Per viajó por todo el mundo, tratando con personas influyentes del mundo de los negocios y disfrutando de una brillante vida social. De pronto, a los cuarenta y tres años, descubrió que tenía el virus del sida. Un año después murió su madre, con la que siempre había estado muy unido. Estos dos acontecimientos traumáticos combinados lo sumerion en la desesperación y la depresión.

Antes de ese año trágico no se podía decir que Per tuviera una vida espiritual. Como decía, esa dimensión no le servía para sus finalidades. Después de la muerte de su madre buscó la ayuda de un pastor protestante, pero no encontró mucho consuelo en la religión de su familia.

Al mismo tiempo continuó trabajando, sin mencionar a nadie su trastorno físico y espiritual. Se fue encerrando en sí mismo y fue aumentando su miedo a que descubrieran su enfermedad. El miedo y la soledad casi lo hundieron en un colapso nervioso. Canceló sus compromisos de trabajo y decidió que le convenía alejarse de la ciudad durante un tiempo. Así pues, volvió a la casa de campo de su madre, que estaba situada en un sitio bastante aislado, en la montaña. Para mantenerse ocupado, se puso a redecorar la casa. Por la noche, lo único que podía hacer para pasar el tiempo era leer, de modo que una mañana fue a la ciudad más cercana en busca de una librería. Así se introdujo en los métodos alternativos para la salud y la literatura espiritual.

Volvió a la casa de su madre cargado de material de lectura y durante meses no hizo otra cosa que estudiar métodos alternativos, entre ellos los beneficios curativos de la meditación y la visualización. Tras esta estimulación, comenzó a meditar; al mismo tiempo cambió sus hábitos alimenticios, comenzando una estricta dieta curativa. El aislamiento, la meditación y la dedicación a la macrobiótica le hacían llevar un estilo de vida semejante a la de un monje.

Transcurrieron los meses y fue creciendo su optimismo y esperanza. Se ejercitaba en mantener su espíritu «en el momento presente», hacía conscientemente todo lo que podía para acabar con sus asuntos inconclusos. Durante la meditación comenzó a experimentar un estado trascendente de conciencia. Al principio no tenía ni idea de qué le ocurría; sólo sabía que las sensaciones eran maravillosas.

Comenzó a leer libros sobre misticismo y encontró descripciones de experiencias místicas que se parecían bastante a su estado trascendente. Durante una meditación «visitó el cielo»; sintió que su espíritu se le separaba del cuerpo y entraba en una dimensión de «éxtasis más allá de la conciencia humana». En ese estado, su miedo se disolvió y Per se sintió «eternamente vivo».

Después decidió volver al trabajo. Cada día que pasaba se iba sintiendo más fuerte físicamente. Fue a ver a su médico para que le hiciera otro análisis de sangre; aunque seguía siendo seropositivo, su sistema inmunitario había vuelto al estado óptimo de salud. En la actualidad, Per dice que se siente «más totalmente vivo ahora que he visto la muerte» que lo que se había sentido jamás. Toda su vida gira en torno a su práctica espiritual, e incluso su creatividad ha alcanzado un nuevo nivel.

«No sé cuánto voy a vivir —me dijo—, pero la verdad es que aunque no tuviera este virus tampoco lo sabría. Lo irónico es que creo que este virus me ha hecho más sano espiritualmente. Ahora me siento más totalmente vivo cada día, y percibo una conexión con un lugar que para mí es mucho más real que esta tierra y esta vida. Si alguien me ofreciera todo lo que sé y experimento ahora, y me dijera que la única manera de acceder a este lugar es ser seropositivo, creo que aceptaría, porque este lugar interior es mucho más real que ninguna otra cosa que haya experimentado jamás.

El viaje espiritual de Per no sólo representa la «noche oscura», sino que también irradia el poder del espíritu para hacerse más fuerte que el cuerpo. Su saga es la de un hombre que encontró una avenida espiritual que anhelaba desde hacía mucho tiempo: una devoción a algo superior a él.

Resistir la «noche oscura»

Para resistir la «noche oscura» se necesita fe, oración y, si es posible, un director espiritual. Si le resulta imposible encontrar un director espiritual, busque apoyo en la lectura espiritual (véase la bibliografía). Encontrar a una persona que entienda la naturaleza del viaje es algo similar a buscar un bote salvavidas. Lleve un diario, anote sus pensamientos y oraciones y, por encima de todo, afírmese en la verdad de que todas las noches oscuras acaban con una luz que ilumina un nuevo camino.

Adopte una forma de oración diaria con la que se sienta a gusto. La devoción —no la obsesión, sino la devoción— es una fuerza extraordinariamente sanadora y consoladora. Rece todos los días a la misma hora: al levantarse, tal vez a mediodía y antes de dormirse. La calidad de la oración no se mide por el tiempo, sino por la intención. Incluso cinco minutos por la mañana y cinco por la noche son suficientes. Si ciertas oraciones le producen serenidad, incorpore esas oraciones a su devoción diaria.

Ron, de cincuenta y siete años, es un ex sacerdote católico que gozó de fama nacional porque tenía capacidad para curar. Descubrió que tenía esa capacidad cuando era un joven sacerdote. Él cuenta así su primera experiencia como sanador:

«En la primavera de 1976 me pidieron que diera una charla sobre el poder de Dios a un grupo de personas de diferentes religiones. En ese tiempo yo estaba dedicado a tender un puente entre diferentes tradiciones religiosas. Al final de la charla, un hombre me pidió que "orara por las personas enfermas que había entre el público". Yo supuse que me pedía que orara en la intimidad de mi casa, de modo que le aseguré que sí, que lo haría. Tan pronto le contesté, él subió al estrado y anunció: "Ron estará encantado de orar por la curación de las personas del público que están enfermas."

»Al oír ese anuncio casi me dio un infarto. Teológicamente yo creía en el poder de Dios, pero el "poder de Dios de curar" era otro asunto. Alrededor de doscientas personas de las casi cuatrocientas que había en la sala se acercaron para ese momento de oración. Sin saber qué hacer, pedí orientación e intuitivamente me sentí guiado a poner las manos sobre las personas y dejar que el poder de Dios hiciera lo que había que hacer.

»Recuerdo con absoluta claridad a la primera persona que tenía delante; era una mujer. Le puse una mano en la cabeza y, por costumbre, con la otra hice la señal de la cruz sobre su cuerpo. Lo único que sentía era miedo, y avancé rápidamente entre la multitud para salir cuanto antes. Pasados unos cuatro meses, aquella mujer se presentó en mi iglesia para contarme lo que había ocurrido en su vida desde entonces. Ese día sintió que por su cuerpo pasaba algo así como un rayo, acompañado de una voz que le decía que fuese otra vez al médico para que le hiciera más pruebas. Lo hizo, y así se enteró de que estaba totalmente curada del cáncer. Yo me quedé pasmado.

»Desde ese momento mi vida tomó una dirección que yo

no había programado conscientemente. La curación espiritual se convirtió en mi principal centro de atención. La gente comenzó a acudir a mí para que la sanara, y aunque yo no entendía cómo podía hacerlo, se grabó en mi conciencia una frase de la oración de san Francisco: "Haz de mí un instrumento de tu paz." Esta oración sugería que yo debía rendirme a una fuerza muy superior a mí, en la que podía confiar que hiciera el trabajo. Sólo tenía que ofrecer a esa "fuerza espiritual" un vehículo a través del cual operar.»

La «noche oscura» de Ron comenzó en 1987, cuando comprendió que deseaba abandonar el sacerdocio. Una serie de circunstancias lo convencieron de que no podría soportar el ambiente político de la Iglesia ni adherirse a sus enseñanzas, que encontraba incompatibles con las enseñanzas de Jesús.

«Estaba literalmente desesperado, deprimido, y me invadía una tremenda sensación de incapacidad —cuenta—. Sin embargo, eso no era suficiente para dar el paso de retirarme, por miedo a lo que dirían los demás, sobre todo mi familia. Estaba viviendo en el miedo de la mente tribal, aunque después resultó que cuando me retiré conté con el apoyo de mi familia.

»Ocurrieron entonces una serie de cosas que me obligaron a enfrentarme conmigo mismo y mi soledad, en una difícil situación que desencadenó la crisis. Creía de verdad que tenía el compromiso de avanzar en mi conciencia espiritual, pero surgió un profundo conflicto entre un obispo y yo. Durante ese mismo período me invitaron al programa de entrevistas de Joan Rivers. Yo ya estaba sumido en una crisis de identidad. Era sacerdote desde hacía veinticinco años, pero Joan Rivers me presentó diciendo que era un sanador espiritual que curaba mediante la oración. Fue como si alguien me hubiera golpeado la cabeza con un martillo, diciendo: "Ésta es ahora tu identidad." Entonces fue cuando volvió a entrar la luz en mi vida.

»Después de ese programa en Nueva York, cuando iba en el avión de vuelta a casa, decidí abandonar el sacerdocio. Poco después conocí a un profesor profundamente espiritual que me dijo que sería capaz de trascender la religión y, de ese modo, ser más creíble que siendo sacerdote, comentario que me escandalizó. Aunque había dejado el sacerdocio institucional, todavía me sentía sacerdote en el sentido más profundo de la "ordenación".

»Una vez fuera de esa tumba, me adentré en el camino de sanador espiritual. Me desprendí de todos los apegos que conocía. Conservé los misterios místicos que había aprendido cuando era sacerdote, pero abandoné las enseñanzas religiosas. Inmediatamente comenzaron a presentarse nuevas oportunidades, como trabajar en el seno de la comunidad médica.»

Actualmente Ron es una autoridad en curación, no sólo para las personas que necesitan su ayuda sino también para aquellas que se sienten motivadas para ser sanadoras. Sus profundos conocimientos e intuiciones sobre la naturaleza de la curación mediante la oración son valiosos para todos:

«En primer lugar, permitidme que defina lo que significa ser un sanador ordenado. Un sanador ordenado es aquel que permanece receptivo a la energía de Dios mediante la oración y utiliza esa energía para sanar a personas y también al planeta. Muchas personas que se llaman a sí mismas sanadoras, aunque bien intencionadas, no son lo que yo llamaría sanadoras "ordenadas". El sello del sanador ordenado es haber pasado por una "noche oscura" y soportado la sensación de haber sido abandonado por Dios. He llegado a comprender que la importancia de ese abandono es que representa una pregunta de Dios: "¿Eres capaz de creer en Mí incluso en la noche más oscura?"

»El espíritu se quiebra durante el abandono, y uno se da cuenta de que la única manera de salir de ese infierno es volver a Dios y aceptar las condiciones de lo Divino, pida lo que pida el cielo a partir de ese momento. El recuerdo de la "noche oscura" permanece en la conciencia como punto de referencia, te mantiene de parte de Dios, humilde, y consciente para siempre de que la resurrección puede llegar en cualquier momento, por muy oscura que sea la noche.

»¿Qué tipo de personas acuden a mí? Vienen a mí personas que sufren de enfermedades terminales, y la gran mayoría de ellas se siente abandonada y castigada por Dios. Su actitud dice: "Si esto es lo que Dios quiere, lo acepto", pero no es verdad. Su conflicto es evidente, pero, más que su enfermedad física, les aterra enterarse de por qué su espíritu está sufriendo tanto. Algunas encuentran valor para decirle a Dios mientras yo oro por ellas: "Estoy dispuesto a recibir tu gracia y a utilizarla como lo hizo Jesús, para sanar mis miedos y perdonar a quienes necesito perdonar." Supongo que reciben la gracia que destruye la enfermedad física.

»¿Qué significa en realidad sanar mediante la oración? Significa pedir a Dios que su energía nos «agracie» de una forma que nos permita sentirnos más poderosos que la enfermedad.

»¿Pueden ser curadas todas las enfermedades? Sí, por supuesto, pero eso no quiere decir que todas las enfermedades van a ser curadas. A veces una persona tiene que soportar una enfermedad por motivos que le servirán para afrontar sus miedos y su negatividad. Y a veces a una persona le ha llegado la hora de morir. La muerte no es el enemigo; el enemigo es el miedo a la muerte. La muerte bien podría ser la experiencia última del abandono, y ése es el motivo de que nos sintamos impulsados a tratar de comunicarnos con aquellos que se han ido antes, para asegurarnos de que tendremos un comité de bienvenida cuando lleguemos.

»¿Será cada vez más creíble la curación mediante la oración, gracias a esta Nueva Era de conciencia espiritual? Sí, si entendemos qué es la oración auténtica. La oración representa la conexión personal consciente con Dios. Oración auténtica no quiere decir recurrir a Dios para obtener algo; significa ir a Dios para estar con alguien. Oración no son tanto nuestras palabras como nuestra vida con Dios. Cuando se entiende esto, entonces la oración se transforma en un "remedio energético".

»Las personas que vienen a verme, cuando se marchan deben continuar su vida de oración con Dios. Pensar que yo soy el responsable, o pensar que tengo un poder del que ellos carecen, es un error que proviene de creer que los sacerdotes tienen una conexión más profunda con Dios que los mortales corrientes. Eso es un error, una grave equivocación. El individuo debe buscar una vida espiritual personal y responsable. Yo pongo en marcha la energía, pero cada persona debe mantener en funcionamiento su vehículo.»

El trabajo de Ron representa el resurgir de una forma de curación que siempre ha existido y siempre existirá: ser sanado por la fe en el momento presente.

Nuestro objetivo, mientras permanecemos en la tierra, es trascender nuestras ilusiones y descubrir el poder innato de nuestro espíritu. Somos responsables de lo que creamos y, por lo tanto, hemos de aprender a actuar y pensar con amor y sabiduría, y vivir sirviendo a los demás y a la vida en general.

Preguntas para autoexaminarse

1. ¿Con qué preguntas ha pedido orientación durante los momentos de meditación u oración?
2. ¿Qué respuestas a estas preguntas teme más?
3. ¿Regatea con Dios? ¿Le expresa más quejas que gratitud? ¿Tiende a orar más por cosas concretas que por gratitud?
4. ¿Es devoto de un determinado camino espiritual? Si no lo es, ¿siente la necesidad de encontrar uno? ¿Ha encontrado sucedáneos a los que dirigir su devoción? Si es

así, haga una lista de esos sucedáneos y evalúe su relación con ellos.

5. ¿Cree que su Dios es más auténtico que lo Divino de otras tradiciones espirituales?

6. ¿Está esperando que Dios le envíe la explicación de sus experiencias dolorosas? Si es así, haga una lista de esas experiencias.

7. ¿Cómo cambiaría su vida si repentinamente Dios decidiera contestar a sus preguntas? ¿Y cómo cambiaría si la respuesta fuera: «En este momento de tu vida no tengo la menor intención de revelarte lo que me preguntas»? ¿Qué estaría dispuesto a hacer entonces?

8. ¿Ha comenzado y dejado una práctica de meditación? Si es así, ¿cuáles son los motivos de que no la continuara?

9. ¿Cuáles son las verdades espirituales con arreglo a las cuales sabe que no vive? Haga una lista.

10. ¿Teme tener una conexión espiritual más íntima con lo Divino, debido a los cambios que ésta podría desencadenar en su vida?

Epílogo

Guía para el místico
contemporáneo

Sé que no soy la primera en anunciar que ésta es una época muy interesante para vivir. Estamos viviendo una época diferente de cualquiera de las anteriores. Estamos viviendo entre dos modelos de poder, o dos modelos de realidad: interno y externo, energético y físico. Estamos reestructurándonos a nosotros mismos y reestructurando nuestras relaciones de acuerdo con una autoridad personal y espiritual. Inevitablemente, esa reestructuración reformará todos los aspectos de nuestra cultura mundial según la verdad sagrada *Todos somos uno*.

El hecho de que nuestra sociedad esté saturada de crisis que afectan a todas las naciones, todos los órganos y todos los sistemas de nuestro «cuerpo» global tiene una importancia simbólica. La contaminación nuclear, la escasez de agua dulce, los problemas medioambientales y el debilitamiento de la capa de ozono son sólo los primeros de una infinidad de problemas que ya no son de alcance nacional, sino mundial. En el plano macrocósmico, el peligro de desastres nos está obligando a crear una política de unión, de la misma forma que una persona que se enfrenta a una enfermedad grave debe unir todos los poderes de su cuerpo y de su vida para sobrevivir. Estamos llegando al final del sistema de poder «divide y vencerás», y se está reemplazando ese sistema por un intento de unir los poderes de las diferentes naciones para sobrevivir y entrar ilesos y sin peligro en el próximo milenio. La «era informática» interconectada es el símbolo de una conciencia mundial.

La tecnología de la información es una representación física de nuestras interacciones energéticas. Hemos creado en el exterior lo que ya existe en nuestros campos energéticos. En todo se está utilizando la información energética: en los modelos de salud holística; en los programas de «salud y desarrollo» empresarial y en seminarios para enseñar actitudes positivas; en la preparación atlética y deportiva, campo en el que las actitudes mentales y las técnicas de visualización se consideran tan importantes como las técnicas físicas de los deportistas. Ya estén motivados por el dinero, por el deseo de ganar un evento deportivo o por la necesidad de curar una enfermedad, los pioneros de todos los campos están recurriendo a soluciones energéticas para optimizar los resultados físicos.

Vista desde los primeros chakras, la era energética de la civilización es una «era informática», apoyada por la computarización de las empresas, las aulas escolares y las casas. Desde el séptimo chakra, sin embargo, podemos considerarla una era de la conciencia que necesita las técnicas de gestión energética del místico: oración, meditación, continuo autoexamen y unión de todas las personas. Lo irónico es que ambas eras son la misma; todos estamos en el mismo camino.

Guía para el místico contemporáneo

Piense con un vocabulario de unicidad.

Mire a través de las lentes de la visión simbólica. Tenga presente que todos los obstáculos físicos y emocionales son ilusiones. Busque siempre el significado energético de una situación y sígalo.

Evalúe sus elecciones o decisiones diarias y las consecuencias que tienen en su sistema energético. Esto le servirá para percibir cuándo está perdiendo energía por estar entregándosela al miedo o al pensamiento negativo.

Para guiarse, mire diariamente el texto sagrado de su sistema energético biológico (fig. 6). Tenga presentes las siete verdades sagradas del cuerpo y el espíritu:

1. Todos somos uno
2. Respetaos mutuamente
3. Respétate a ti mismo
4. El amor es poder divino
5. Entrega tu voluntad a la voluntad divina
6. Busca solamente la verdad
7. Vive en el momento presente

Estas verdades, sencillas y potentes, sirven para centrar la mente, el cuerpo y el espíritu, volviendo al punto de contacto con la conciencia divina. Mientras utilicemos estas verdades como puntos de referencia, podremos evaluar cualquier pérdida de poder y rescatar el espíritu reconociendo conscientemente qué verdad no estamos honrando.

Meditación diaria

Finalmente, a modo de meditación diaria, centre conscientemente la atención en cada uno de sus chakras, comenzando por el primero y siguiendo hacia arriba. He aquí algunos consejos para centrar la atención en el chakra:

1. Pregúntese: «¿Estoy perdiendo energía? Si es así, ¿Qué miedo me está extrayendo poder de esta parte del cuerpo?» Respire hondo y desconecte conscientemente su energía de ese miedo.

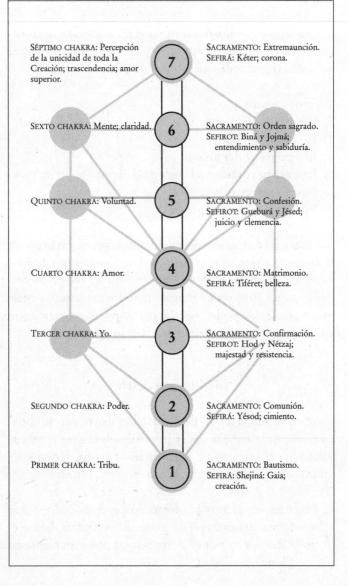

SÉPTIMO CHAKRA: Percepción de la unicidad de toda la Creación; trascendencia; amor superior.

SACRAMENTO: Extremaunción.
SEFIRÁ: Kéter; corona.

SEXTO CHAKRA: Mente; claridad.

SACRAMENTO: Orden sagrado.
SEFIROT: Biná y Jojmá; entendimiento y sabiduría.

QUINTO CHAKRA: Voluntad.

SACRAMENTO: Confesión.
SEFIROT: Gueburá y Jésed; juicio y clemencia.

CUARTO CHAKRA: Amor.

SACRAMENTO: Matrimonio.
SEFIRÁ: Tiféret; belleza.

TERCER CHAKRA: Yo.

SACRAMENTO: Confirmación.
SEFIROT: Hod y Nétzaj; majestad y resistencia.

SEGUNDO CHAKRA: Poder.

SACRAMENTO: Comunión.
SEFIRÁ: Yésod; cimiento.

PRIMER CHAKRA: Tribu.

SACRAMENTO: Bautismo.
SEFIRÁ: Shejiná: Gaia; creación.

2. Invoque a las energías protectoras de los guardianes espirituales, las sefirot o el sacramento de ese determinado chakra.

3. Entre conscientemente en la energía de ese chakra y perciba la clase de actividad energética que aumenta en esa parte de su cuerpo.

Avance por los chakras concentrándose del siguiente modo:

En el primer chakra, concéntrese en la energía de la sefirá de Shejiná y siéntase conectado con toda la vida, con todo lo que vive. Después concéntrese en el sacramento del bautismo y bendiga la vida que ha aceptado vivir, y a la familia, personal y política, que conforma su vida.

En el segundo chakra, concéntrese en la energía de la sefirá de Yésod y perciba la energía que ha salido de esa zona de su cuerpo en actos de creación. Si tiene la energía contaminada, es decir, llena de negatividad y miedo, reexamine su intención. Lleve a su mente la energía del sacramento de la comunión: vea que cada persona de su vida tiene una finalidad divina. Cuando no pueda ver claramente a la Divinidad, pida energía para ver y penetrar las ilusiones que lo dominan.

En el tercer chakra, concéntrese en la energía de las sefirot de Nétzaj y Hod, la integridad y la resistencia. Evalúe su código de comportamiento y vea si ha comprometido de alguna manera su honor. Si es así, medite sobre el sentido y la importancia del honor y pida ayuda para estar a la altura de sus valores personales. Después lleve a la mente el sacramento de la confirmación, compromiso consigo mismo de respetar su propia dignidad.

En el cuarto chakra, concéntrese en la energía de la sefirá de Tiféret y la energía del amor y la compasión. Evalúe cómo extiende su amor a otras personas y a sí mismo, incluida la energía amorosa contenida en los actos de perdón. Después concéntrese en el cuidado que se dispensa a sí mismo y en la forma en que respeta su promesa simbólica del sacramento del matrimonio consigo mismo.

En el quinto chakra, concéntrese en la energía de las sefirot de Jésed y Gueburá, la clemencia y el juicio, y evalúe la calidad de los pensamientos que tiene sobre los demás y sobre sí mismo. Evalúe las palabras que intercambia con los demás, y si ha expresado palabras hirientes envíe energía positiva a esas personas. Si ha expresado palabras falsas, reconozca conscientemente que ha actuado para engañar y examine los temores que existen en usted, de los cuales surgen los actos de engaño. Esto es utilizar la energía del sacramento de la confesión. Pida que entre la Luz en ese miedo y le dé valor para no volver a actuar de esa manera negativa.

En el sexto chakra, concéntrese en la energía de las sefirot de Jojmá y Biná, la sabiduría y el entendimiento divinos, y continúe evaluando su vida cotidiana. Pida sabiduría y percepción intuitiva para las situaciones en que siente confusión o miedo. Y recuérdese la promesa del sacramento del orden sagrado: que cada uno de nosotros tiene un don especial que ofrecer a esta vida y que cada uno es conducido inevitablemente a ese camino. Es imposible no ver la finalidad de nuestra vida.

En el séptimo chakra, concéntrese en la energía de la sefirá de Kéter, su contacto con lo Divino, y en el sacramento de la extremaunción, completando y liberando conscientemente sus asuntos inconclusos. Deje entrar la energía de Dios en su mente, cuerpo y espíritu, e inspire esa energía haciéndola entrar en su ser.

Con esta práctica diaria de meditación evaluará la salud de su cuerpo, mente y espíritu. Trabajar con esta meditación le permitirá sentir su salud espiritual y corporal. Con ella puede trabajar para aumentar su conciencia del equilibrio de poder dentro de su sistema energético.

Además, recuerde con regularidad el arquetipo de la Tierra Prometida. Su finalidad es atraernos hacia el interior para descubrir el poder que tenemos detrás de los ojos. Podemos trascender todos los dilemas mediante el poder de nuestro espíritu: ésa es la promesa divina.

Mediante esta autoevaluación, desarrollará la habilidad de leer la energía y percibir la orientación intuitiva. Desarrollar esta habilidad requiere práctica diaria, e incluso cada hora en períodos de crisis. Este simple acto de tomar conciencia, junto con el compromiso consciente de aprender de las experiencias, debilitará sus miedos y fortalecerá su espíritu.

Por encima de todo, a medida que aprenda el lenguaje del espíritu vaya estableciendo un código de honor personal que refleje el contenido espiritual de su biología. Esta era de la conciencia no nos empuja meramente a atiborrarnos de nuevas teorías espirituales ni a jugar a juegos de pensamiento que unen la física con el budismo zen. Estamos hechos para avanzar hacia el autodescubrimiento y la madurez espiritual, para estar preparados y ser capaces de vivir una vida que nos importa a nosotros y a las personas que nos rodean.

Contenemos la escritura. Contenemos la Divinidad. Somos la Divinidad. Somos la iglesia, la sinagoga, el ashram. Sólo necesitamos cerrar los ojos y sentir la energía de los sacramentos, las sefirot y los chakras, que es el origen de nuestro poder, la energía que alimenta nuestra biología. Lo irónico es que una vez que comprendemos de qué estamos hechos no tenemos otra opción que vivir una vida espiritual.

Agradecimientos

Deseo dar las gracias a todas las personas que han participado en parte de la escritura de este libro y apoyado mi trabajo. A mi agente Ned Leavitt, quiero expresarle mi más profunda gratitud por guiarme en este proyecto y por ser una persona de tanta integridad y pericia. A Leslie Meredith, responsable de la edición del libro, le estaré eternamente agradecida por muchas cosas: su infinito optimismo, su fino talento, y su espíritu acogedor y humanitario. Pero sobre todo, siempre tendrá un lugar en mi corazón debido a su capacidad para entender la visión que yo necesitaba dar en este libro, especialmente teniendo en cuenta que le di otra orientación a mitad del manuscrito y ella fue capaz de aceptar la idea; admiro enormemente su naturaleza estudiosa y su auténtica dedicación para hacer llegar al público el trabajo de los autores, incluido el mío. Doy también las gracias a Karin Wood, ayudante de redacción, por sus amables palabras y su inmensa eficiencia. También estoy profundamente endeudada con Janet Biehl por su extraordinaria pericia como correctora. Y a mi correctora personal, Dorothy Mills, le dedico todo mi amor y gratitud, tanto por su ayuda profesional como por su amistad. Dorothy se ha convertido en una fuente de fuerza y optimismo para mí, y siempre le agradeceré al destino el habernos presentado hace tantos años.

El doctor Norman Shealy ha sido mi colega en la investigación durante más de diez años. Es también uno de mis más queridos amigos, confidente, consejero y guía. No creo que estuviese haciendo este trabajo ahora si él no hubiera entrado a formar parte de mi vida. Decir gracias no es suficiente para expresar lo que siento por todo lo que me ha dado. Extiendo mi más cariñoso agradecimiento a su maravillosa esposa, Mary-Charlotte, que se ha convertido en una querida amiga y en parte integrante de nuestro trabajo. Y a Roberta Howard, nuestra eficiente secretaria Virgo, mi sincera gratitud por todo lo que hace para ayudarnos en nuestro trabajo.

Mi vida está llena de amigos a los que quiero y admiro, y cuya vida y trabajo han sido una constante fuente de inspiración para mí. La doctora Christiane Northrup, excelente médica y escritora, me pidió que trabajara con ella hace cinco años. Desde entonces hemos continuado aprendiendo juntas y en ella he encontrado una fuente inagotable de humor y energía, así como de consagración a la medicina holística.

Joan Borysenko ha conmovido profundamente mi corazón con sus constantes palabras de aliento y apoyo a mi trabajo, sentimiento que es mutuo. La doctora Mona Lisa Schulz, mujer visionaria e inteligentísima, me ha dado valor cuando más lo he necesitado y me ha enseñado mucho sobre el camino de la curación. Ron Roth, dotado sanador, y Paul Fundson, querido amigo, han sido la piedra angular de mi apoyo espiritual, y siempre agradeceré su presencia en mi vida, sobre todo durante los momentos oscuros, que han sido muchos en estos dos últimos años.

Conocí a Clarissa Pinkola Estés poco antes de comenzar este libro. He encontrado en ella a una amiga para toda la vida y le estaré siempre agradecida por su ingenio, sabiduría, talento y profundidad de espíritu, así como por el vínculo de fe que compartimos en nuestra herencia espiritual. Y a Tami Simon, la fundadora de Sounds of True Recording, le envío un torrente infinito de gratitud y cariño por su apoyo a mi trabajo, por su amistad, por su espíritu honrado y por su naturaleza generosa.

También quiero hacer llegar mi gratitud a Elmer Green, el «padre» del movimiento Biofeedback, que ha sido el asesor experto de este proyecto. El doctor Green es conocido internacionalmente por sus aportaciones al campo de la conciencia humana, y considero un honor haber contado con su apoyo a mi trabajo durante estos años.

Nancy W. Barlett, bruja de la informática, acudió continuamente en mi rescate durante la redacción de este libro. Desde el fondo del corazón le agradezco sus muchos viajes a mi casa y su paciencia con mi falta de habilidad y mi incapacidad para aprender a utilizar un ordenador. Y doy las gracias al maravilloso equipo de Danny's Deli por proveerme de mi ración diaria de capuchino sin canela. Jamás sabréis lo mucho que me ayudó vuestra amabilidad y hospitalidad para sentirme nuevamente en casa en el barrio donde me crié.

A M. A. Bjorkman, Rhea Baskin, Carol Simmons, Kathalin Walker y el resto del equipo de The Conference Works, todo mi amor; en vuestra organización he encontrado una clase de esmero que me ha conmovido más de lo que puedo expresar; trabajar con vosotros es más que un placer, no sólo por vuestra auténtica preocupación por mi bienestar, sino también por vuestro honor e integridad como socios de negocios. Sois una bendición en mi vida.

Y a tantos de mis queridos amigos, que siempre han sido tesoros en mi vida, tesoros que he agradecido especialmente mientras escribía este libro, os estoy eternamente agradecida: Eileen Kee, Susie Marco, Kathy Musker, reverenda Suzanne Fageol, David Luce, Jim Garrison, Penny Tompkins, Lynn Bell, Carole Dean, Carol Hasler, Ron Roth, Paul Fundsen, Tom Williams, Peter Brey, Kaare Sorenson, Kevin Todeshi, John May, Sabine Kurjo, Siska Pohthoff, Judy Buttner, Paula Daleo, Fred Matzer, DeLacy Sarantos y tantos otros que hacen de mi vida un exquisito tapiz de amistad.

También hago llegar un infinito torrente de gratitud a las innumerables personas que apoyan mi trabajo asistiendo a mis seminarios y charlas. No hay palabras que puedan expresar la gratitud que siento por todos vosotros, que habéis desempeñado un papel importantísimo al ayudarme a perfeccionar mi trabajo. Sin vuestro entusiasmo y comentarios, preguntas y respuestas, no habría tenido el estímulo para continuar desarrollando y enseñando esta materia.

Y a las muchas personas que he desatendido durante estos dos últimos años, debido a una agenda que me ha impedido contestar cartas y llamadas telefónicas, mis más sinceras disculpas.

Sin embargo, principalmente deseo agradecer el cariño y apoyo que siempre he recibido de mi familia, sobre todo de mi querida madre. Considero a mi madre una de las bendiciones directas de Dios en mi vida. Su esmero, amor, fuerza de carácter, corazón sin fondo e ilimitada energía me han ayudado muchísimo, no sólo para escribir este libro, sino para sanarme. Siempre ha abierto su corazón a mis ideas, por extremistas que fueran. Con qué cariño recuerdo las ocasiones en que hablamos de mis nuevas ideas sobre Dios cuando estaba estudiando, a veces hasta altas horas de la noche. Jamás me desanimó en mi búsqueda de la verdad. Y su papel de modelo como mujer que conoce el poder íntimo de la fe todavía me estimula. Mi hermano Edward, su esposa Amy y sus hijos Rachel, Sarah y Eddie, llenan mi vida de alegría, igual que mis sobrinas Angela y Allison, mi sobrino Joey, mi cuñada Mary Pat y mi hermano Joseph. Estas maravillosas personas me han ayudado a pasar épocas muy difíciles. Saber que todos formáis parte de mi vida eternamente me hace agradecer estar viva. Todos sois un «hogar» para mí.

Y a mis queridos primos, a quienes quiero tanto, gracias por apoyarme y alentarme siempre, aun cuando sé que la mitad del tiempo no teníais ni idea de lo que estaba haciendo. Simplemente, es fabuloso saber que creísteis en mí incondicionalmente. Y a Marilyn y Mitch, Chrissy y Ritchie, Pam y Andy, Wanda, Mitchie, padre Len, tía Virginia y todo el resto, incluida mi maravillosa tía Gen, que hace poco nos dejó para ir al cielo, todo mi cariño. Agradezco muchísimo que nos tengamos los unos a los otros.

Bibliografía recomendada

Achterberg, Jeanne: *Imagery in Healing: Shamanism and Modern Medicine*, Shambala Publications, Boston, 1985.

Assagioli, Roberto: *Psychosynthesis: A Manual of Principles and Techniques*, Viking Press, Nueva York, 1971.

Atwater, P. M. H.: *Coming Back to Life: The After-Effects of the Near-Death Experience*, Dodd, Mead, & Co., Nueva York, 1988.

Bailey, Alice A.: *Esoteric Healing*, Lucis Publishing, Nueva York, 1953.

Becker, Robert O., y Sheldon, Gary: *The Body Electric: Electromagnetism and the Foundation of Life*, William Morrow, Nueva York, 1985.

Bennet, Hal Zina: *The Doctor Within*, Clarkson N. Potter, Nueva York, 1981.

Benson, Herbert, y Proctor, William: *Beyond the Relaxation Response*, Berkeley, Nueva York, 1985.

Berkow, Robert (ed. jefe): *The Merck Manual of Diagnosis and Therapy*, Merck, Sharp & Dohme, West Point (Pensilvania), 1982.

Borysenko, Joan: *Fire in the Soul: A New Psychology of Spiritual Optimism*, Warner Books, Nueva York, 1993. [Versión en castellano: *Fuego en el alma,* Obelisco, Barcelona, 1995.]

—: *Guilt Is the Teacher, Love Is the Lesson*, Warner Books, Nueva York, 1988.

—: *Mind the Body, Mending the Mind*, Addison-Wesley, Massachusetts, 1987.

Brennan, Barbara Ann: *Hands of Light: A Guide to Healing Through the Human Energy Field*, Bantam, Nueva York, 1987.

—: *Light Emerging: The Journal of Personal Healing.* Bantam, Nueva York, 1987.

Bruyere, Rosalyn L.: *Wheels of Light: A Study of the Chakras*, Bon Productions, Arcadia (California), 1989.

Campbell, Joseph: *The Mythic Image*, Princeton University Press, Princeton (Nueva Jersey), 1974.

Cerminara, Gina: *Many Mansions*, New American Library, Nueva York, 1978. [Versión en castellano: *Múltiples moradas: más allá del tiempo y el espacio*, Edaf, Barcelona, 1991.]

Chopra, Deepak: *Ageless Body, Timeless Mind: The Quantum Alternative to Growing Old*, Harmony Books, Nueva York, 1993.

De Laszlo, Violet S. (ed.): *Psyche & Symbol: A Selection from the Writings of C. G. Jung*, Doubleday & Co., Nueva York, 1958.

Diamond, Harvey y Marilyn: *Fit for Life*, Warner Books, Nueva York, 1985. [Versión en castellano: *La antidieta*, Urano, Barcelona, 1988.]

Dossey, Larry: *Healing Words*, HarperCollins, San Francisco, 1993.

—: *Meaning and Medicine: A Doctor's Tales of Breakthrough and Healing*, HarperCollins, San Francisco, 1992.

—: *Space, Time, and Medicine*, Shambhala Publications, Boston, 1982. [Versión en castellano: *Tiempo, espacio y medicina*, Kairós, Barcelona, 1992.]

Epstein, Gerald: *Healing Visualizations: Creating Health Through Imagery*, Bantam Books, Nueva York, 1989.

[Versión en castellano: *Visualización curativa*, Robinbook, Barcelona, 1991.]

Feldenkrais, M.: *Body and Mature Behavior*, International Universities Press, Nueva York, 1970.

Gawain, Shakti: *Living in the Light*, New World Library, San Rafael (California), 1986.

Grof, Christina y Stanislav: *The Stormy Search for Self*, J. P. Tarcher, Los Ángeles, 1990.

Harman, Willis: *Global Mind Change*, Knowledge Systems, Indianápolis, 1988.

Hay, Louise L.: *You Can Heal Your Life*, Hay House, Santa Monica (California), 1982. [Versión en castellano: *Usted puede sanar su vida*, Urano, Barcelona, 1989.]

Head, Joseph y Cranston, S. L. (eds.): *Reincarnation in World Throught,* Julian Press, Nueva York, 1967.

Jaffee, Dennis: *Healing from Within: Psychological Techniques to Help the Mind Heal the Body*, Simon & Schuster, Nueva York, 1980.

James, William: *The Varieties of Religious Experience*, New American Library, Nueva York, 1958. [Versión en castellano: *Las variedades de la experiencia religiosa*, Ediciones 62, Península, Barcelona, 1986.]

Joy, W. Brugh: *A Map for the Transformational Journey*, Tarcher/Putnam, 1979.

Krieger, Dolores: *The Therapeutic Touch: How to Use Your Hands to Help or Heal*, Prentice-Hall, Englewood Cliffs (Nueva Jersey), 1979. [Versión en castellano: *El poder de curar está en sus manos*, Martínez Roca, Barcelona, 1994.]

Kuhlman, Kathryn: *I Believe in Miracles*, Pyramid Books, Nueva York, 1969. [Versión en castellano: *Yo creo en los milagros,* CLIE, Barcelona, 1987.]

Kunz, Dora: *The Personal Aura*, Theosophical Publishing House, Wheaton (Illinois), 1991.

Leadbetter, C. W.: *The Chakras*, Theosophical Publishing House, Wheaton (Illinois), 1974.

Liberman, Jacob: *Light: Medicine of the Future*, Bear & Co., Santa Fe, 1991.

Masters, Roy: *How Your Mind Can Keep You Well*, Foundation Books, Los Ángeles, 1972.

McGarey, William A.: *The Edgar Cayce Remedies*, Bantam Books, Nueva York, 1983.

Meek, George W.: *Healing and the Healing Process*, Theosophical Publishing House, Wheaton (Illinois), 1977.

Moody, Raymond A.: y Perry, Paul: *Coming Back: A Psychiatrist Explores Past-Life Journeys*, Bantam Books, Nueva York, 1991.

Orstein, Robert, y Swen, Cionis: *The Healing Brain*, Guildford Press, Nueva York, 1990.

Peck, M. Scott: *People of the Lie: The Hope for Healing Human Evil*, Touchstone/Simon & Schuster, Nueva York, 1985.

Pelletier, Kenneth: *Mind as Healer, Mind as Slayer*, Delacorte Press, Nueva York, 1985.

Reilly, Harold J., y Brod, Ruth H.: *The Edgar Cayce Handbook for Health Through Drugless Therapy*, Berkeley, Nueva York, 1988. [Versión en castellano: *Edgar Cayce: sus curaciones naturales*, Martínez Roca, Barcelona, 1995.]

Sagan, Leonard A.: *The Health of Nations*, Basic Books, Nueva York, 1987.

Schwarz, Jack: *Voluntary Controls: Exercises for Creative Meditation and for Activating the Potential of the Chakras*, Dutton, Nueva York, 1978.

Selye, Hans: *The Physiology and Pathology of Exposure to Stress*, Acta, Montreal, 1950.

Shealy, C. Norman: *The Self-Healing Workbook: Your Personal Plan for Stress-Free Living*, Element Books, Rockport (Massachusetts), 1993.

— y Myss, Caroline M.: *The Creation of Health*, Stillpoint Publishing, Walpole (New Hampshire), 1993.

Sheldrake, Rupert: *A New Science of Life*, J. P. Tarcher, Los Ángeles, 1981. [Versión en castellano: *Una nueva ciencia de la vida*, Kairós, Barcelona 1990.]

Sheperd, Bill (ed.), *The New Holistic Health Handbook*, Penguin, Lexington (Massachusetts), 1985.

Siegel, Bernie S.: *Love, Medicine, and Miracles*, HarperCollins, Nueva York, 1991. [Versión en castellano: *Amor, medicina milagrosa*, Espasa-Calpe, Madrid 1995.]

Simonton, O. Carl, Henson, Reid y Hampton, Brenda: *The Healing Journey*, Bantam Books, Nueva York, 1992. [Versión en castellano: *Sanar es un viaje*, Urano, Barcelona, 1993.]

Smith, Huston: *The Religion of Man*, Harper & Row, Nueva York, 1965.

Stearn, Jess: *The Sleeping Prophet*, Doubleday & Co., Nueva York, 1967. [Versión en castellano: *Edgar Cayce, el profeta durmiente*, Edaf, Barcelona, 1994.]

Stone, Naomi B. y otros (eds.): *The Asian Journal of Thomas Merton*, New Directions, Nueva York, 1973.

V.V. A.A.: *A Course in Miracles,* 2.ª ed. revisada, 3 vols., fundación Inner Peace, 1992.

Weil, Andrew: *Health and Healing: Understanding Conventional and Alternative Medicine*, Houghton Mifflin, Boston, 1983.

Weiss, Brian: *Through Time into Healing*, Simon & Schuster, Nueva York, 1992. [Versión en castellano: *A través del tiempo*, Ediciones B, Barcelona, 1995.]

Índice

SEGUNDA PARTE
LAS SIETE VERDADES SAGRADAS

Mensaje desde la eternidad

MARLO MORGAN

Por la autora del best seller mundial *Las voces del desierto*.

Beatrice y Geoff nacieron según la tradición aborigen, en contacto con la tierra que les da de comer; pero fueron sustraídos de su entorno y, separados, vivieron perdidos en el mundo blanco. Tras realizar el camino del desierto, Beatrice encontró en la tribu de los Auténticos la sabiduría de sus antepasados, el mensaje de la Eternidad...

«Este mensaje va dirigido a todas las almas, y su contenido es válido para todas ellas. Lo ha sido siempre, desde los tiempos de las cavernas hasta el día de hoy. No existe diferencia alguna entre lo femenino y lo masculino. Nuestra misión no consiste en el éxito material y mundano, sino que tiene una dimensión espiritual. Estos principios han sido seguidos por mi pueblo en la nación del Outback desde el principio de la historia. Vivimos en comunión con la tierra, con todas sus criaturas y con cada uno de nuestros congéneres.»

MARLO MORGAN

A través del tiempo

BRIAN WEISS

El doctor Brian Weiss, autor de *Muchas vidas, muchos maestros*, analiza en este libro la extraordinaria capacidad de curación de la regresión a vidas pasadas. Nos cuenta los casos de muchos de sus pacientes empresarios, abogados, terapeutas u obreros; gente de muy diversas creencias, niveles socioeconómicos y educación que descubrieron en sus vidas pasadas el origen de sus traumas y consiguieron espectaculares curaciones. Mediante estas regresiones, los enfermos pudieron también recuperar distintos talentos de los que disfrutaban en vidas anteriores y llegar a la convicción de que nuestra existencia, en apariencia limitada, es en verdad un paso en el largo camino hacia la inmortalidad. El doctor Brian Weiss pone además a nuestro alcance una serie de simples ejercicios que nos permitirán experimentar regresiones al pasado y alcanzar la paz espiritual.

Las mujeres que aman demasiado

ROBIN NORWOOD

«Cuando estar enamorada significa sufrir, es que estamos amando demasiado. Cuando la mayoría de nuestras conversaciones con amigas íntimas son acerca de él, de sus problemas, ideas, acciones y sentimientos, cuando casi todas nuestras frases comienzan con "él...", es que estamos amando demasiado. Cuando disculpamos su mal humor, su indiferencia y sus desaires e intentamos justificarlo o incluso convertirnos en su terapeuta, es que estamos amando demasiado.»

En este libro, del que ya se han vendido más de tres millones de ejemplares, Robin Norwood ayuda a las mujeres adictas a esta clase de amor a reconocer, comprender y cambiar su manera de amar. A través de historias reveladoras y de un programa de recuperación, ofrece un camino para que puedan amarse a sí mismas y establecer una relación de pareja sana, feliz y duradera.